はじめて学ぶ人のための

憲 法

藤川信夫 [著]

文眞堂

まえがき

　集団的自衛権，憲法改正など日本国憲法に関わる議論が広く行われてきつつある現在，初めて憲法を学ぶ方々，法律に全くの初学者のための解りやすい書籍を出そう，という話があり，私法領域を専門とする身であるが，趣旨には賛同し，執筆をお引き受けすることとなった。

　憲法領域は，素晴らしい先生方が，多くの名著を既に出されており，また要点をまとめた書籍もたくさんある。私なりに，判例，通説の立場で，当然ながら基本書とされる故芦部信喜先生，高橋和之先生補訂の御著を筆頭に，参考文献に記した大先達のお考えをベースにして，初学者において解りやすさを第一に伝えていきたいと考え，とりまとめを図った。

　併せて，判例百選の事案，判例要旨を極力取り込み，憲法に対する考え方を具体的に醸成して頂ければ，と考えた。

　単なる知識のまとめでなく，初学者において，少しでも法的思考力を高めてもらえれば，うれしい限りである。

　ただし，読者において，分かりにくいところ，その他すべて浅学な筆者の不明の致すところであり，文責であること，勿論である。

　憲法は，取っつきやすい半面，もっとも深遠な学問領域の一つである。また新しい重要な判例など，近年積み上がりつつあり，適宜修正，加筆していければ，と思っている。

　一般の御家庭向けの啓蒙書籍として，さらには大学，短大の教養課程，教員免許や公務員志望者，各種資格試験対策など皆様方に幅広くご活用頂ければ幸いである。

　日本大学法学部には，百地章教授，池田実教授を始めとして，高畑英一郎教授，柳瀬昇教授，東裕教授，田上雄大助教など学界最高峰の素晴らしい憲法学者が揃っておられる。平素，変わらず御指導，御支援頂いている。

最後に，文眞堂の前野隆代表取締役社長，また面倒な校正作業など全般に亘って細かいチェックをお願いした文眞堂の前野眞司専務取締役，山崎勝徳主任にはあらためて感謝を申し上げる。

2016年11月

藤川信夫

目　次

まえがき ……………………………………………………………………… i

第Ⅰ部
憲 法 総 論

第1章　憲法と立憲主義 …………………………………………… 2

　Ⅰ．憲法の概念―憲法の意味と法的特質― ………………………… 2
　Ⅱ．憲法の形式・性質 ………………………………………………… 3
　Ⅲ．憲法の分類 ………………………………………………………… 3
　Ⅳ．近代憲法の特質 …………………………………………………… 4
　Ⅴ．立憲主義と法の支配―法治主義との相違，立憲民主主義の実現― 4

第2章　明治憲法から日本国憲法へ …………………………… 6

　Ⅰ．明治憲法の概要と特徴 …………………………………………… 6
　Ⅱ．明治憲法の運用 …………………………………………………… 6
　Ⅲ．日本国憲法の制定へ，八月革命説 ……………………………… 7

第3章　日本国憲法の有する基本原理
　　　　　―国民主権原理と天皇制― …………………………… 9

　Ⅰ．前文 ………………………………………………………………… 9
　Ⅱ．国民主権原理 ……………………………………………………… 10
　Ⅲ．天皇制 ……………………………………………………………… 11
　Ⅳ．平和主義 …………………………………………………………… 14

第Ⅱ部
基本的人権

第4章　基本的人権の原理と限界 …………………… 20
- Ⅰ．基本的人権の歴史 ………………………… 20
- Ⅱ．人権の観念 ………………………………… 21
- Ⅲ．人権の内容と分類 ………………………… 21
- Ⅳ．人権の享有主体 …………………………… 22
- Ⅴ．基本的人権の限界 ………………………… 31

第5章　包括的基本権ならびに法の下の平等 ……… 44
- Ⅰ．生命・自由・幸福追求権―憲法13条― … 44
- Ⅱ．プライバシーの権利の変容 ……………… 45
- Ⅲ．法の下の平等 ……………………………… 49

第6章　精神的自由権 ………………………………… 56
- Ⅰ．内心の自由 ………………………………… 56
- Ⅱ．表現の自由 ………………………………… 73

第7章　経済的自由権 ………………………………… 100
- Ⅰ．職業選択の自由 …………………………… 100
- Ⅱ．居住・移転の自由 ………………………… 106
- Ⅲ．財産権の保障 ……………………………… 107

第8章　人身の自由 …………………………………… 113
- Ⅰ．人身の自由の基本原則 …………………… 115
- Ⅱ．被疑者の権利 ……………………………… 117
- Ⅲ．被告人の権利 ……………………………… 118

第9章　国務請求権ならびに参政権 …… 122

 Ⅰ．国務請求権 …………………………………………… 122
 Ⅱ．参政権 ………………………………………………… 124

第10章　社会権 …………………………………………… 130

 Ⅰ．社会権の意義 ………………………………………… 130
 Ⅱ．生存権 ………………………………………………… 131
 Ⅲ．環境権 ………………………………………………… 132
 Ⅳ．教育を受ける権利 …………………………………… 132
 Ⅴ．労働基本権 …………………………………………… 133

第Ⅲ部　統治機構

第11章　国会 ……………………………………………… 140

 Ⅰ．権力分立の原理 ……………………………………… 143
 Ⅱ．国会の地位 …………………………………………… 145
 Ⅲ．国会の組織ならびに活動 …………………………… 147

第12章　内閣 ……………………………………………… 155

 Ⅰ．行政権と内閣 ………………………………………… 156
 Ⅱ．内閣の組織, 権能 …………………………………… 158
 Ⅲ．議院内閣制 …………………………………………… 161

第13章　裁判所 …………………………………………… 163

 Ⅰ．司法権の範囲 ………………………………………… 164
 Ⅱ．裁判所の組織, 権能 ………………………………… 170
 Ⅲ．司法権の独立 ………………………………………… 173

第14章　財政と地方自治 …………………………… 176

- Ⅰ．財政 ………………………………………………… 177
- Ⅱ．地方自治 …………………………………………… 180

第15章　憲法保障 ………………………………………… 186

- Ⅰ．憲法保障類型 ……………………………………… 187
- Ⅱ．違憲立法審査権 …………………………………… 188
- Ⅲ．憲法改正 …………………………………………… 196
- Ⅳ．最高法規 …………………………………………… 197

主な参考文献 ………………………………………………… 199
事項索引 ……………………………………………………… 201
判例索引 ……………………………………………………… 207

資料1：日本国憲法の条文 ………………………………… 213
資料2：大日本帝国憲法の条文 …………………………… 230

第Ⅰ部

憲法総論

第1章

憲法と立憲主義

Ⅰ．憲法の概念—憲法の意味と法的特質—

憲法の概念に関して，次の3つが掲げられる。

1．形式的意味

憲法という名称により呼ばれる成文法典であり，憲法典のことである。日本国憲法がこれに該当する。この場合，内容には関わらない。

2．実質的意味

特定の内容を持つ法を憲法と呼ぶ。成文か，不文かは問わない。

(1) 固有の意味の憲法

国家の統治の基本を定めた法であり，いかなる政治・経済・社会構造においても権力組織・作用ならびに相互の関係を規律する規範は存在する。いかなる時代，国家においても存在する概念である。

(2) 立憲的意味の憲法

近代的憲法であり，自由主義身に基づき定められた国家の基礎法である。国家権力を制限し，国民の人権・自由を保障するものである。憲法の優れた特徴を示している。

II．憲法の形式・性質

1．成文憲法
　立憲的意味の憲法について，成文の形式をとることが通常であるが，イギリスでは不文法となっている。社会契約説から文書の形式が望ましいとされる。また，憲法典では大きな事柄のみを規定し，詳細は国が定める各法律，地方公共団体による条例，更には各省庁の発する規則，ガイドライン・ガイダンス，また上場企業であれば証券取引所が定める上場規則などにおいて決められる。

2．不文法
　イギリスなどコモンローの国では判例による蓄積が法源となっており，事実上秩序形成を担っている。

3．硬性憲法と軟性憲法
　立憲的意味の憲法は硬性憲法であり，特別の改正手続きを必要とすると考えられる。立法権は憲法に拘束され，国民の自然権を保障する。

III．憲法の分類

① 　成文法か，不文法か。硬性か，軟性か。欽定憲法か，民定憲法か。
② 　国家形態からみれば，君主制・共和制，大統領制・議院内閣制，連邦国家・単一国家に分けられるが，憲法分類からみれば，種々のものがあり，イギリスは君主制であっても民主政治の下で，立憲的意味の憲法（不文法）を有している。形式面よりも，実質・機能面に着目する分類が有力となっている。

Ⅳ．近代憲法の特質

① 自由の基礎法であり，個人の尊厳の原理は憲法の中核となる根本規範である。
② 国家権力を制限する基礎法として，制限規範である。国民が憲法制定権力を有している。
③ 最高法規性を持ち，法秩序において最上部の形式的効力を有する（98条，95条）。また実質的根拠として，内容は法律とは異なり，自由の基礎法となる。

Ⅴ．立憲主義と法の支配―法治主義との相違，立憲民主主義の実現―

1．法の支配

近代立憲主義として専断的国家権力の支配を排除し，国民の自由・権利を守る。法の支配として，①憲法の最高法規性，②個人の人権の保障，③法の内容・手続きの公正を要求する適正手続き（due process of law），④裁判所の役割の尊重が挙げられる。民主主義と結合する。

2．法治主義・法治国家

民主的な政治制度と結合した概念では必ずしもない。国家作用が行われる形式・手続きを示し，第二次世界大戦前のドイツも法治主義・法治国家の観念を採っていたが，形式的法治主義ともいえ，議会の制定する法律の内容は問題とされなかった。法律によれば，国民の権利を制限することが可能となる。現在のドイツは，違憲審査制を通して，実質的法治国家に移行している。

3．自由国家から社会国家へ，立憲民主主義の実現

立憲主義の下，自由国家確立により個人の自由・平等は保障されたが，自

由意思に基づく経済活動の容認から，競争原理が導入されるようになる。国家の役割は，消極国家あるいは夜警国家とも称されるようになった。

　富の偏在，社会的強者・独占企業を生み出し，社会的・経済的弱者を生み出すこととなる。そこで，国家が社会的・経済的弱者の救済に乗り出し，より大きな役割を果たすことが期待されるようになる。積極国家あるいは福祉国家と称される。行政権の役割の増大である。

　個人の自由の尊厳を図らんとする立憲主義との関わりが問題となるが，個人の自由・権利の保障を実際の社会生活において実現を図らんとする社会国家の思想とは，両立するものである。自由主義の実現のためには民主主義により国民自身の政治への参加が求められるが（民主主義と自由主義の結合），民主主義もまた，単純な多数決原理を意味せず，少数の意見も組み込んだ内実の伴う立憲民主主義であることが求められる。

第2章

明治憲法から日本国憲法へ

Ⅰ．明治憲法の概要と特徴

　明治憲法（1889年大日本帝国憲法）の特色として，欽定憲法として君主制の色合いが強く，反民主的要素を有していたが，反面で不完全ながら立憲的な要素も保有していた。

1．反民主的要素
　天皇主権，神格化，三権の統括権限，皇室事務大権，軍統帥大権（内閣・議会の関与否定）など。

2．民主的要素
　権利・自由は不完全ながら保障されたが，自然権でなく，臣民権として法律の範囲内（法律の留保）によるものであり，法律を持って制限が可能となっていた（形式的法治主義）。
　帝国議会，国務大臣，裁判所は天皇の大権を翼賛する機関に止まり，貴族院（非公選制）が衆議院を抑制していた。
　国務大臣は，大臣助言制により，議会に対して責任を負わない。内閣総理大臣も同輩の輩に止まる。

Ⅱ．明治憲法の運用

　自由主義的に解釈しようとした大正デモクラシー，天皇機関説（美濃部達

吉)の動きも出されるが,軍部の増大(ファシズム)により,抑制されていった。

Ⅲ. 日本国憲法の制定へ,八月革命説

　第二次世界大戦でポツダム宣言受諾,その後連合国軍占領下,1947年日本国憲法の制定に至る(1947年5月3日施行)。
　日本国憲法制定の自主性・自律性について,強要的な要素はあったにせよ,法的には自律性の原則は国際法的,国内法的にも維持されていたと解されている[1]。
　関連して,明治憲法との関連で以下の八月革命説が唱えられている(宮沢俊義)[2]。
① 明治憲法73条の改正規定により,明治憲法の基本原理である天皇主権主義と対立する国民主権主義を定めることは法的には不可能である。
② しかしポツダム宣言は国民主権主義をとることを要求しており,ポツダム宣言受諾段階で明治憲法の天皇主権は否定され,国民主権が成立し,日本の政治体制の根本原理となったと理解される。法的に一種の革命があったとみることができる。
③ もっとも革命により明治憲法が廃止されたわけではなく,その根本の建前が変わった結果,憲法の条文はそのままながら,新しい建前に抵触する限り重要な変革をこうむったと解さなければならない。明治憲法73条でみると,議員も改正の発案権を有するようになったこと,議会の修正権に制限がなくなったこと,天皇裁可と貴族院議決は実質的な拘束力を失ったこと,国体を変えることは許されないという制限は消滅したこと,を認めなければならない。
④ 従って日本国憲法は,実質的には明治憲法の改正ではなく,新たに成立した国民主権主義に基づき国民が制定した民定憲法である。ただ,73条による改正の手続をとることにより,明治憲法と形式的継続性をもたせることは,実際上は便宜で適当であったと考えられる。

[注]
1) 芦部信喜，高橋和之補訂『憲法 第六版』有斐閣（2015年）27頁以下参照。
2) 宮沢俊義『憲法の原理』岩波書店（1967年）375頁以下。宮沢俊義『憲法［改訂版］』有斐閣（1962年），宮沢俊義『憲法Ⅱ［新版］』有斐閣・法律学全集（1971年）。

第3章

日本国憲法の有する基本原理
―国民主権原理と天皇制―

　日本国憲法の有する基本原理として国民主権原理，平和主義，基本的人権の尊重がある。まず国民主権原理，平和主義から採り上げていき，基本的人権の尊重については後掲して詳説する。

Ⅰ．前文

　前文を掲げる。平易な文章であるが，日本国憲法の精神ともいえる内容であり，読むと清々しさを覚える。

> 　日本国民は，正当に選挙された国会における代表者を通じて行動し，われらとわれらの子孫のために，諸国民との協和による成果と，わが国全土にわたつて自由のもたらす恵沢を確保し，政府の行為によつて再び戦争の惨禍が起こることのないやうにすることを決意し，ここに主権が国民に存することを宣言し，この憲法を確定する。そもそも国政は，国民の厳粛な信託によるものであつて，その権威は国民に由来し，その権力は国民の代表者がこれを行使し，その福利は国民がこれを享受する。これは人類普遍の原理であり，この憲法はかかる原理に基くものである。われらは，これに反する一切の憲法，法令及び詔勅を排除する。
> 　日本国民は，恒久の平和を念願し，人間相互の関係を支配する崇高な理想を深く自覚するのであつて，平和を愛する諸国民の公正と信義に信頼して，われらの安全と生存を保持しようと決意した。われらは，平和を維持し，専制と隷従，圧迫と偏狭を地上から永遠に除去しようと努めてゐる国際社会に

> おいて，名誉ある地位を占めたいと思ふ。われらは，全世界の国民が，ひとしく恐怖と欠乏から免かれ，平和のうちに生存する権利を有することを確認する。
>
> われらは，いづれの国家も，自国のことのみに専念して他国を無視してはならないのであつて，政治道徳の法則は，普遍的なものであり，この法則に従ふことは，自国の主権を維持し，他国と対等関係に立たうとする各国の責務であると信ずる。
>
> 日本国民は，国家の名誉にかけ，全力をあげてこの崇高な理想と目的を達成することを誓ふ。

この前文では国民主権原理，平和主義，基本的人権の尊重が相互に，また不可分といえる状態で関連していることが分かる。

前文の法的性質として，憲法改正権を法的に拘束する規範であるが，裁判規範性を有しないといわれる[1]。もっとも平和的生存権については裁判規範性を有するとする見解もある[2]。長沼事件一審判決（札幌地判昭和48・9・7)[3]は平和的生存権を訴えの利益の根拠の一つとしたが，二審判決（札幌高判昭和51・8・5)[4]では法規範的性格は認めたものの裁判規範としては否定し，最高裁判所でも実質的に認めていない（最判昭和57・9・9)[5]。

II．国民主権原理

1．主権の内容

国家の統治権，国家権力の属性としての最高独立性，国政の最高決定権の3つの意味を有する。

2．国民主権の意味

① 国民主権は，君主主権と相反する関係にある。
② 権力性と正当性の契機の双方の意味合いを有し，併存する。
　(イ) 権力性の契機は，国の政治のあり方を最終的に決定する権力を国民自身が行使するとする。主権主体の国民は，政治的意思表示を行う実際の

有権者あるいは選挙人団となる。
　　　直接民主制と結合する。憲法の改正の決定（96条）が例となる。
　㈣　正当性の契機は，国家の権力行使を正当づける究極的な権威は国民に存する。国家権力を正当化して権威づける要素に重点があり，国民は全国民のことを指している。代表民主制あるいは議会政治と結合する。
③　ナシオン主権とプープル主権：フランスのナシオン（nation）主権（1791年憲法）とプープル（people）主権（1793年憲法）について，ナシオン主権は自由委任，間接民主制，観念的・抽象的国民を前提とし，プープル主権では命令委任，直接民主制，有権者[6]を前提とするとされるが，必ずしも権力性と正当性の契機の議論とは符合しないものと考えられる。

Ⅲ．天皇制

1．天皇制の概要

天皇制に関する条文を掲げる。

> 第1章　天皇
> 第1条〔天皇の地位と主権在民〕
> 　天皇は，日本国の象徴であり日本国民統合の象徴であつて，この地位は，主権の存する日本国民の総意に基く。
> 第2条〔皇位の世襲〕
> 　皇位は，世襲のものであつて，国会の議決した皇室典範の定めるところにより，これを継承する。
> 第3条〔内閣の助言と承認及び責任〕
> 　天皇の国事に関するすべての行為には，内閣の助言と承認を必要とし，内閣が，その責任を負ふ。
> 第4条〔天皇の権能と権能行使の委任〕
> 　天皇は，この憲法の定める国事に関する行為のみを行ひ，国政に関する権能を有しない。
> 　2　天皇は，法律の定めるところにより，その国事に関する行為を委任することができる。

第5条〔摂政〕
　皇室典範の定めるところにより，摂政を置くときは，摂政は，天皇の名でその国事に関する行為を行ふ。この場合には，前条第一項の規定を準用する。

第6条〔天皇の任命行為〕
　天皇は，国会の指名に基いて，内閣総理大臣を任命する。
　2　天皇は，内閣の指名に基いて，最高裁判所の長たる裁判官を任命する。

第7条〔天皇の国事行為〕
　天皇は，内閣の助言と承認により，国民のために，左の国事に関する行為を行ふ。
　一　憲法改正，法律，政令及び条約を公布すること。
　二　国会を召集すること。
　三　衆議院を解散すること。
　四　国会議員の総選挙の施行を公示すること。
　五　国務大臣及び法律の定めるその他の官吏の任免並びに全権委任状及び大使及び公使の信任状を認証すること。
　六　大赦，特赦，減刑，刑の執行の免除及び復権を認証すること。
　七　栄典を授与すること。
　八　批准書及び法律の定めるその他の外交文書を認証すること。
　九　外国の大使及び公使を接受すること。
　十　儀式を行ふこと。

第8条〔財産授受の制限〕
　皇室に財産を譲り渡し，又は皇室が，財産を譲り受け，若しくは賜与することは，国会の議決に基かなければならない。

2．象徴としての天皇

　明治憲法では統治権の総覧者で神聖不可侵な存在であったが，日本国憲法では，日本国民の総意に基づくものとなり，象徴としての存在になっている。皇位継承を世襲のものとするが，女子の即位を否定し，男系男子主義を皇室典範は採っている（皇室典範1条）。憲法14条の男女平等主義の例外と

して許容されよう。

3．天皇の権能―天皇の国事行為―

　国政に関する権能を有さない。形式的・儀礼的な国事行為として，限定列挙されている（6, 7条）。

　内閣の助言と承認という厳格な規律の下で，内閣がその責任を負うことが規定されている。認証，接受，儀式のように本来的な形式的・儀礼的な行為と，実質的な決定を他の国家機関が行うことで初めて当該行為が形式的・儀礼的な行為に変じるものに二分される。

　ここで，天皇の行為の実質的決定権について，各説が唱えられる。

① 　天皇の国事行為は全て形式的・儀礼的な行為であり，元々形式的・儀礼的な行為に対して内閣の助言と承認が要求される[7]。内閣の助言と承認には，実質的決定権を含まないと考える。それでは，衆議院解散（69条）に関して，実質的決定権はどこが担うか，その根拠条文は，7条以外に求めることとなる（A説）。

　(イ) 　衆議院解散は69条に根拠があり，解散はこの規定，即ち衆議院で不信任の決議案を可決し，または信任の決議案を否決したときに限定して内閣は衆議院解散が可能となる（A-1説）。

　(ロ) 　権力分立あるいは議院内閣制の観点から，不信任の決議案または信任の決議案と関係なく，内閣の解散権を自由に認める（A-2説）。

② 　天皇の国事行為には，元々形式的・儀礼的な行為以外のものも含まれるが，内閣の助言と承認により，初めて天皇の国事行為は形式的・儀礼的な行為となる。内閣の助言と承認には，実質的決定権を含む場合があると考える。衆議院解散は，7条3号を根拠規定として，内閣の解散権を自由に認める（B説）。実際の運用では，内閣は不信任の決議案等とは関係なく，自由に解散権を行使しており，国会召集権と共にB説が適切と考えられている（芦部信喜）。

4. 天皇の公的行為

天皇は，国家機関として国事行為を行うほか，国会開会式への参列・おことば朗読，国内巡幸，外国要人の接受，親書交換などの行為があり，6，7条には含まれず，象徴天皇としての公的行為として国事行為同様に内閣の統制が必要と考えられる（三分論）。またこの他，純然たる私的行為として，学問の研究などがある。上記の公的行為をこの私的行為に含める考え方もある（二分論）。

5. 皇室経費

すべて皇室財産は，国に属する。すべて皇室の費用は，予算に計上して，国会の議決を経なければならない（88条）。皇室に財産を譲り渡し，または皇室が，財産を譲り受け，若しくは賜与することは，国会の議決に基づかなければならない（8条）。

皇室への財産の集中，特定の個人・団体との結合を防いでいる。

予算計上される皇室経費として，内廷費（皇室経済法3条，日常の費用），宮廷費（4条，宮内庁経理の公金），皇族費（6条，品位保持あるいは独立生計など）の3つがある。

Ⅳ. 平和主義

1. 徹底した平和主義

9条の平和主義の条文を掲げる。

第2章　戦争の放棄
第9条〔戦争の放棄と戦力及び交戦権の否認〕
　日本国民は，正義と秩序を基調とする国際平和を誠実に希求し，国権の発動たる戦争と，武力による威嚇又は武力の行使は，国際紛争を解決する手段としては，永久にこれを放棄する。
　2　前項の目的を達するため，陸海空軍その他の戦力は，これを保持しな

い。国の交戦権は，これを認めない。

　前文では，「日本国民は，恒久の平和を念願し，人間相互の関係を支配する崇高な理想を深く自覚するのであつて，平和を愛する諸国民の公正と信義に信頼して，われらの安全と生存を保持しようと決意した。われらは，平和を維持し，専制と隷従，圧迫と偏狭を地上から永遠に除去しようと努めてゐる国際社会において，名誉ある地位を占めたいと思ふ。われらは，全世界の国民が，ひとしく恐怖と欠乏から免かれ，平和のうちに生存する権利を有することを確認する。」と述べている。

　また9条では，①「国権の発動たる戦争と，武力による威嚇又は武力の行使は，国際紛争を解決する手段としては，永久にこれを放棄する」，②「陸海空軍その他の戦力は，これを保持しない」，③「国の交戦権は，これを認めない」と規定し，徹底した平和主義の姿勢を示している。

2．戦争の放棄
(1)　9条1項

　9条1項では「国権の発動たる戦争」とは，単に戦争ということと同義である。国際法上の戦争，事実上の戦争，さらに武力の行使も否定している。

　しかしながら，「国際紛争を解決する手段としては」という留保の文言が付されており，国際法上の解釈では侵略戦争を意味するとされる。ここから，9条1項で放棄されたのは侵略戦争であり，自衛戦争は放棄されていないと理解される考え方が出される（A説）[8]。

　他方で，国際法上の解釈にとらわれず，9条1項では自衛戦争も含めた全ての戦争が放棄されているとの見解もある（B説）[9]。

(2)　9条2項前段・後段

　9条2項において，戦力の不保持（前段），交戦権の否認（後段）が規定されている。ここで「前項の目的を達するため」という留保の文言があるが，戦争放棄に至った動機を一般的に広く指しているとすれば，9条2項において一切の戦力の保持が禁止され，交戦権も否認されることになり，9条

1項においてA説，B説の何れを採ろうとも，結局は9条2項により，全ての戦争が（たとえA説の立場からでも）禁止されることになる。

他方，9条1項で放棄されたのは侵略戦争のみであり，自衛戦争は放棄されていないと理解される考え方を採り（A説），なおかつ9条2項の「前項の目的を達するため」の意味を侵略戦争放棄の目的を達成するため，と限定的に理解すれば，この組み合わせを採る場合のみ，侵略戦争のための戦力は保持せず，交戦権の否認も交戦国が有する諸権利を認めないという限定的に理解して，自衛戦争であれば戦力の保持，交戦権が認められることになる（自衛戦争合憲説）[10]。この場合，「前項の目的を達するため」は，後段の交戦権の否認にもかかることになる。

(3) **自衛権の議論**

国連憲章51条でも個別的自衛権は認められ，日本国憲法でも自衛権まで放棄はしていないと考えられるが，自衛のための防衛力，自衛力の保持については議論がある。

集団的自衛権の行使について，他国に対する武力攻撃を，自国の実体的権利が侵されなくても，平和と安全に関する一般的利益に基づいて援助するために防衛行動をとる権利である。従前政府はこれを否定していたが，自衛権発動のための条件である「我が国に対する急迫不正の侵害」を変更し（2014年閣議決定），自衛隊法等の関連法の改正に踏み切っている。

また政府は，自衛権は国家固有の権利として憲法9条の下でも否定されず，自衛のための必要最小限度の力を保持することは，9条で禁じられた戦力に該当しないとし，他国に侵略的な脅威を与える攻撃的武器の保持は禁止されていることを説明してきている。

(4) **交戦権の否認**

9条2項後段の交戦権の否認について，戦いをする権利と広くとらえる考え方（自衛戦争を含めて全面的に戦争放棄したという考え方），交戦状態に入った場合に交戦国に国際法上認められる権利（交戦状態の下で敵国の軍事施設等を破壊する，あるいは敵性船舶の拿捕など）と狭く解する考え方（自衛戦争は放棄していないという考え方）の2つがある。

3．安保条約と裁判例

　日米安全保障条約について，平和主義との関係で議論となる。砂川事件（1957年）では安保条約の合憲性が争われ，最高裁（最大判昭和34・12・16)[11]は「憲法第9条は日本が主権国として持つ固有の自衛権を否定しておらず，同条が禁止する戦力とは日本国が指揮・管理できる戦力のことであるから，外国の軍隊は戦力にあたらない。従ってアメリカ軍の駐留は憲法及び前文の趣旨に反しない。他方で日米安全保障条約のように高度な政治性をもつ条約については，一見してきわめて明白に違憲無効と認められない限り，その内容について違憲かどうかの法的判断を下すことはできない」として，安保条約を違憲とした一審判決を破棄し，統治行為論を採用して司法審査の範囲外としている[12]。

［注］
1) 前掲・芦部信喜，高橋和之補訂『憲法 第六版』37-38 頁。
2) 樋口陽一・佐藤幸治・中村睦男・浦部法穂『注解法律学全集 (2) 憲法 II』青林書院（1997 年）141 頁［樋口陽一］。
3) 札幌地判昭和 48・9・7 判時 712 号 24 頁，別冊ジュリスト「憲法判例百選 II［第四版］」佐々木高雄 364-365 頁。
4) 札幌高判昭和 51・8・5 行集 27 巻 8 号 1175 頁，判時 821 号 21 頁，別冊ジュリスト「憲法判例百選 II［第四版］」山内敏弘 366-367 頁。
5) 最判昭和 57・9・9 民集 36 巻 9 号 1679 頁。
6) 現在は性別・年齢別の相違なし，と解されている。前掲・芦部信喜，高橋和之補訂『憲法 第六版』43 頁。
7) 小嶋和司『憲法概説』良書普及会（1987 年）。小嶋和司『憲法と政治機構』木鐸社（1988 年）。法時 24 巻 10 号 78 頁［小嶋和司］。
8) 佐々木惣一『日本国憲法論』有斐閣（1952 年）231 頁。佐藤功『日本国憲法概説［全訂第 5 版］』学陽書房（1996 年）83 頁。小林直樹『憲法講義（上）［新版］』東京大学出版会（1980 年）189 頁。
9) 宮沢俊義・芦部信喜補訂『コンメンタール全訂日本国憲法』日本評論社（1978 年）161 頁。清宮四郎『憲法 I［第 3 版］』有斐閣（1979 年）112 頁。樋口陽一・佐藤幸治・中村睦男・浦部法穂『注釈日本国憲法（上）』青林書院（1984 年）170 頁［樋口陽一］。浦部法穂『憲法学教室［全訂第 2 版］』日本評論社（2006 年）407 頁。
10) 自衛戦争合憲説に対しては，戦争・軍隊を予定した規定が日本国憲法にないこと，前文では国際連合による安全保障方式を想定していると解されることなど，疑問も出されている。前掲・芦部信喜，高橋和之補訂『憲法 第六版』58 頁。
11) 最大判昭和 34・12・16 判時 208 号 10 頁。
12)「自衛権・戦力・駐留軍—砂川事件」別冊ジュリスト「憲法判例百選 II［第四版］」森英樹 360-361 頁。

第Ⅱ部

基本的人権

第3章　国民の権利及び義務
第10条〔国民たる要件〕
　日本国民たる要件は，法律でこれを定める。
第11条〔基本的人権〕
　国民は，すべての基本的人権の享有を妨げられない。この憲法が国民に保障する基本的人権は，侵すことのできない永久の権利として，現在及び将来の国民に与へられる。
第12条〔自由及び権利の保持義務と公共福祉性〕
　この憲法が国民に保障する自由及び権利は，国民の不断の努力によつて，これを保持しなければならない。又，国民は，これを濫用してはならないのであつて，常に公共の福祉のためにこれを利用する責任を負ふ。
第13条〔個人の尊重と公共の福祉〕
　すべて国民は，個人として尊重される。生命，自由及び幸福追求に対する国民の権利については，公共の福祉に反しない限り，立法その他の国政の上で，最大の尊重を必要とする。

第4章

基本的人権の原理と限界

I．基本的人権の歴史

　基本的人権（fundamental human rights）は個別的人権を総称する用語であるが，内容はこれまでの歴史的な変化等を通じて，種々に理解されている。

　概ね，(イ)国民権から人権，(ロ)自由権から社会権，法律による保障から憲法による保障，(ハ)国内保障から国際的保障への流れが窺える。

① 　人権宣言の登場はイギリスにおいて最初にみられ（1215年マグナ・カルタ，1628年権利請願，1689年権利章典），当初は国民権とでも称する内容であったが，自然権あるいは社会契約説（ロック，ルソー等）を通じて近代・個人主義的な人権へと発展する。

　　アメリカ諸州の憲法において近代的な人権宣言が生まれ，前国家的な自然権として人権を保障している（1776年-1789年）。フランス人権宣言（1789年）も同様に自由と平等の基本理念を宣言している。

　　他方，19世紀には市民革命時における人権概念の一時的な後退の現象が生じ，自然権としてでなく，国民の権利を保障する内容であった（外形的人権）。これが，第二次世界大戦の反省を経て，人間であることに基づいて必然的に共有する権利という観念に転換していくことになる。

② 　19世紀の人権宣言は自由権を中心とする自由国家的内容であったが，ドイツのワイマール憲法（1919年）にみるように，20世紀以降は加えて社会権を保障する人権宣言となる。このように進化した内容のワイマール憲法が，ナチズムの独裁政治を結果的に合法的に生み出していったことは

皮肉なことであろう。
③　第二次世界大戦後は国際平和の動きと共に、人権を国内法的保障に限らず、国際法的に保障せんとする動きが強まり、1948年世界人権宣言が出される。これは加盟国を拘束するものではない。

　1966年国際連合総会において国際人権規約が採択され、社会権規約（A規約）として「経済的、社会的及び文化的権利に関する国際規約」、自由権規約（B規約）として「市民的及び政治的権利に関する国際規約」があり、我が国も1979年に批准している。加盟国を直接拘束する条約である。

　この他、難民の地位に関する条約（1954年発効）、女子に対するあらゆる形態の差別の撤廃に関する条約（1981年発効）、児童の権利に関する条約（1990年発効）などに、我が国は批准している。

II．人権の観念

　基本的人権とは、人間が社会を構成する自律的な個人として自由と生存を確保し、その尊厳性を維持するため、それに必要な一定の権利が当然に人間に固有するものであることを前提として認め、そのように憲法以前に成立していると考えられる権利を憲法が実定的な法的権利として確認したものである[1]。

　第11条におけるとおり、人権の固有性、不可侵性、普遍性を有することが特徴であり、人間尊厳の原理（13条）を示している。

III．人権の内容と分類

　人権を大別すると、自由権（国家からの自由）、参政権（国家への自由）、社会権（国家による自由）に分けられる。

　条文では総則的規定として包括的基本権（13条）および法の下の平等（14条）、自由権、受益権（国務請求権として裁判を受ける権利、請願権）、参政権、社会権に分けられている（芦部信喜）。

もっとも，かかる分類は相対的なものであり，自由権と社会権の関係では自由国家・消極国家から積極的作為請求を求める社会国家になれば，自由権への介入に繋がりかねないジレンマが存在する。

また人権宣言の内容は，制度的保障であり，一定の制度に対しては，立法によっても制度の核心，本質的内容を侵害できない特別の保護を客観的に保障することを本旨とするが，伝統的な制度的保障論では結果として，逆に制度が人権に優越して人権保障を弱める危険性もある。

Ⅳ．人権の享有主体

1．天皇ならびに皇族

天皇ならびに皇族も日本国民であり，人権は基本的に保障されるが，個別に検討すると参政権，婚姻の自由，財産権，言論の自由などはその地位と職務の特殊性から制限を受ける。

2．法人

法人は人間ではないが，経済社会の発展につれてその意義は大きく，性質上，可能な限りにおいて人権規定は適用される（通説・判例）。結社の自由（21条），信教の自由（20条），報道の自由（21条），プライバシーの権利，環境権などが例である。他方で，選挙権，生存権，人身の自由は認められない。

また，その保障の程度も自然人とは異なる。法人の経済的自由については広範な積極的規制を加えることが許容され，精神的自由についても自然人とは異なる規制に服するものと考えられる。

(1) 八幡製鉄事件（最大判昭和45・6・24)[2]

八幡製鉄（現在，新日鐵住金）の代表取締役が自由民主党に政治献金をし，その責任を追及して同社株主が提訴した事案である。最高裁は以下を判示し，特別の制約を認めなかった。① 議会制民主主義を支える不可欠の要素である政党の健全な発展に協力することも，社会的実在としての会社に当

然期待されていることである。② 会社は，自然人たる国民同様，国や政党の特定の政策を支持，推進しまたは反対するなどの政治的行為をなす自由を有する。③ 政治資金の寄附もまさにその自由の一環であり，政治の動向に影響を与えることがあったとしても，これを自然人たる国民による寄附と別異に扱うべき憲法上の要請があるものではない。

(2) 南九州税理士会政治献金事件（最判平成8・3・19）[3]

強制加入団体で公益法人たる南九州税理士会が，税理士会の決議に基づいて税理士法を業界に有利な改正とするための資金として会員から特別会費を徴収し，特定政治団体（税理士政治連盟）に寄付した行為について，法人の「目的の範囲内」（民法43条〔現行34条〕）の行為かどうか，が争われた事案である。

最高裁の判旨は以下の通り[4]。

> 税理士会が政党など〔政治資金〕規正法上の政治団体に金員の寄付をすることは，たとい税理士に係る法令の制定改廃に関する政治的要求を実現するためのものであっても，〔税理士〕法49条2項で定められた税理士会の目的の範囲外の行為であり，右寄付をするために会員から特別会費を徴収する旨の決議は無効であると解すべきである。会社における目的の範囲内の行為とは，定款に明示された目的自体に限局されるものではなく，その目的を遂行する上に直接または間接に必要な行為であればすべてこれに包含される。しかし，税理士会は，会社とはその法的性格を異にする法人であって，その目的の範囲については会社と同一に論ずることはできない。税理士会は，法が，あらかじめ，税理士にその設立を義務付け，その結果設立された強制加入団体であって，その会員には，実質的には脱退の自由が保障されていない。その目的の範囲を判断するに当たっては，会員の思想・信条の自由との関係で，会員に要請される協力義務にも，おのずから限界がある。特に，政党など規正法上の政治団体に対して金員の寄付をするかどうかは，選挙における投票の自由と表裏を成すものとして，会員各人が市民としての個人的な政治的思想，見解，判断等に基づいて自主的に決定すべき事柄であるというべきである。なぜなら，政党など規正法上の政治団体は，政治上の主義若しくは施策の推進，特定の公職の候補者の推薦等のため，金員の寄付を含む広

> 範囲な政治活動をすることが当然に予定された政治団体であり，これらの団体に金員の寄付をすることは，選挙においてどの政党またはどの候補者を支持するかに密接につながる問題だからである。そうすると，政党など規正法上の政治団体への金員の寄付を権限のある官公署に対する建議や答申と同視することはできないし，このような事柄を多数決原理によって団体の意思として決定し，構成員にその協力を義務付けることはできない。

　この2つの判例の相違を合理的に説明する要素としては，株式会社の場合は株主は保有株式の売却により自由に脱退でき，強制加入団体である税理士会とは相違すること，営利目的団体としての経済的自由度の強さなどに求めることになろうが，判決時点の相違もあり，また労働組合の場合は加入の強制度などは両者の中間となると考えられるため，事案として発生すればいかに扱うか等，考えるべき点は少なくない。

3．外国人

　国際法規の遵守（98条），人権の国際化の要請などから権利の性質上，適用可能な人権規定はすべて外国人にも及ぶものと解される。具体的に外国人に対して保障されない人権が問題となる。

(1) 参政権

　参政権は，当該国家の国民のみに認められる権利である。選挙権・被選挙権は外国人には及ばない（公職選挙法9・10条，地方自治法18条）が，判例上，永住資格を有する定住外国人に法律をもって地方自治体レベルの選挙権を付与することは憲法上禁止されない（最判平成7・2・28)[5]。

　また公務就任権について，参政権とは異なり，外国人は全ての公務に就任することができるわけではない。一定種類の調査・諮問・教育的職務については，直接国の政策に及ぼす影響も少なく，定住外国人に対して門戸を開くことが検討されよう。その内容について，東京高判，最高裁判決の内容は分かれている。

　事案は，韓国籍の特別永住者であるX（原告・控訴人）は，1988年に保

健婦として東京都（被告・被控訴人）に採用され，1994年度および1995年度に実施された課長級の職への管理職選考試験を受験しようとしたところ，日本国籍を有していないことを理由として，受験が認められなかった。Xは，管理職選考試験の受験資格を有することの確認，過去2度の受験を拒否されたことを理由とする損害賠償を求めたものである。

東京高判の概要は以下の通りで，一部認容した（東京高判平成9・11・26)[6]。

> 憲法は，国民主権の原理を国家統治の基本原則として採用している。このことは，単に公務員の選定罷免の場面についてのみ日本国民が関与すれば足りるとするのではなく，我が国の統治作用が実質的に主権者である日本国民によって行われること，すなわち，我が国の統治作用の根本に関わる職務に従事する公務員は日本国民をもって充てられるべきことを要請している。国の公務員は，その職務内容によって，第1に「国の統治作用である立法，行政，司法の権限を直接に行使する公務員」，第2に「公権力を行使し，または公の意思の形成に参画することによって間接的に国の統治作用に関わる公務員」，第3に「上司の命を受けて行う補佐的・補助的な事務またはもっぱら学術的・技術的な専門分野の事務に従事する公務員」とに大別することができる。第1の種類については，国の統治作用に直接に関わる公務員であるから，これに就任するには日本国民であることを要し，法律をもってしても，外国人がこれに就任することを認めることは，国民主権の原理に反するものとして，憲法上許されない。この点，間接的に国の統治作用に関わる第2の種類については，その職務の内容，権限と統治作用との関わり方およびその程度を個々，具体的に検討することによって，国民主権の原理に照らし，外国人に就任を認めることが許されないものと外国人に就任を認めて差支えないものとを区別する必要がある。これに対し，第3の種類の公務員は，その職務内容に照らし，国の統治作用に関わる蓋然性およびその程度は極めて低く，外国人がこれに就任しても，国民主権の原理に反するおそれはほとんどない。このことは，地方公務員についても原則的に妥当する。憲法第八章の地方自治に関する規定は，民主主義社会における地方自治の重要性にかんがみ，住民の日常生活に密接な関連を有する公共的事務は，その地方の住民の意思に基づいてその区域の地方公共団体が処理するという政治形態

> を憲法上の制度として保障しようとする趣旨に出たものと解され，右趣旨に
> かんがみれば，我が国に在住する外国人であって特別永住者等その居住する
> 区域の地方公共団体と特段に密接な関連を有するものについては，その意思
> を日常生活に密接な関連を有する地方公共団体の公共的事務の処理に反映さ
> せ，また，自らこれに参加していくことが望ましいものというべきである。
> したがって，我が国に在住する外国人，特に特別永住者等の地方公務員就任
> については，国の公務員への就任の場合と較べて，おのずからその就任し得
> る職務の種類は広く，その機会は多くなるものということができる。地方公
> 務員の管理職であっても，専ら専門的・技術的な分野においてスタッフとし
> ての職務に従事するにとどまるなど，公権力を行使することなく，また，公
> の意思の形成に参画する蓋然性が少なく，地方公共団体の行う統治作用に関
> わる程度の弱い管理職も存在する。かくして，課長級の管理職の中にも，外
> 国籍の職員に昇任を許しても差支えのないものも存在するというべきである
> から，外国籍の職員から管理職選考の受験の機会を奪うことは，外国籍の
> 職員の課長級の管理職への昇任の途を閉ざすものであり，憲法第22条第1
> 項，第14条第1項に違反する違法な措置である[7]。

　他方，本件の上告審・最高裁判決は，以下のように述べて原判決破棄，控訴棄却している（最大判平成17・1・26)[8]。

> 　地方公務員のうち，住民の権利義務を直接形成し，その範囲を確定するな
> どの公権力の行使に当たる行為を行い，もしくは普通地方公共団体の重要
> な施策に関する決定を行い，またはこれらに参画することを職務とするも
> の（公権力行使等地方公務員）については，次のように解するのが相当であ
> る。即ち，公権力行使等地方公務員の職務の遂行は，住民の権利義務や法的
> 地位の内容を定め，あるいはこれらに事実上大きな影響を及ぼすなど，住民
> の生活に直接間接に重大なかかわりを有するものである。それゆえ，国民主
> 権の原理に基づき，国および普通地方公共団体による統治の在り方について
> は日本国の統治者としての国民が最終的な責任を負うべきものであること
> （憲法1条，15条1項参照）に照らし，原則として日本の国籍を有する者が
> 公権力行使等地方公務員に就任することが想定されているとみるべきであ
> り，我が国以外の国家に帰属し，その国家との間でその国民としての権利義

務を有する外国人が公権力行使等地方公務員に就任することは，本来我が国の法体系の想定するところではないものというべきである。そして，普通地方公共団体が，公務員制度を構築するに当たって，公権力行使等地方公務員の職とこれに昇任するのに必要な職務経験を積むために経るべき職とを包含する一体的な管理職の任用制度を構築して人事の適正な運用を図ることも，その判断により行うことができるものというべきである。そうすると，普通地方公共団体が上記のような管理職の任用制度を構築した上で，日本国民である職員に限って管理職に昇任することができることとする措置を執ることは，合理的な理由に基づいて日本国民である職員と在留外国人である職員とを区別するものであり，上記の措置は，労働基準法3条にも，憲法14条1項にも違反するものではないと解するのが相当である。

(2) 社会権

財政事情の支障がない限り，法律をもって外国人に社会権の保障を及ぼすことには問題がない。

(3) 入国の自由

入国の自由は外国人には保障されない（最大判昭和32・6・19）[9]。在留の権利も保障されていない。国際慣習法上，国家が自国の安全，福祉に危害を及ぼすおそれのある外国人の入国を拒否することは国家の主権的権利であり，その自由裁量に属する。

もっとも，国家の恣意的な拒否の決定は許されず，また不法入国であっても人身の自由（31条など）は保障される。

再入国の自由について，外国人の出国の自由は認められるが（22条2項）（最大判昭和32・12・25）[10]，最高裁判例（最判平成4・11・16）[11] においても以下の通り，再入国の自由は保障されていない（森川キャサリーン事件）[12]。

事案は，アメリカ国民である森川キャサリーン・クノルドは，1973年9月日本に入国し，その後日本人と婚姻して我が国に居住する。彼女は，入国時以後3度にわたって外国人登録法による指紋押捺を行ったが，1982年9月にその制度が人間の品位を傷つける（自由権規約7条）との立場から，一

種の良心的法義務拒否行為[13]として，指紋押捺を拒否したため，後に外国人登録法に基づき罰金1万円の判決を受けた。彼女は，過去に3度の海外渡航のための再入国許可を得ていたが，1982年2月に韓国に旅行する計画をたて，再入国許可の申請をしたところ，法務大臣は前記指紋押捺拒否を理由としてこれを不許可とした。このため彼女は法務大臣の不許可処分の取消しと国家賠償を請求したものである。

最高裁の判旨は以下の通り。

> 上告棄却。我が国に在留する外国人は，憲法上，外国へ一時旅行する自由を保障されているものでないことは，昭和32年と昭和53年の最大判の趣旨に徴して明らかである。したがって，外国人の再入国の自由は，憲法22条により保障されないとした原審の判断は，正当として是認できる。自由権規約12条4項の「自国」という文言を，「国籍国」と解した原審の判断は，正当として是認できる。指紋押捺拒否を理由としてなされた法務大臣の本件不許可処分は，社会通念に照らして著しく妥当性を欠くということはできず，裁量権を濫用した違法はないとした原審の判断は，正当として是認できる。

(4) 外国人に対する人権保障の限界

自由権，平等権，受益権も外国人の保障はされる者の，日本国民と同じ内容となるわけではない。政治活動の自由について，参政権が一定レベルでは否定されていることから，同様に制約があるものと考えられる。政府打倒の運動，政治結社は禁止しうる。

政治活動の自由に関する最高裁（最大判昭和53・10・4）[14]の判断として，マクリーン事件がある[15]。

事案は，アメリカ合衆国国籍をもつ上告人（被控訴人・原告）ロナルド・アラン・マクリーン（X）は昭和44年5月10日出入国管理令（現，出入国管理及び難民認定法）4条1項16号，特定の在留資格及びその在留期間を定める省令1項3号に該当する者として，在留期間を1年とする上陸許可を得て入国した。Xは直ちにA語学学校に英語教師として雇用されたが入国後17日間で同校を退職し，他の同種の語学学校に移った（無届）。またX

は将来本国でアジア音楽を教授する志をもっていたため，この間琵琶と琴の研究を続けた。他方Xは外国人ベ平連に所属し，ベトナム反戦，出入国管理法案反対，日米安保条約反対等のデモや集会に参加した。Xは昭和45年5月1日法務大臣（被上告人・控訴人・被告）Yに対し一年の在留期間の更新を申請した。Yは同年8月10日に出国準備期間として9月7日まで120日間の更新を許可したが，同年9月5日付けで右以後の更新は不許可とした。そこでXはこの処分を不服としてその取消しを求めて出訴し，同時に処分の効力停止を申し立てたものである。

判旨の概要は以下の通り。上告棄却。

憲法22条1項は，日本国内における居住・移転の自由を保障する旨を規定するにとどまり，憲法上，外国人は，わが国に入国する自由を保障されているものでないことはもちろん，在留の権利ないし引き続き在留することを要求しうる権利を保障されているものでもない。出入国管理令の規定のしかたは，法務大臣に一定の期間ごとに当該外国人の在留中の状況，在留の必要性・相当性等を審査して在留の許否を決定させようとする趣旨であり，更新事由の有無の判断を法務大臣の裁量に任せ，その裁量権の範囲を広汎なものとする趣旨である。裁判所は，法務大臣の判断の基礎とされた重要な事実に誤認があること等により右判断が全く事実の基礎を欠くかどうか，または事実に対する評価が明白に合理性を欠くこと等により右判断が社会通念に照らし著しく妥当性を欠くことが明らかであるかどうかについて審理する。憲法第三章の諸規定による基本的人権の保障は，権利の性質上日本国民のみをその対象としていると解されるものを除き，わが国に在留する外国人に対しても等しく及ぶものと解すべきであり，政治活動の自由についても，わが国の政治的意思決定又はその実施に影響を及ぼす活動等外国人の地位にかんがみこれを認めることが相当でないと解されるものを除き，その保障が及ぶ。しかしながら外国人に対する憲法の基本的人権の保障は，右のような外国人在留制度のわく内で与えられているにすぎない。すなわち，在留期間中の憲法の基本的人権の保障を受ける行為を在留期間の更新の際に消極的な事情としてしんしゃくされないことまでの保障が与えられているものと解することはできない。Yの本件処分を違法であると判断することはできない。

次に経済的自由権についても，権利の性質上，日本国民と異なる制約が加えられている（公証人法12条，電波法5条，鉱業法17・87条，銀行法47条，船舶法3条，外国人土地法1条）。居住・移転の自由に関して外国人登録法があり，指紋押捺拒否事件について最高裁の判断（最判平成7・12・15）[16]が出されている。

その後，日韓政府間協議を経て1992年法改正が行われ，永住者，特別永住者には指紋押捺制度に代えて写真，署名および一定の家族事項20項目の登録からなる複合的制度が導入され，更には1999年8月公布の改正外国人登録法において非永住者に対しても指紋押捺制度は廃止された（施行2000年4月1日）。なお登録証明書の常時携帯義務等は残っている[17]。

事案は，被告人Xは，本件当時日本に居住していた日系アメリカ人宣教師であるが，1981年2月新規の外国人登録申請を行った際に，外国人登録原票，登録証明書および指紋原紙2葉に指紋の押捺をしなかったため，1982年改正前の外国人登録法違反として起訴された。Xが押捺拒否に出たのは，在日韓国人信者らへの牧会活動の中で，外国人登録法の定める外国人指紋押捺制度がとりわけ在日韓国・朝鮮人に対して日本社会への同化を強いるもので，彼らのアイデンティティ形成に重大な障害をもたらす差別であると考えたからであった。裁判では，X側は指紋押捺制度の実際の立法目的の正当性や立法事実の有無を問題にした上で，同制度は，憲法13条（および「品位を傷つける取扱い」を禁じた国際人権B規約7条），14条（および「法の前の平等」を掲げる同規約26条），19条等に違反すると主張したものである。

最高裁判決の要旨を掲げる。

① 指紋は，指先の紋様であり，それ自体では個人の私生活や人格，思想，信条，良心等個人の内心に関する情報となるものではないが，性質上万人不同性，終生不変性をもつので，採取された指紋の利用方法次第では個人の私生活あるいはプライバシーが侵害される危険性があり，指紋の押なつ制度は，国民の私生活上の自由と密接な関連をもつ。
② 憲法13条によって，個人の私生活上の自由の1つとして，何人もみだりに指紋の押なつを強制されない自由を有するものというべきであり，国家

機関が正当な理由もなく指紋の押捺を強制することは，同条の趣旨に反して許されず，また，右の自由の保障は我が国に在留する外国人にも等しく及ぶと解される。しかしながら，右の自由も，公共の福祉のため必要がある場合には相当の制限を受ける。
③ 外国人指紋押捺制度は，外国人登録法1条の「本邦に在留する外国人の登録を実施することによって外国人の居住関係及び身分関係を明確ならしめ，もって在留外国人の公正な管理に資する」という目的を達成するため，戸籍制度のない外国人の人物特定につき最も確実な制度として制定されたもので，その立法目的には十分な合理性があり，かつ，必要性も肯定できる。立法後累次の改正がなされているが，本件当時の制度内容は押捺義務が3年に1度で，押捺対象指紋も1指のみであり，加えて，その強制も罰則による間接強制にとどまるものであって，精神的，肉体的に過度の苦痛を伴うものとまではいえず，方法としても，一般的に許容される限度を超えない相当なものである。
④ 在留外国人を対象とする指紋押捺制度は，前記のような目的，必要性，相当性が認められ，戸籍制度のない外国人については，日本人とは社会的事実関係上の差異があって，その取扱いの差異には合理的根拠があるので，憲法14条に違反するものでない。
⑤ 指紋はそれ自体では思想，良心等個人の内心に関する情報となるものではないし，指紋押捺制度の目的も，外国人の思想，良心の自由を害するものではない。

V．基本的人権の限界

1．人権と公共の福祉―公権力と一般の国民との関係における人権の限界―

第12条〔自由及び権利の保持義務と公共福祉性〕
　この憲法が国民に保障する自由及び権利は，国民の不断の努力によつて，これを保持しなければならない。又，国民は，これを濫用してはならないのであつて，常に公共の福祉のためにこれを利用する責任を負ふ。
第13条〔個人の尊重と公共の福祉〕

> すべて国民は，個人として尊重される。生命，自由及び幸福追求に対する国民の権利については，公共の福祉に反しない限り，立法その他の国政の上で，最大の尊重を必要とする。
>
> 第22条〔居住，移転，職業選択，外国移住及び国籍離脱の自由〕
> 何人も，公共の福祉に反しない限り，居住，移転及び職業選択の自由を有する。
> 2　何人も，外国に移住し，又は国籍を離脱する自由を侵されない。
>
> 第29条〔財産権〕
> 財産権は，これを侵してはならない。
> 2　財産権の内容は，公共の福祉に適合するやうに，法律でこれを定める。
> 3　私有財産は，正当な補償の下に，これを公共のために用ひることができる。

(1) 公共の福祉の法的意味

日本国憲法において，基本的人権は侵すことのできない権利として絶対的に保障しているが，社会あるいは他人との関係で制約を受けることは当然である。

日本国憲法では，国民の権利，経済的自由について，公共の福祉による制約を一般的に定める手法を採っている。

公共の福祉が各人権に対していかなる法的意味を持つのか，が問題となる。以下の3つの考え方がある。

(イ) 一元的外在制約説

基本的人権は全て「公共の福祉」によって制約を受ける。憲法12・13条の「公共の福祉」は，人権の外から人権を制約することのできる一般的な原理であり，22・29条の「公共の福祉」は特別の意味を持っていない（美濃部達吉）[18]。この説に対しては，「公共の福祉」の意味が抽象的な最高の概念として把握され，法律による人権制限が容易に肯定され，明治憲法下における法律の留保と同じことになりかねないという問題があった。

(ロ) 内在・外在二元的制約説

「公共の福祉」による制約が認められる人権は，明文で定められている経済的自由権（22・29条），積極的な国家の施策により実現が図られる社会権（25条）に限定される。従って12・13条は単なる訓示・倫理的規定に過ぎない。13条の「公共の福祉」は人権制約の根拠たりえない。

上記以外の自由権は，権利が社会的なものであることに自ずと内在する制約に服するに止まる。権利・自由の行使の事前抑制は許されず，各権利・自由に内在する制約の限度でのみ，事後的に裁判所が公正手続きにより抑制することが許されるだけである[19][20]。

(ハ) 一元的内在制約説

① 公共の福祉は人権相互の矛盾・衝突を調整するための実質的公平の原理である。② この意味での公共の福祉は，憲法規定にかかわらず全ての人権に論理必然的に内在している。③ この原理は，自由権を各人に公平に保障するための制約を根拠づける場合には必要最小限度の規制のみを認め（自由国家的公共の福祉），社会権を実質的に保障するために自由権の規制を根拠づける場合には必要な限度の規制を認めるもの（社会国家的公共の福祉）として機能する（宮沢俊義説）[21]。

「公共の福祉」を全ての権利を規制する点では，(イ)一元的外在制約説と同様であるが，全ての人権に必然的に内在し，権利の性質に応じて規制の内容も異なるとする点では，(ロ)内在・外在二元的制約説と同旨である。抽象的で，具体的基準の明確化が示されない点に課題が残る。

(ニ) 比較衡量論

次に，違憲審査の基準としての比較衡量論がある（最高裁の判例理論）。制限することによってもたらされる利益と制限しない場合に維持される利益を比較し，前者の価値が高いと判断される場合は人権を制限できる考え方である（個別的比較衡量）。個別事件の具体的状況に応じて，対立利益を衡量しつつ，妥当な結論を導き出そうとするもので，適用局面は限定される。

(ホ) 二重の基準論準拠

「公共の福祉」を実質的衡平の原理であるとする解釈に依りつつ，人権を規制する限界を画定する基準については，各個別の権利あるいは自由毎に具

体的に明確にしていくことが重要である。即ち，人の人権について具体的に行われる一定の制約が内在的制約ないし外在的制約として正当化されるものか否かは，「公共の福祉」の原理そのものとは別に，各個の権利・自由の性質なり，規制の目的・態様の相違を考慮して構成される，人権規制の限界を画定する基準によって判定することが要請される（芦部信喜説・通説）[22]。

二重の基準の理論を含めていく考え方で，アメリカ判例理論である二重の基準の理論では，人権のカタログの中で精神的自由が立憲民主政の政治課程にとり不可欠の権利で，経済的自由に比べて優越的地位を占める。人権を規制する法律の違憲審査において，経済的自由の規制立法に関して適用される「合理性」の基準は，精神的自由の規制立法については妥当せず，より厳格な基準により審査されなければならないとする。権利や自由の内容・形態，規制の目的・態様等により，更に判定基準を細かく考えていくものである[23]。

2．特別な法律関係―公権力と特殊な関係にある国民における人権の限界―

(1) 特別権力関係―特別権力関係理論と修正・発展―

公務員，在監者，国公立大学の学生など，特別の公法上の原因（法律の規定，本人同意）により成立する公権力と国民の特別の法律関係にある者に関しては特別な人権制限が許容されることになるが，その正当化根拠が議論となる。

特別権力関係理論が明治憲法以来，用いられてきた。特別権力関係論では，こうした公権力と国民の特別の法律関係を特別権力関係の観念で把握する。① 公権力は包括的な支配権（命令権，懲戒権）を有し，個々の場合に法律の根拠なくして特別権力関係に属する私人を包括的に支配できる（法治主義の排除）。② 公権力は，特別権力関係に属する私人に対して，一般国民として有する人権を法律の根拠なくして制限できる（人権の制限）。③ 特別権力関係内部における公権力の行為は原則として司法審査に服さない（司法審査の排除）。

これに対しては，日本国憲法においては基本的人権の尊重を掲げており，

特別権力関係理論の修正が以下の通り図られている[24]。人権規定が原則として適用されること，人権制限は特別権力関係の設定目的に照らして必要かつ合理的範囲に留まること，私人の同意に基づいて成立した場合などを除き，人権制限には法律の根拠が必要なこと，特別権力主体である公権力の違法な措置に対しては司法審査権が及ぶこと。

更には，かかる理論の必要性も疑問視され，各法律関係毎にいかなる人権が，いかなる根拠によって，いかなる程度制約されるのか，具体的に明らかにすることが重視されるに至っている[25]。

(2) 公務員の人権

公務員の人権制限の根拠は，憲法が公務員関係の存在と自律性を憲法秩序の構成要素として認めていること（15条，73条4号）に求められる。国家公務員の政治活動の自由の制限（国家公務員法102条，人事院規則14-7)，公務員等の労働基本権の制限（国家公務員法98条2項，地方公務員法37条，国営企業労働関係法（現在，特定独立行政法人の労働関係に関する法律）17条等）が問題になる。最高裁判決は，公務員にも一般の勤労者と同様に基本権が保障されるが，その職務の性質上，国民全体の利益の保障という見地からの制約を当然の内在的制約として内包するに留まるものとする（昭和41年全逓東京中郵判決（最大判昭和41・10・26)）[26]。

(3) 在監者の人権

在監者の人権制限の正当化根拠も，伝統的特別権力関係理論ではなく，公務員同様に憲法が在監関係とその自律性を憲法的秩序の構成要素として認めていること（18条，31条）に基づくものとされる。在監関係を維持するために在監者の権利を特別に制限すること自体は許容されるが，制限は拘禁と戒護（逃亡・罪証隠滅・暴行・殺傷の防止，紀律維持)，ならびに受刑者の矯正教化という在監目的の達成のため，必要最小限度に留まるものでなければならない。

たとえ精神的自由の規制であっても，集会・結社の制限等は拘禁目的達成のため許される制限となる。新聞・図書閲読あるいは信書発受の制限などは，裁判所による厳格な審査が必要となろう。最高裁判決（最大判昭和58・

6・22)²⁷⁾は，監獄内における紀律・秩序が放置できない程度に害される「相当の具体的蓋然性」が予見される場合に限り，禁止または制限できるとの基準を採用している（昭和58年「よど号」ハイ・ジャック新聞記事抹消事件判決）²⁸⁾。

事案は，昭和44年10月21日の国際反戦デー闘争および同年11月16日の佐藤首相訪米阻止闘争に参加し逮捕され，兇器準備集合，公務執行妨害等の罪名で起訴され，東京拘置所に勾留，収容されていたXら（原告・控訴人・上告人）は，同拘置所内において読売新聞を私費で定期講読していた。同拘置所長は，昭和45年3月31日付け夕刊から4月2日付け朝刊までの4紙に掲載された，いわゆる赤軍派学生による日航機「よど号」乗っ取り事件に関する記事は監獄法令にいう「犯罪の手段，方法等を詳細に伝えたもの」（依命通達）に該当するとして，同記事をラジオ・テレビの番組案内欄も含めて墨で塗りつぶして，Xらに配付した。これに対し，Xらは，本件新聞記事抹消処分の根拠とされた監獄法令（監獄法31条2項，同法施行規則86条1項，「収容者に閲読させる図書，新聞等取扱規程」（昭和41年12月13日矯正甲第1307号法務大臣訓令），「収容者に閲読させる図書，新聞紙等取扱規程の運用について」（昭和41年12月20日矯正甲第330号矯正局長依命通達）は，憲法19条・22条に違反するので同処分は違法であると主張し，国を相手取り国家賠償請求訴訟を提起したものである。

最高裁判決の要旨を掲げる。上告棄却。

① 未決勾留は，刑事訴訟法の規定に基づき，逃亡または罪証隠滅の防止を目的として，被疑者または被告人の居住を監獄内に限定するものであって，右の勾留により拘禁された者は，その限度で身体的行動の自由を制限されるのみならず，前記逃亡または罪証隠滅の防止の目的のために必要かつ合理的な範囲において，それ以外の行為の自由をも制限されることを免れないのであり，このことは，未決勾留そのものの予定するところでもある。また，監獄は，多数の被拘禁者を外部から隔離して収容する施設であり，右施設内でこれらの者を集団として管理するにあたっては，内部における規律および秩序を維持し，その正常な状態を保持する必要があるから，この目的のために

必要がある場合には，未決勾留によって拘禁された者についても，この面からその者の身体的自由およびその他の行為の自由に一定の制限が加えられることは，やむをえないところというべきである。そして，この場合において，これらの自由に対する制限が必要かつ合理的なものとして是認されるかどうかは，右の目的のために制限が必要とされる程度と，制限される自由の内容及び性質，これに加えられる具体的制限の態様および程度等を較量して決せられるべきものである（最高裁昭和45年9月16日大法廷判決・民集24巻10号1410頁）。
② 未決勾留は，前記刑事司法上の目的のために必要やむをえない措置として一定の範囲で個人の自由を拘束するものであり，他方，これにより拘禁される者は，当該拘禁関係に伴う制約の範囲外においては，原則として一般市民としての自由を保障されるべき者であるから，監獄内の規律および秩序の維持のためにこれら被拘禁者の新聞紙，図書等の閲読の自由を制限する場合においても，それは，右の目的を達するために真に必要と認められる限度にとどめられるべきものである。したがって，右の制限が許されるためには，当該閲読を許すことにより右の規律及び秩序が害される一般的，抽象的なおそれがあるというだけでは足りず，被拘禁者の性向，行状，監獄内の管理，保安の状況，当該新聞紙，図書等の内容その他の具体的事情のもとにおいて，その閲読を許すことにより監獄内の規律および秩序の維持上放置することのできない程度の障害が生ずる相当の蓋然性があると認められることが必要であり，かつ，その場合においても，右の制限の程度は，右の障害発生の防止のために必要かつ合理的な範囲にとどまるべきものと解するのが相当である。
③ 具体的場合における前記法令等の適用にあたり，当該新聞紙，図書等の閲読を許すことによって監獄内における規律及び秩序の維持に放置することができない程度の障害が生ずる相当の蓋然性が存するかどうか，およびこれを防止するためにどのような内容，程度の制限措置が必要と認められるかについては，監獄内の実情に通暁し，直接その衝にあたる監獄の長による個個の場合の具体的状況のもとにおける裁量的判断にまつべき点が少なくないから，障害発生の相当の蓋然性があるとした長の認定に合理的な根拠があり，その防止のために当該制限措置が必要であるとした判断に合理性が認められる限り，長の右措置は適法として是認すべきものと解するのが相当である。

本件新聞記事抹消処分には裁量濫用の違法はない。

3．私人間における人権保障の限界
(1) 社会的権力による人権侵害—問題の所在—

資本主義の発展・高度化に伴い，巨大企業，労働組合，各種団体など強大な力を持った私的団体が生じることとなってきた。憲法の基本的人権の保障は，国家・公権力の関係で考えるものとされてきたが，こうした社会的権力による人権侵害からも人権保護を図る必要性が問題となってきた。

(2) 人権の私人間の効力

人権規定が，私人間において如何に適用され，効力を有することになるかにつき，次の2つの考え方がある。

　(イ)　間接適用説

規定の趣旨・目的あるいは法文から直接的な私法的効力を有する人権規定は除いて，その他の人権（自由権，平等権）については法律の概括的条項，就中，民法90条（公序良俗に反する法律行為は無効であると定める）のような私法の一般条項の中に憲法の趣旨を取り込み，そうした私法上の規定を各事案において解釈・適用していくことで，憲法上の人権規定を直接適用はしないが，間接的に私人間の行為を規律し，人権の保護を図ろうとする考え方である（通説・判例）[29]。

　(ロ)　直接適用説

憲法上のある種の人権規定（自由権，平等権，制度的保障）は私人間にも直接効力を有することを述べる[30]。

間接適用説の立場からは，私人相互間において人権保護が問題となる場合には，国家権力との関係で問題になる場合と異なり，当該関係の有する性質の違いに応じ，相対化されて柔軟な対応が可能となる。直接適用説の場合も，人権規定の効力自体において，相対化することを認めれば，実際上は間接適用説とほとんど異ならない。直接適用説では，私的自治の原則を阻害すること，自由権・社会権の区別の相対化が進む中，逆に国家権力の介入を是

認する端緒が生じることになるなどの批判がされる[31]。
(ハ) 間接適用説の判例
(i) 三菱樹脂事件

事案は，X（原告，被控訴人・控訴人，被上告人）は，昭和38年3月に東北大学法学部を卒業し，三菱樹脂株式会社（Y1被告，控訴人・被控訴人，上告人）に3か月の試用期間を設けて採用されたが，入社試験の際に身上書および面接において学生運動や生協理事としての活動を秘匿する虚偽の申告をしたことを理由に，試用期間の満了直前に，本採用を拒否するという告知を受けた。このためXは，労働契約関係存在の確認を求めて出訴したものである。

最高裁判決（最大判昭和48・12・12）[32]の要旨を掲げる[33]。破棄差戻し。

① 憲法19条，14条は，その他の自由権的基本権の保障規定と同じく，国または公共団体の統治行動に対して個人の基本的な自由と平等を保障する目的に出たもので，もっぱら国または公共団体と個人との関係を規律するものであり，私人相互の関係を直接規律することを予定するものではない。このことは，基本的人権なる観念の成立および発展の歴史的沿革に徴し，かつ，憲法における基本権規定の形式，内容にかんがみても明らかである。私人間の関係においては，各人の有する自由と平等の権利自体が具体的場合に相互に矛盾，対立する可能性があり，このような場合におけるその対立の調整は，近代自由社会においては，原則として私的自治に委ねられ，ただ一方の他方に対する侵害の態様，程度が社会的に許容しうる一定の限界を超える場合にのみ，法がこれに介入しその間の調整をはかるという建前がとられている。

② もっとも，私人間の関係においても，相互の社会的力関係の相違から，一方が他方に優越し，事実上後者が前者の意思に服従せざるをえない場合があるが，このような場合に限り憲法の基本権保障規定の適用ないしは類推適用を認めるべきであるとする見解もまた，採用することはできない。何となれば，右のような事実上の支配関係なるものは，その支配力の態様，程度，規模等においてさまざまであり，加えて一方が権

> 力の法的独占の上に立って行なわれるものであるのに対し、他方はこのような裏付けないしは基礎を欠く単なる社会的事実としての力の優劣の関係にすぎず、その間に画然たる性質上の区別が存するからである。私的支配関係において個人の自由・平等に対する具体的な侵害やそのおそれがある場合には、これに対する立法措置によってその是正を図ることが可能であるし、また、場合によっては、私的自治に対する一般的制限規定である民法1条、90条や不法行為に関する諸規定等の適切な運用によって、一面で私的自治の原則を尊重しながら、他面で社会的許容性の限度を超える侵害に対し基本的な自由や平等の利益を保護し、その間の適切な調整を図る方途も存するか、いかなる条件でこれを雇うかについて、原則として自由にこれを決定することができるのであって、企業者が特定の思想、信条を有する者をそのゆえをもって雇い入れることを拒んでも、それを当然に違法としたり、直ちに民法上の不法行為とすることはできない。したがって、企業者が、労働者の採否決定にあたり、労働者の思想、信条を調査し、そのためその者からこれに関連する事項についての申告を求めることも違法ではない。

(ii) 昭和女子大事件

事案は、被上告人Y（被告・控訴人）は、保守的校風をもって教育の指導精神とする私立大学であるが、その指導精神に基づき「生活要録」を定めていた。ところが、上告人（原告・被控訴人）X1は、要録の規定に反して、無届で政治的暴力行為防止法案（政防法）に対する反対署名運動を行い、許可なく外部政治団体（民青同）に加入申込み中であった。また、X2は既に無許可で加入していた。これに気づいたYは、両名に対し民青同からの離脱を求めたが、Xらは週刊誌やラジオ等において大学の対応を公表するなど、対決姿勢を明らかにした。Yは、両名のこのような態度は、学校教育法施行規則13条3項4号に基づく同大学学則36条4号「学校の秩序を乱し、その他学生としての本分に反した」に当たるとして、退学処分に付した。Xらはこれに対して身分確認訴訟を起こしたものである。

最高裁判決（最判昭和49・7・19)[34]の要旨を掲げる[35]。

① 憲法19条，21条，23条等のいわゆる自由権的基本権の保障規定は，専ら国または公共団体と個人との関係を規律するものであり，私人相互間の関係について当然に適用ないし類推適用されるものでないことは，当裁判所大法廷判例（昭和48年12月22日の三菱樹脂事件判決事件）の示すところである。私立学校であるYの学則の細則としての性質をもつ生活要録の規定について直接憲法の右基本権保障規定に違反するかどうかを論ずる余地はない。
② 大学は，国公立であると私立であるとを問わず，学生の教育と学術の研究を目的とする公共的な施設であり，その設置目的を達成するために必要な事項を学則等により一方的に制定し，これによって在学する学生を規律する包括的権能を有する。特に私立学校においては，建学の精神に基づく独自の伝統ないし校風と教育方針とによって社会的存在意義が認められ，学生もそのような伝統ないし校風と教育方針のもとで教育を受けることを希望して当該大学に入学するものと考えられる。学生の政治的活動につきかなり広範な規律を及ぼすこととしても，これをもって直ちに社会通念上学生の自由に対する不合理な制限であるということはできない。
③ 民青同に加入とか，政防法反対の署名活動といった実社会の政治的社会的活動にあたる行為を理由として退学処分を行うことが，直ちに学生の学問の自由および教育を受ける権利を侵害し公序良俗に違反するものでないことは，当裁判所大法廷判例（昭和38年5月22日のポポロ事件判決）の趣旨に徴して明らかである。
④ また，本退学処分は，それらを発端とする一連の行動が結局週刊誌や学外の集会等において公然と大学当局の措置を非難するような挙に至り，大学側はもはやXが大学の教育方針に服する意思がなく教育目的を達成する見込が失われたと判断したものであり，この判断は社会通念上合理性を欠くものであるとはいいがたい。

(iii) 日産自動車事件

定年年齢を男子60歳，女子55歳と規定した就業規則が，性別による不合理な差別を定めたものとして，民法90条により無効とされた（最判昭

和 56・3・24)[36]。

(3) 事実行為による侵害

純然たる事実行為(法令,学則等にも基づかない)による侵害に対しては,間接適用説により,憲法問題として争うことは困難となる。

これについて,アメリカ判例法理論である国家行為(state action)の理論がある。人権規定が公権力と国民との関係を規律するものであることを前提とし,公権力が,私人の私的行為に極めて重要な程度にまでかかわり合いになった場合,または私人が国の行為に準ずるような高度に公的な機能を行使している場合において,当該私的行為を国家行為と同視し,憲法を直接適用する理論である(国家同視説)[37]。

[注]
1) 前掲・芦部信喜,高橋和之補訂『憲法 第六版』82頁。
2) 最大判昭和45・6・24民集24巻6号625頁。
3) 最判平成8・3・19民集50巻3号615頁,判時1571号16頁。
4)「強制加入団体の政治献金と構成員の思想の自由―南九州税理士会政治献金事件」別冊ジュリスト「憲法判例百選Ⅰ[第四版]」中島茂樹84-85頁。
5) 最判平成7・2・28民集49巻2号639頁。
6) 東京高判平成9・11・26判タ960号79頁。
7)「外国人の公務就任権」別冊ジュリスト「憲法判例百選Ⅰ[第四版]」近藤敦14-15頁。
8) 最大判平成17・1・26民集59巻1号128頁。
9) 最大判昭和32・6・19刑集11巻6号1663頁。
10) 最大判昭和32・12・25刑集11巻14号3377頁。
11) 最判平成4・11・16民集166巻575頁。
12)「外国人の再入国の権利森川キャサリーン事件」別冊ジュリスト「憲法判例百選Ⅰ[第四版]」山下威士8-9頁。
13) 阪本昌成「本件第一審判批」法教72号237頁。
14) 最大判昭和53・10・4民集32巻7号1223頁。
15)「外国人の政治活動の自由」別冊ジュリスト「憲法判例百選Ⅰ[第四版]」齋藤靖夫6-7頁。
16) 最判平成7・12・15刑集49巻10号842頁。
17)「指紋押捺制度の合憲性」別冊ジュリスト「憲法判例百選Ⅰ[第四版]」根森健1-2頁。
18) 美濃部達吉『日本国憲法原論』有斐閣(1948年)166頁。
19) 法学協会編『註解日本国憲法(上)』有斐閣(1953年)293頁。
20) 内在・外在二元的制約説の問題点として,①自由権と社会権の区別が相対化しつつある中で,それを画然と分けて,その限界を一方は内在的,他方は外在的と割り切ることが妥当か,②また,憲法にいう「公共の福祉」の概念を国の政策的考慮に基づく公益という意味に限定して考えるのは適切か,③13条を倫理的な規定であるとしてしまうと,それを新しい人権を基礎づける包括的な人権条項と解釈できなくなるのではないか,が掲げられる。前掲・芦部信喜,高橋和之補訂『憲法 第六版』100頁。

21) 前掲・宮沢俊義『憲法Ⅱ〔新版〕』有斐閣・法律学全集（1971年）218頁。
22) 芦部信喜『憲法学Ⅱ』有斐閣（1994年）198頁。
23) 判例の採用する個別的比較衡量の審査方法が妥当する場合を裁判所が仲裁者として働くような場合に限定し，それ以外の事例では二重の基準論を基礎にしながら人権の性質に応じて合理性の基準より厳格な基準を使い分けていくというのが芦部説の骨子であり，各人権の説明の中で「合理性の基準」「厳格な合理性の基準」「厳格な基準」の3つの基準の適用の仕方が論じられることになる。芦部説の考え方からすると，判例は審査基準を明確にすることなく個別的比較衡量を多用しており，そこに問題があるということになる。前掲・芦部信喜，高橋和之補訂『憲法 第六版』105頁。
24) 田中二郎『新版行政法（上）〔全訂第2版〕』弘文堂（1974年）91頁。
25) 前掲・芦部信喜，高橋和之補訂『憲法 第六版』106-110頁。
26) 最大判昭和41・10・26刑集20巻8号901頁。
27) 最大判昭和58・6・22民集37巻5号793頁。
28) 「未決拘禁者の閲読の自由—よど号ハイ・ジャック記事抹消事件—」別冊ジュリスト「憲法判例百選Ⅰ〔第四版〕」竹中勲38-39頁。
29) 前掲・宮沢俊義『憲法Ⅱ〔新版〕』250頁。前掲・佐藤功『日本国憲法概説〔全訂第5版〕』158頁。
30) 橋本公亘『日本国憲法〔改訂版〕』有斐閣（1988年）123頁，阿部照哉『憲法〔改訂版〕』青林書院（1991年）81頁。
31) 前掲・芦部信喜，高橋和之補訂『憲法 第六版』115-116頁。
32) 最大判昭和48・12・12民集27巻11号1536頁，判時724号18頁。
33) 「私法関係と基本的人権—三菱樹脂事件—」別冊ジュリスト「憲法判例百選Ⅰ〔第四版〕」小山剛24-25頁。
34) 最判昭和49・7・19民集28巻5号790頁，判時749号3頁。
35) 「市立大学と基本的人権—昭和女子大事件—」別冊ジュリスト「憲法判例百選Ⅰ〔第四版〕」高橋正俊26-27頁。
36) 最判昭和56・3・24民集35巻2号300頁。
37) 前掲・芦部信喜『憲法学Ⅱ』114頁。

第5章

包括的基本権ならびに法の下の平等

I. 生命・自由・幸福追求権―憲法13条―

1. 幸福追求権

> 第13条〔個人の尊重と公共の福祉〕
>   すべて国民は，個人として尊重される。生命，自由及び幸福追求に対する国民の権利については，公共の福祉に反しない限り，立法その他の国政の上で，最大の尊重を必要とする。

　憲法14条以下の詳細な人権規定は，全ての人権を網羅したものではなく（人権の固有性），経済社会の変革に伴い，新しい人権として自立的な個人が生存するために不可欠な基本的権利・自由が保障される。そのような包括的基本権の根拠規定として，憲法13条がある。

　幸福追求権によって基礎付けられる個々の権利は，裁判上の救済を受けることが可能な具体的権利である（京都府学連事件）。幸福追求権は，一般的行為の自由（服装，飲酒，自動車・バイクの運転など）ではなく，個人の人格的生存に不可欠な利益を内容とする権利の総体である（人格的利益説）。

　幸福追求権から導き出される具体的権利として，新しい人権として主張されたものを列挙する。プライバシーの権利，環境権，日照権，静穏権，眺望権，入浜権，嫌煙権，健康権，情報権，アクセス権，平和的生存権など。このうち，プライバシーの権利の肖像権は，最高裁も正面からその具体的権利性を認めている。

京都府学連事件（昭和44年最高裁判決）では，デモ行進において警察官が犯罪捜査のために写真撮影をし，その適法性が争われた事件であり，最高裁は，「個人の私生活上の自由の一つとして，何人も，その承諾なしに，みだりにその容ぼう・姿態を撮影されない自由を有する。これを肖像権と称するかどうかは別として，少なくとも，警察官が，正当な理由もないのに，個人の容ぼう等を撮影することは，憲法13条の趣旨に反し，許されない」と判示した（最大判昭和44・12・24）[1]。

また肖像権のほか，前科照会事件（昭和56年最高裁判決）では，最高裁は，地方公共団体が弁護士の照会に安易に応じた行為を違法と判示して，「前科・犯罪経歴は人の名誉・信用にかかわり，これをみだりに公開されないのは法律上の保護に値する利益である」とする（最判昭和56・4・14）[2]。

II．プライバシーの権利の変容

1．プライバシーの権利—自由権，消極的—

プライバシーの権利は，幸福追求権を主な根拠として認められており，「私生活をみだりに公開されない法的保障ないし権利」と定義されている（昭和39年「宴のあと」事件東京地裁一審判決）（東京地判昭和39・9・28）[3]。私法上の権利（人格権）として，個人の尊厳を保ち，幸福追求を保障する上において必要不可欠なもので，憲法に基礎づけられた権利であることを認めている。

「宴のあと」事件では，東京都知事選挙に立候補したが，敗れた原告をモデルとする三島由紀夫著作の小説「宴のあと」が，原告のプライバシーの権利を侵害するかが争われた。東京地裁一審判決において，プライバシー侵害の要件として，① 公開された内容が私生活上の事実または事実らしく受けとられる怖れのある事柄であること，② 一般人の感受性を基準にして当該私人の立場に立った場合公開を欲しないであろうと認められる事柄であること，③ 一般の人々に未だ知られていない事柄であることが示されている[4]。

2. 自己情報コントロール権—積極的請求権—

　個人の私的な領域には他者を無断で立ち入らせないという，自由権的・消極的な内容としてプライバシーの権利が考えられてきたが，情報化社会の進展に伴い，「自己に関する情報をコントロールする権利」（情報プライバシー権）として，プライバシー保護を公権力に積極的に請求する権利としての側面が重視されるに至っている。個人に関する情報が行政機関によって集中的に管理されており，個人が自己情報を自身でコントロールして閲読・訂正，抹消の請求を認めることが必要とされるに至っている。昭和63年（1988年）には，「行政機関の保有する電子計算機処理に係る個人情報の保護に関する法律」が施行されている。

　江沢民講演会参加者名簿提出事件（最判平成15・9・12）[5]について，事案は，早稲田大学（本件被告Y）が江沢民中華人民共和国国家主席（当時）の来日に際して同氏講演会を主催したが（平成10年11月28日），学生参加にあたり学内に備え置かれた名簿に希望者が学籍番号，氏名，住所および電話番号を事前の一定期間内に記入したうえで参加証の交付を受けることが必要とされた。同大学は警視庁，外務省，中国大使館等から万全の警備体制の要請を受け，とくに警視庁からは警備のため本件名簿等の提出を求められ，大学として警備を警察に委ねることとして本件名簿ならびに教職員，留学生，プレスグループの参加申込者名簿の写しの提出に応じた。本件名簿提出につき，大学として学生の同意を得ることはしていなかった。Xら（原告・控訴人・上告人）は，参加証を得て本件講演に参加中，「中国の核軍拡反対」と叫ぶなどしたため私服警察官により建造物侵入，威力業務妨害の嫌疑で現行犯逮捕され，その後Y大学からけん責処分を受けた。これに対してXらがY大学側を相手取り，けん責処分の無効確認等とあわせ，本件名簿の写しの警察への無断提出がプライバシー侵害に当たるとして損害賠償を請求したものである[6]。

　最高裁判決の要旨を掲げる。プライバシー侵害を理由とする損害賠償請求に関する部分を破棄差戻し。

> ① 本件個人情報は，Y 大学が個人識別等を行うための単純な情報であって，その限りにおいては，秘匿されるべき必要性が必ずしも高いものではない。また，本件講演会に参加を申し込んだ学生であることも同断である。しかし，このような個人情報についても，本人が，自己が欲しない他者にはみだりにこれを開示されたくないと考えることは自然なことであり，そのことへの期待は保護されるべきものであるから，本件個人情報は，X らのプライバシーに係る情報として法的保護の対象となる。
> ② このようなプライバシーに係る情報は，取扱い方によっては，個人の人格的な権利利益を損なうおそれのあるものであるから，慎重に取り扱われる必要がある。本件講演会の主催者として参加者を募る際に X らの本件個人情報を収集した Y 大学は，X らの意思に基づかずにみだりにこれを他者に開示することは許されないというべきであるところ，同大学が本件個人情報を警察に開示することをあらかじめ明示した上で本件講演会参加希望者に本件名簿へ記入させるなどして開示について承諾を求めることは容易であったものと考えられ，それが困難であった特別の事情がうかがわれない本件においては，X らが任意に提供したプライバシーに係る情報の適切な管理についての合理的な期待を裏切るものであり，X らのプライバシーを侵害するものとして不法行為を構成する。

　本件は，個人情報保護法（本件事件後の平成 15 年 5 月公布施行，個人情報取扱事業者の義務等を定める第 4 章等について平成 17 年 4 月施行）の成立前の事案であるが，同法の規定では，Y 大学は学生らから本件個人情報を収集するに際して，その利用の目的をできる限り特定しなければならない（15 条 1 項）とされる。また本人の同意を得ないで，目的達成に必要な範囲を超えて，個人情報を取り扱ってはならない（15 条 1 項）ものとなる。

　また住基ネット訴訟（最判平成 20・3・6）[7] では合憲の判断が出され，本人確認情報の目的外使用には住基法上重い刑罰により禁止される等の制度的担保が組み込まれ，プライバシー侵害の具体的な危険が発生しているとはいえないとした。

　プライバシーの権利にかかる違憲審査基準は，① 誰からみてもプライバ

シーであると思われるものについては，精神的自由に関する3つの基準のうち，最も厳格な審査基準（目的は必要不可欠なやむにやまれぬ利益があること，手段はその目的を達成するための必要最小限度のものに限定されることを要求する基準），② それ以外の一般的にプライバシーと考えられるもの，ならびにプライバシーに該当するか判然としないものについては，原則としてやや緩めて，厳格な合理性の基準（立法目的が重要なものであること，規制手段が目的と実質的な関連性を有することを要求する基準）を用いるのが妥当と理解される[8]。

3．自己決定権

　プライバシーの権利について，情報プライバシー権とは別に憲法上の具体的権利として，自己決定権（人格的自律権）が議論となる。子供を持つかどうかを決める自由，髪型・服装などライフスタイルを決める自由，尊厳死・医療拒否の自由などである。広義のプライバシーの権利と称されるが，自己決定権を正面から認めた判例は存在していない。

　髪型・服装の自由に関して，最高裁判決（最判平成8・7・18)[9]は高校生らしい髪形を維持し非行を防止する目的で定められ校則は，社会通念上，不合理とはいえない旨を判示している。

　他方，エホバの証人事件においては，最高裁判決（最判平成12・2・29)[10]は自己決定権には言及しないものの，輸血を伴う医療行為を拒否する意思決定をする権利は，人格権の一内容として尊重されなければならないと述べる。

　エホバの証人事件の事案は，A（一審原告・控訴人）は，「エホバの証人」の信者であり，宗教上の信念から，いかなる場合にも輸血を受けることは拒否するという固い意思を有していた。D病院の医師Cらは，Aの手術の際に輸血を必要とする事態が生ずる可能性があることを認識していたが，Aに対して上記方針を説明せず，輸血する可能性があることを告げなかった。CらがAの手術を実施したところ，輸血をしないかぎりAを救うことができない可能性が高いと判断して輸血を実施した。Aは，①D病院を設置，

運営するY（国。被告・被控訴人・上告人（附帯被上告人））に対して，手術中いかなる事態になっても輸血をしないという診療契約の特約に違反したという債務不履行がある。②Cら医師6名に対しては，手術中いかなる事態になっても輸血を受け入れないとの意思に従うかのように振る舞ってAに本件手術を受けさせ，本件輸血をしたことにより，Aの自己決定権および信教上の良心を侵害したという不法行為がある。Yには使用者責任があるとして損害賠償を請求したものである[11]。

最高裁判決の要旨を掲げる。上告棄却，附帯上告棄却。

> 本件において，C医師らが，Aの肝臓の腫瘍を摘出するために，医療水準に従った相当な手術をしようとすることは，人の生命及び健康を管理すべき業務に従事する者として当然のことであるということができる。しかし，患者が，輸血を受けることは自己の宗教上の信念に反するとして，輸血を伴う医療行為を拒否するとの明確な意思を有している場合，このような意思決定をする権利は，人格権の一内容として尊重されなければならない。そして，Aが，宗教上の信念からいかなる場合にも輸血を受けることは拒否するとの固い意思を有しており，輸血を伴わない手術を受けることができると期待してD病院に入院したことをC医師らが知っていたなど本件の事実関係の下では，C医師らは，手術の際に輸血以外には救命手段がない事態が生ずる可能性を否定し難いと判断した場合には，Aに対し，D病院としてはそのような事態に至ったときには輸血するとの方針を採っていることを説明して，D病院への入院を継続した上，C医師らの下で本件手術を受けるか否かをA自身の意思決定にゆだねるべきであったと解するのが相当である。

Ⅲ．法の下の平等

> 第14条〔平等原則，貴族制度の否認及び栄典の限界〕
> すべて国民は，法の下に平等であつて，人種，信条，性別，社会的身分又は門地により，政治的，経済的又は社会的関係において，差別されない。

2　華族その他の貴族の制度は，これを認めない。
　　3　栄誉，勲章その他の栄典の授与は，いかなる特権も伴はない。栄典の授与は，現にこれを有し，又は将来これを受けるものの一代に限り，その効力を有する。
第15条〔公務員の選定罷免権，公務員の本質，普通選挙の保障及び投票秘密の保障〕
　公務員を選定し，及びこれを罷免することは，国民固有の権利である。
　　2　すべて公務員は，全体の奉仕者であつて，一部の奉仕者ではない。
　　3　公務員の選挙については，成年者による普通選挙を保障する。
　　4　すべて選挙における投票の秘密は，これを侵してはならない。選挙人は，その選択に関し公的にも私的にも責任を問はれない。
第24条〔家族関係における個人の尊厳と両性の平等〕
　婚姻は，両性の合意のみに基いて成立し，夫婦が同等の権利を有することを基本として，相互の協力により，維持されなければならない。
　　2　配偶者の選択，財産権，相続，住居の選定，離婚並びに婚姻及び家族に関するその他の事項に関しては，法律は，個人の尊厳と両性の本質的平等に立脚して制定されなければならない。
第26条〔教育を受ける権利と受けさせる義務〕
　すべて国民は，法律の定めるところにより，その能力に応じて，ひとしく教育を受ける権利を有する。
　　2　すべて国民は，法律の定めるところにより，その保護する子女に普通教育を受けさせる義務を負ふ。義務教育は，これを無償とする。
第44条〔議員及び選挙人の資格〕
　両議院の議員及びその選挙人の資格は，法律でこれを定める。但し，人種，信条，性別，社会的身分，門地，教育，財産又は収入によって差別してはならない。

1．形式的平等から実質的平等へ

　人権形成の歴史においては，自由と共に法の下の平等の原則が最高の目的として機能を果たしてきた。もっとも，自由と平等は相反する側面もあり，資本主義の発展と共に個人の不平等に繋がっていく。そこで，社会福祉国家としては，社会的・経済的な弱者に対しては，保護を与えることで結果とし

ての平等，即ち形式的平等から実質的平等を図らんとするに至る。

但し，国家の法的義務としては，あくまでも社会権の保障措置を通じて実質的平等を図るものであり，14条を直接の根拠として経済的な不平等の是正を直接請求する権利が生じるものではない。

2．法の下の平等の意味合い
―法内容の平等，絶対的平等でなく相対的平等―

法の下の平等の意味合いとしては，法そのものの内容も平等原則に従い定立されるべきことを示すものである。

また各人の性別，能力，年齢，財産，職業，人間同士の特別な関係など，種々の事実的あるいは実質的差異を前提に，同じ事情・条件下では均等に取り扱われるべきことを意味する。絶対的平等でなく，相対的平等である。アメリカでは，黒人，女性等に対して積極的差別解消措置（affirmative action）を立法するケースがあり，機会の平等，合理的平等の実現から許容されている。

3．平等原則違反の違憲審査基準

平等原則違反の違憲審査基準としては，二重の基準の考え方から，権利の性質の相違を衡量し，① 経済的自由の積極目的規制に関しては，やや緩やかな合理的関連性の基準（立法目的が正当なものであること，目的と手段の間に合理的関連性が存すること）をもって足りるとする基準とされている。② 他方，経済的自由のうちの消極目的規制に関しては，厳格な合理性の基準と解されている。③ 他方，精神的自由に関して平等原則違反が問われる場合には，最も厳しい厳格な基準を用いることとなる。

この点で，① サラリーマン税金訴訟事件では，旧所得税法（昭和40年改正前のもの）給与所得課税は必要経費の実額控除を認めず，事業所得者に比べて著しく不公平な税負担を科しているとして憲法14条1項違反が争われた。最高裁判決（最大判昭和60・3・27）[12]では，租税法は立法府の政策的・技術的な判断に委ねるほかはない。立法目的が正当，かつ具体的に採用

された区別の態様が目的との関連で著しく不合理であることが明らかでない限り，合理性を否定することはできないとして，違憲ではないとしている。

② また堀木訴訟では，原告は全盲の視力障害者として障害福祉年金を受給していたところ，同時に寡婦として子供を養育し，児童扶養手当の受給資格の認定を申請した。しかしながら，年金と手当の併給禁止規定に従い申請は却下された事案である。併給禁止が憲法25条，14条に反しないかが争われ，最高裁判決（最大判昭和57・7・7）[13]では，憲法25条について「健康で文化的な最低限度の生活」は抽象的・相対的な概念で立法による具体化が必要である。立法措置の選択決定は立法府の広い裁量に委ねられている。また併給禁止により障害福祉年金受給者とそうでない者の間に児童扶養手当の受給に関して差別が生じても，広汎な立法裁量を前提に判断すると差別は不合理なものとはいえないと判示された[14]。

4．平等原則の内容

憲法14条1項後段「人種，信条，性別，社会的身分又は門地により，政治的，経済的又は社会的関係において，差別されない」は限定列挙とされる。

(1) 人種

我が国では，アイヌ人，混血，帰化人などが問題となる。

(2) 信条

宗教上の信仰に限らず，広く思想・政治上の主義を含むと解されている（最判昭和30・11・22）[15]。

(3) 性別

現在では，男女同権は法律（国家公務員法27条，男女雇用機会均等法制定（1985年）など），条約（1981年発効の女子差別撤廃条約など）により進められている。

民法における婚姻適齢年の区別（男子18歳，女子16歳），女性に課される6カ月の待婚期間（民法731条，733条），夫婦同氏の原則（民法750条）の当否が問題とされ，全体として是正の方向に向かっているといえる。

(4) 社会的身分・門地

　社会的身分について，判例の立場は，人が社会において一時的ではなしに占める地位と広く解している。門地は家柄を意味するが，従来の華族は，憲法14条2項で廃止された。

　非嫡出子たる地位および尊属・卑属たる地位について，社会的身分と解する学説があり，社会的身分について，後天的に占める社会的地位で一定の社会的評価を伴うものと述べる（中間説）[16]。

　近時の最高裁判例（最大決平成25・9・4）[17]では，婚外子相続分差別を定めた民法900条4号但し書の規定について，違憲判決が下され注目されている[18]。

　事案の概要は，平成13年7月に死亡した被相続人Aの遺産につき，Aの嫡出である子（代襲相続人を含む）であるYら（相手方）がAの嫡出でない子であるXら（抗告人）に対し，遺産の分割の審判を申し立てたところ，原審は嫡出でない子の相続分を嫡出子の相続分の2分の1とする民法900条4号ただし書の規定（本件規定）は憲法14条1項に反せずこれに従ってAの遺産の分割をすべきものとしたので，Xらが特別抗告した。

　最高裁判決においては，以下の通り述べている。また違憲判決を受けて，平成25年12月5日，民法の一部を改正する法律が成立し，嫡出でない子の相続分を嫡出子相続分と同等にしている（900条4号但し書前半部分削除）。

　それぞれの国の伝統，社会事情，国民感情やその国における婚姻ないし親子関係に対する規律，国民の意識等を総合的に考慮した上で，相続制度をどのように定めるかは，立法府の合理的な裁量判断に委ねられているが，この裁量権を考慮しても，法定相続分に関する区別に合理的な根拠が認められない場合には当該区別は憲法14条1項に反する。その後の事柄の変遷としては，(イ)我が国における婚姻や家族の実態の変化，その在り方に対する国民の意識の変化，(ロ)現在，嫡出子と嫡出でない子の相続分に差異を設けている国は欧米諸国にはないなど諸外国の状況の大きな変化，(ハ)国際人権B規約や児童の権利条約の批准およびそれら条約の委員会による勧告等，(ニ)住民票や戸籍における記載の仕方の変更，および最大判平成20・6・4

(民集 62 巻 6 号 1367 頁。国籍法 3 条違憲判決）による国籍法 3 条違憲の判断，㈭嫡出性の有無にかかわらず法定相続分を平等とするための法律案の準備といった状況がある。

5．尊属殺重罰規定

尊属殺重罰規定の合憲性につき，刑法 200 条は，「自己又ハ配偶者ノ直系尊属ヲ殺シタル者ハ死刑又ハ無期懲役ニ処ス」として普通殺人に比べて尊属殺に重罰を科していた。尊属殺を特別に扱うことが，社会的身分による不合理な差別として法の下の平等原則に反しないか問題となったが，1973 年最高裁は違憲判決を下している（最大判昭和 48・4・4）[19]。立法目的として，親を尊重することについては合理性を認め，刑罰が厳しすぎるとした点は批判が出された[20]。

6．議員定数不均衡

国会議員選挙において各選挙区の議員定数の配分の不均衡があるため，人口数あるいは有権者数の比率において選挙人の投票価値，1 票の重みに不平等が存在することが平等原則に違反しないか，議論となる。

選挙権の平等の観念には，1 人 1 票の数的平等（公職選挙法 36 条）のみならず，投票価値の平等もふくまれること，表現の自由同様に民主政を支える重要な権利として厳格な司法審査が必要であること，投票価値の平等の意味はより形式化されたもので，国民の意思を公正かつ効果的に代表するために考慮される非人口的要素も定数配分が人口数に比例しなければならないという原則の範囲内でのみ認められるに過ぎないことが考慮される。

衆議院議員選挙については，具体的には，1 票の重みが議員 1 人当たりの人口の最高選挙区と最低選挙区で概ね二対一以上に開くことは，投票価値の平等の要請に反すると解するのが妥当である[21]。

最高裁は昭和 51 年判決（最大判昭和 51・4・14）[22][23]以降，かかる議員定数不均衡問題に積極的に取り組む姿勢を見せている（最大判昭和 60・7・17，最大判平成 24・10・17）[24][25]。投票価値の平等を憲法上の要請と認め，

議員定数不均衡を違憲としたが，問題点としてどの程度の較差が違憲となるかの基準が不明確であること，非人口的要素を重視して立法府の裁量の範囲を広く認めたこと，公職選挙法の定める定数配分表を不可分一体として全体として違憲であるとしつつ，選挙自体は無効としない判断方法をとったことが挙げられる。

[注]
1) 最大判昭和44・12・24刑集23巻12号1625頁。
2) 最判昭和56・4・14民集35巻3号620頁。
3) 東京地判昭和39・9・28下民集15巻9号2317頁。
4) 「プライバシーと表現の自由」「宴のあと」事件」別冊ジュリスト「憲法判例百選Ⅰ [第四版]」松本昌悦138-139頁。
5) 最判平成15・9・12民集57巻8号973頁，判時1837号3頁，判タ1134号98頁。
6) 「講演会参加者リストの提出とプライバシー侵害」別冊ジュリスト「憲法判例百選Ⅰ [第六版]」棟居快行44-45頁。
7) 最判平成20・3・6民集62巻3号665頁。
8) 前掲・芦部信喜，高橋和之補訂『憲法 第六版』125頁。
9) 最判平成8・7・18判時1599号53頁。
10) 最判平成12・2・29民集54巻2号582頁。
11) 「自己決定権と信仰による輸血拒否」別冊ジュリスト「憲法判例百選Ⅰ [第六版]」浅野博宣56-57頁。
12) 最大判昭和60・3・27民集39巻2号247頁。
13) 最大判昭和57・7・7民集36巻7号1235頁。
14) 「障害福祉年金受給者と児童扶養手当との併給禁止」別冊ジュリスト「憲法判例百選Ⅱ [第六版]」尾形健294-295頁。
15) 最判昭和30・11・22民集9巻12号1793頁。
16) 前掲・芦部信喜，高橋和之補訂『憲法 第六版』136頁。
17) 最大決平成25・9・4民集67巻6号1320頁。
18) 「嫡出性の有無による法定相続分差別」別冊ジュリスト「憲法判例百選Ⅱ [第六版]」高井裕之62-63頁。
19) 最大判昭和48・4・4刑集27巻3号265頁。
20) 前掲・芦部信喜，高橋和之補訂『憲法 第六版』140頁。
21) 前掲・芦部信喜，高橋和之補訂『憲法 第六版』140-148頁参照。
22) 最大判昭和51・4・14民集30巻3号223頁。
23) 「議員定数不均衡と選挙の平等」別冊ジュリスト「憲法判例百選Ⅱ [第六版]」山元一326-327頁。
24) 最大判昭和60・7・17民集39巻5号1100頁，最大判平成24・10・17民集66巻10号3357頁。
25) 「議員定数不均衡と改正の合理的期間」別冊ジュリスト「憲法判例百選Ⅱ [第六版]」内藤光博330-331頁，「参議院における議員定数不均衡」別冊ジュリスト「憲法判例百選Ⅱ [第六版]」辻村みよ子332-333頁。

第6章

精神的自由権

Ⅰ．内心の自由

> 第19条〔思想及び良心の自由〕
>   思想及び良心の自由は，これを侵してはならない。
> 第20条〔信教の自由〕
>   信教の自由は，何人に対してもこれを保障する。いかなる宗教団体も，国から特権を受け，又は政治上の権力を行使してはならない。
>   2　何人も，宗教上の行為，祝典，儀式又は行事に参加することを強制されない。
>   3　国及びその機関は，宗教教育その他いかなる宗教的活動もしてはならない。
> 第23条〔学問の自由〕
>   学問の自由は，これを保障する。

1．内心の自由の内容

　自由権は，人権カタログと称されるものの中で重要な人権とされ，精神的自由，経済的自由，人身の自由に大別される。先ず，精神的自由について内面的精神活動である内心の自由，外面的精神活動表現の自由に分けて考察したい。内心の自由には，思想・良心の自由（19条），信教の自由・信仰の自由（20条），学問の自由・学問研究の自由（23条）がある。

2．思想・良心の自由

　諸外国の憲法においては，良心の自由とは信仰の自由を意味するが，日本国憲法では思想・良心を一体として，世界観・人生観，主義・主張など広く人格的な内面の作用を含む。

　内心の領域に留まり，顕現化するのでない限りはいかなる思想を抱こうと絶対的な自由である。国家権力に対して，沈黙の自由も保障される。

① 　思想・良心の自由（19条）に関して，謝罪広告の強制が裁判例で問題となった。単に事態の真相を告白し陳謝の意を表するに止まる程度であれば，代替執行によって強制しても合憲である旨が判示されている（最大判昭和 31・7・4）[1]。

　事案の概要は，Y（被告・控訴人・上告人）は，昭和 27 年 10 月施行の衆議院議員総選挙の際に日本共産党の公認候補として徳島県（当時全県一区）から立候補し，その選挙運動中にラジオの政見放送および新聞を通じて，対立候補 X（原告・被控訴人・被上告人）が県副知事在職中，発電所の発電機購入にからみ斡旋料 800 万円をもらった旨を公表した。

　そこで X は，虚偽の事実の流布により自己の名誉が毀損されたことを理由に，名誉回復のための措置として謝罪広告の掲載等を求めたものである[2]。

　最高裁判決の要旨を掲げる。

①　民法 723 条にいわゆる「他人の名誉を毀損した者に対して被害者の名誉を回復するに適当な処分」として謝罪広告を新聞紙等に掲載すべきことを加害者に命ずることは，従来学説判例の肯認するところであり，また謝罪広告を新聞紙等に掲載することは我国民生活の実際においても行われているのである。尤も謝罪広告を命ずる判決にもその内容上，これを新聞紙に掲載することが謝罪者の意思決定に委ねるを相当とし，これを命ずる場合の執行も債務者の意思のみに係る不代替作為として民訴 734 条（現民執 172 条）に基き間接強制によるを相当とするものもあるべく，時にはこれを強制することが債務者の人格を無視し著しくその名誉を毀損し意思決定の自由乃至良心の自由を不当に制限することとなり，いわゆる強制執行に適さない場合に該当す

ることもありうるであろうけれど，単に事態の真相を告白し陳謝の意を表明するに止まる程度のものにあっては，これが強制執行も代替作為として民訴733条（現民執171条）の手続によることを得るものといわなければならない。

② そして原判決の是認したXの本訴請求は，結局Yをして右公表事実が虚偽且つ不当であったことを広報機関を通じて発表すべきことを求めるに帰する。されば少くともこの種の謝罪広告を新聞紙に掲載すべきことを命ずる原判決は，Yに屈辱的若くは苦役的労苦を科し，又はYの有する倫理的な意思，良心の自由を侵害することを要求するものとは解せられないし，また民法723条にいわゆる適当な処分というべきである。

② また麹町中学内申書事件について[3]，事案の概要は，X（原告・被控訴人・附帯控訴人・上告人）は東京都千代田区立麹町中学校を卒業するにあたり，都立・私立の複数の高等学校を受験したが，いずれも不合格となった。この受験に際して麹町中から調査書（内申書）が各高校に提出されたが，その内申書の「行動及び性格の記録」欄の「基本的な生活習慣」「自省心」および「公共心」の3項目はC（3段階の評価のうち最低）と評定され，さらには「備考」欄等に概ね「校内において，麹町中全共闘を名乗り，機関紙『砦』を発行した。学校文化祭の際，文化祭粉砕を叫んで他校生徒とともに校内に乱入しビラまきを行った。大学生ML派の集会に参加している。学校側の指導説得をきかないでビラを配ったり，落書きをした」と記載され，「出欠の記録」欄の「欠席の主な理由」欄には「風邪，発熱，集会またはデモに参加して疲労のため」との趣旨が記載された。この事実が後に判明したため，Xは，自らの不合格の原因が以上の内申書の記載にある等の理由から，千代田区Y1および東京都Y2（被告・控訴人・附帯被控訴人・被上告人）に対して国家賠償法に基づき慰謝料の請求をしたものである。

最高裁判決の要旨を掲げる（最判昭和63・7・15）[4]。

① 上告理由のうち，原判決が憲法19条によりその自由の保障される思

想，信条を「具体的内容をもった一定の考え方」として限定的に極めて狭く解し，また，原判決が思想，信条が行動として外部に現われた場合には同条による保障が及ばないとしたのは，いずれも同条の解釈を誤ったものとする点については，独自の見解であって，前提を欠き，採用できない。
② 上告理由のうち，原判決が本件調査書には，Xの思想・信条にわたる事項またはそれと密接な関連を有するXの外部的行動を記載し，思想，信条を高等学校の入学者選抜の資料に供したことを違法でないとしたのは，教育基本法3条1項，憲法19条に違反するものとする点については，いずれの記載も，Xの思想，信条そのものを記載したものでないことは明らかであり，右の記載に係る外部的行為によってはXの思想，信条を了知し得るものではないし，また，Xの思想，信条自体を高等学校の入学者選抜の資料に供したものとは到底解することができないから，所論違憲の主張は，その前提を欠き，採用できない。

③ 「君が代」ピアノ伴奏拒否事件（最判平成19・2・27）[5]について，市立小学校音楽専科の教諭が校長より入学式において君が代斉唱のピアノ伴奏をすることを命じられ，職務命令に従わなかったため戒告処分を受けたが，処分取消訴訟においてかかる職務命令は教諭の思想・良心を侵害するもので無効であると主張した事案である。最高裁は，ピアノ伴奏と君が代に関する歴史観・世界観は一般的に不可分の関係になく，必ずしも世界観・歴史観の強制を意味するわけではない。入学式における君が代の伴奏は，音楽専科の教諭において通常想定・予想されるもので，特定思想の有無の告白を強制するものではない旨，判示している。
④ 起立斉唱拒否事件（最大判平成23・5・30）[6]について，事案は，都立高等学校の教諭であったX（原告・控訴人・上告人）は，卒業式における国歌斉唱の際の起立斉唱行為を命ずる校長の職務命令に従わず，国歌斉唱の際に起立しなかった。起立斉唱行為を拒否する理由について，Xは，日本の侵略戦争の歴史を学ぶ在日朝鮮人，在日中国人の生徒に対し，「日の丸」や「君が代」を卒業式に組み入れて強制することは，教師としての良心が許さないという考えを有している旨を主張した。都教委は，不起立行

為が職務命令に違反し、全体の奉仕者たるにふさわしくない行為であるなどとして、戒告処分をした。その後、Xは、定年退職に先立ち申し込んだ非常勤の嘱託員等の採用選考において、都教委から、上記不起立行為が職務命令違反等に当たることを理由に不合格とされた。このため、Xは、上記職務命令は憲法19条に違反し、Xを不合格としたことは違法であるなどと主張して、Y（東京都。被告・被上告人）に対し、国家賠償法1条1項に基づく損害賠償等を求めたものである。

最高裁判決は[7]、このような間接的な制約が許容されるか否かは、職務命令の目的および内容ならびに上記の制限を介して生ずる制約の態様等を総合的に較量して、当該職務命令に上記の制約を許容し得る程度の必要性および合理性が認められるか否かという観点から判断するのが相当である旨を述べ、定年退職後の非常勤嘱託員等の採用選好で不合格としたことを、思想・良心の自由に対する制約は間接的なものに過ぎないこと等を理由として許容範囲内であると判示している。

3. 信教の自由

> 第20条〔信教の自由〕
> 　信教の自由は、何人に対してもこれを保障する。いかなる宗教団体も、国から特権を受け、又は政治上の権力を行使してはならない。
> 　2　何人も、宗教上の行為、祝典、儀式又は行事に参加することを強制されない。
> 　3　国及びその機関は、宗教教育その他いかなる宗教的活動もしてはならない。
> 第89条〔公の財産の用途制限〕
> 　公金その他の公の財産は、宗教上の組織もしくは団体の使用、便益若しくは維持のため、又は公の支配に属しない慈善、教育若しくは博愛の事業に対し、これを支出し、又はその利用に供してはならない。

(1) 信教の自由の歴史的経緯

近代自由主義は，中世の宗教的圧迫に対する戦いの中で生まれたものであり，歴史の上で大きな意味合いを有する。明治憲法下では，「第28条 日本臣民ハ安寧秩序ヲ妨ケス及臣民タルノ義務ニ背カサル限ニ於テ信教ノ自由ヲ有ス」と規定され，法律の留保ではなく，命令によって信教の自由を制限することも可能であった。

(2) 信教の自由の内容

憲法20条1項前段の信教の自由は①信仰の自由，②宗教的行為の自由，③宗教的結社の自由が含まれる。②は，信仰に関して，個人が単独または他の者と共同して，祭壇を設け，礼拝や祈祷を行うなど宗教上の祝典，儀式，行事その他布教等を任意に行う自由であり，宗教的行為をしない，あるいは宗教的行為の参加を強制されない自由が含まれる。③は，特定の宗教を宣伝，または共同で宗教的行為を行うことを目的とする団体結成の自由である。

(3) 信教の自由の限界

②宗教上の行為の自由は，①信仰の自由とは異なり，公共の安全，公の秩序，公衆の健康もしくは道徳または他の者の基本的な権利および自由を保護するために必要な制約[8]に服するとされるが，かかる一般原則から安易な規制が許されることにはならず，必要不可欠な目的達成のための最小限度の手段であることが必要とされる。

① 牧会活動事件（神戸簡判昭和50・2・20）[9]として，事案は，建造物侵入・兇器準備集合等の嫌疑を受け，逃走中の高校生2名について，親の依頼に応じ，教会に一週間宿泊させて説得し，警察に任意出頭をさせた牧師が略式裁判で犯人蔵匿の罪に問われた。これを不服として正式裁判を求めた事件である。判決では，本件牧会活動は目的において相当な範囲にとどまり，手段方法も相当であったので，全体として法秩序の理念に反するところがなく，正当な業務行為として罪とならないとした。

② 日曜日授業参観事件（東京地判昭和61・3・20）[10]として，事案の概要は，原告は，東京都江戸川区立小岩小学校に通学するX1およびX2（原

告児童ら）と，日本基督教団小岩教会の牧師および副牧師を務めるその父母 X3 および X4（原告両親）である。小岩小学校では，日曜参観授業とそれに引き続く担任教員と保護者との懇談会を恒常的に実施してきた。昭和 57 年度においても日曜参観授業等を予め年間行事計画に組み入れた上，江戸川区教育委員会にその実施を届出済みであった。原告児童らは，昭和 57 年 6 月 13 日（日）に行われた日曜参観授業を，原告両親らが信仰・所属する教団の定める義務に基づき主宰する教会学校に出席するために欠席した。これを受けて被告である小岩小学校長（Y1）は，原告児童らの指導要録の出欠記載欄に同日の欠席を記載した。原告らは，Y1 の本件記載措置が憲法 20 条 1 項および教育基本法（旧教育基本法）7 条・9 条に違反するとして，原告児童らの指導要録上の欠席記載の取消しおよび記載措置により原告それぞれが被った精神的苦痛に対する損害賠償を求めて，Y1，江戸川区（Y2）および東京都（Y3）を被告として出訴したものである。

東京地裁判旨は，以下の通り[11]。

① 指導要録に出欠の記録を行うことは，単なる事実行為であり，抗告訴訟の対象となりうる行政処分には当たらない。
② 授業参観を日曜日に実施することは，公教育として学校教育上十分な意義を有するものであり，かつ，法的な根拠に基づいているものであるから，その実施の有無等は校長の学校管理運営上の裁量権の範囲内である。したがって，不法行為を構成する違法があるとすれば，Y1 が裁量権の範囲を逸脱し，濫用した場合に限られる。
③ 宗教教団がその宗教的活動として宗教教育の場を設け，集会をもつことは憲法に保障された自由であり，そのこと自体は国民の自由として公教育上も尊重されるべきことはいうまでもない。しかし，公教育をし，これを受けさせることもまた憲法が国家および国民に対して要請するところである。
④ 宗教行為に参加する児童に対して授業への出席を免除することは，宗教，宗派ごとに重複・競合の日数が異なるところから，結果的に，宗教上の理由によって個々の児童の授業日数に差異を生じることを容認することになって，公教育の宗教的中立性を保つ上で好ましいことではないだけではな

く，公教育が集団的教育として挙げるはずの成果をも損なうことにならざるをえず，公教育が失うところは少なくない。
⑤　公教育上の特別の必要性がある授業日の振替えの範囲内では，宗教教団の集会と抵触することになったとしても，法はこれを合理的根拠に基づくやむをえない制約として容認しているものと解すべきである。
⑥　本件日曜参観授業は，法令に基づく適法かつ正規の授業であり，原告児童らがその主張のような理由で欠席したからといって，当該児童に補充授業をしなければならない法律上の根拠はない。したがって，原告児童らに本件授業に見合う授業を受ける権利があることを前提とする不法行為の主張も失当である。

③　剣道実技拒否事件では，事案の概要は，神戸市立工業高等専門学校の生徒X（原告・控訴人・被上告人）は，聖書に固く従うという信仰を持つキリスト教信者である「エホバの証人」である。Xは，聖書に従うならば剣道実技に参加できないという信念を持ち，必修科目である保健体育の剣道の授業ではレポート提出等の代替措置を認めてほしい旨申し入れたが，神戸高専の校長Y（被告・被控訴人・上告人）は代替措置をとらなかった。剣道の授業で，Xは準備体操に参加するなどしたが，剣道実技には参加せず，欠席扱いとされた。このため体育の成績が認定されなかったXらを，Yは原級留置処分にした（第1次進級拒否処分）。翌年度も同様であったXをYは再度の原級留置処分にし（第2次進級拒否処分），2回連続の原級留置処分を学則上の退学事由として退学処分にした。そこでXは，本件各処分が信教の自由を侵害するとして取消しを求めて訴えたものである[12]。

最高裁判旨は，以下の通り。

①　高等専門学校の校長が学生に対し原級留置処分または退学処分を行うかどうかの判断は，校長の合理的な教育的裁量にゆだねられるべきであり，裁判所がその処分の適否を審査するに当たっては，校長の裁量権を超え，または裁量権を濫用してなされたと認められる場合に限り，違法であると判断す

べきである。退学処分は学生の身分をはく奪する重大な措置であり，その要件の認定につき他の処分の選択に比較して特に慎重な配慮を要する。また，学生に与える不利益の大きさに照らせば，原級留置処分についても同様である。

② 高等専門学校においては，剣道実技の履修が必須のものとまではいい難く，体育科目による教育目的の達成は，他の体育種目の履修などの代替的方法によって可能である。

③ Xが剣道実技への参加を拒否する理由は，Xの信仰の核心部分と密接に関連する真しなものである。Xは，信仰上の理由による剣道実技の履修拒否の結果として，他の科目では成績優秀であったにもかかわらず，原級留置，退学という事態に追い込まれており，その不利益は極めて大きい。また，本件各処分は，その内容それ自体においてXに信仰上の教義に反する行動を命じたものではなく，その意味では，Xの信教の自由を直接的に制約するものではない。しかし，Xがそれらによる重大な不利益を避けるためには剣道実技の履修という自己の信仰上の教義に反する行動を採ることを余儀なくさせられる。Xが自らの自由意思により学校を選択したことを理由に，著しい不利益をXに与えることが当然に許容されることにはならない。

④ 履修拒否が信仰上の理由に基づくものかどうかは外形的事情の調査によって容易に明らかになる。信仰上の理由に仮託して履修拒否をしようという者が多数に上るとも考え難い。また代替措置を採ることによって，神戸高専における教育秩序を維持することができないとか，学校全体の運営に看過することができない重大な支障を生ずるおそれがあったとは認められないとした原審の認定判断は是認できる。

⑤ 信仰上の真しな理由から剣道実技に参加することができない学生に対し，代替措置の成果に応じた評価をすることは，その目的において宗教的意義を有し，特定の宗教を援助，助長，促進する効果を有するものではなく，他の宗教者または無宗教者に圧迫，干渉を加える効果があるともいえない。公立学校において，学生の信仰を調査せん索し，宗教を序列化して別段の取扱いをすることは許されないが，学生が信仰を理由に剣道実技の履修を拒否する場合に，学校が，その理由の当否を判断するため，単なる怠学のための口実であるか，当事者の説明する宗教上の信条と履修拒否との合理的関連性が認められるかどうかを確認する程度の調査をすることは公教育の宗教的中立性に反するとはいえない。

⑥　信仰上の理由による剣道実技の履修拒否を，正当な理由のない履修拒否と区別することなく，代替措置が不可能というわけでもないのに，代替措置について何ら検討することもなく原級留置処分をし，さらに，不認定の主たる理由および全体成績について勘案することなく，2年続けて原級留置となったため退学処分をしたというYの措置は，考慮すべき事項を考慮しておらず，または考慮された事実に対する評価が明白に合理性を欠き，その結果，社会観念上著しく妥当を欠く処分をしたものと評するほかはなく，本件各処分は，裁量権の範囲を超える違法なものである（最判平成8・3・8）[13]。

　②，③の判決の統一的理解としては，特に欠席処分と退学処分という被侵害者の失うべき利益の大きさの相違に求められようか。
④　宗教法人オウム真理教解散命令事件では，大量殺人の目的のために毒ガス・サリンを組織・計画的に大量に生成し，「法令に違反して，著しく公共の福祉を害すると明らかに認められる行為」，「宗教団体の目的を著しく逸脱した行為」（宗教法人法82条）を行ったものとして宗教法人解散命令が請求された。最高裁は，解散命令制度は専ら世俗的目的によるもので宗教団体や信者の精神的・宗教的側面に容かいする意図によるものではないこと，解散命令によりオウム真理教や信者らの宗教上の行為に支障が生じても解散命令に伴う間接的で事実上のものにすぎず，必要でやむを得ない法的規制であることから，憲法20条1項には違反しない旨を判示している（最決平成8・1・30）[14]。
(4)　政教分離原則と限界—目的・効果基準—
　国家と宗教の分離の原則が憲法20条1項後段，3項に規定されている。国から特権を受ける宗教を禁止し，国家の宗教的な中立性を示したもので，制度的保障（判例）と解されている。89条は，政教分離を財政面から裏付けたものである。
　政教分離原則の限界に関して，国家と宗教の厳格分離としても，国家と宗教との関わりを一切排除する趣旨ではなく，国家と宗教との結び付きについて，どのような場合にどの程度まで許されるかが，問題となり，目的・効果

基準が唱えられる。

米国の判例法における厳格な目的・効果基準（レーモン・テスト）は，① 問題となった国家行為が世俗的目的をもつか，② 行為の主要な効果が宗教を振興または抑圧するか，③ 行為が宗教との過度の関わり合いを促すか，の3要件を個別検討し，例え一つの要件でもこれに該当すればその行為を違憲とする[15]。

これに対して，我が国の目的・効果基準は判例上，やや緩やかに運用されており，① 当該行為の目的が宗教的意義を有し，② 効果が宗教に対する援助，助長，促進または圧迫，干渉等になるような行為か否かで判断している（津地鎮祭事件）（最大判昭和52・7・13)[16]。①，②共に要件を充足することが求められる点で適用は狭められると思料され，また目的も社会通念に従って客観的に判断するものとする。他方で，最高裁においても，近時，厳格に基準を適用し，玉串料支出について違憲の結論を出した判決があり，注目されている（愛媛玉串料事件）（最大判平成9・4・2)[17]。

① 津地鎮祭事件では，事案の概要は，昭和40年1月14日津市の主催する市体育館の起工式が同市内の建設現場において宗教法人A神社の宮司ら4名の神職主宰の下に神式に則って挙行され，その際に津市長Y（被告・被控訴人・上告人）は，神職報償費・供物料を合わせた挙式費用7663円を市の公金から支出した。これに対し，同市会議員であったX（原告・控訴人・被上告人）は，この起工式は憲法20条3項により禁止された「宗教的活動」に当たり，それへの公金支出は憲法89条に違反するとして地方自治法に基づいて住民監査請求をしたが，認められなかった。そこで，その行政処分の取消しを求めるとともに損害賠償を求める住民訴訟を提起したものである[18]。

最高裁判決では，政教分離原則を緩やかに解しつつ，目的・効果基準を用いている。アメリカ判例における過度のかかわり合いの基準は示されず，3要件を個別的に検討する手法もとられない[19]。

行為の目的が宗教的意義をもち，その効果が宗教に対する援助，助長，促

進又は圧迫, 干渉等になるような行為に限られる。しかも, その判断は主宰者, 式次第など外面的形式にとらわれず, 行為の場所, 一般人の宗教的評価, 行為者の意図・目的および宗教意識, 一般人への影響等, 諸般の事情を考慮し, 社会通念に従って客観的になされねばならない。神式地鎮祭は, その目的は世俗的で, 効果も神道を援助, 助長したり, 他の宗教に圧迫, 干渉を加えるものでないから, 宗教的行事とは言えず, 政教分離原則に反しない。

② 箕面忠魂碑事件では, 箕面市が小学校の増改築のため, 遺族会所有の忠魂碑を別の市有地に移転・再建したが, 費用および市有地の無償の使用貸借行為が政教分離原則に反するとして住民訴訟が提起されたものである。二審判決（大阪高判昭和62・7・16）[20]では, 忠魂碑は戦没者の慰霊・顕彰の記念碑で宗教的施設でなく, 遺族会も憲法20条1項の宗教団体, 89条の宗教上の組織若しくは団体ではなく, 市の行為は違憲ではない。慰霊祭に教育長が参列し玉串をささげ焼香したことは職務に関わる社会的儀礼行為であり, 目的・効果基準に照らし, 宗教的活動に当たらないとした。最高裁も同旨（最判平成5・2・16）[21]。

③ 愛媛玉串料事件では, 事案の概要は, 愛媛県は1981年から1986年にかけて靖国神社が挙行した春秋の「例大祭」に際し玉串料として9回にわたり各5000円（合計4万5000円）を, 夏の「みたま祭」に際し献灯料として4回にわたり各7000または8000円（合計3万1000円）を, また愛媛県護国神社が挙行した春秋の「慰霊大祭」に際し, 県遺族会を通じて供物料として9回にわたり各1万円（合計9万円）をそれぞれ県の公金から支出した。愛媛県の住民であるXら（原告・被控訴人二控訴人・上告人）が, 本件支出は憲法20条3項, 89条等に照らして許されない違法な財務会計上の行為に当たるとして地方自治法242条の2第1項4号（平成14年法律4号による改正前）に基づき提起した損害賠償代位請求訴訟である[22]。

愛媛玉串料事件の最高裁判旨は, 違憲判断を下している。

① 政教分離原則に関する一般的な判断枠組みとして，政教分離原則は国家が宗教的に中立であることを要求するものではあるが，国家が宗教とのかかわり合いを持つことを全く許さないとするものではなく，宗教とのかかわり合いをもたらす行為の目的および効果にかんがみ，そのかかわり合いが我が国の社会的・文化的諸条件に照らし相当とされる限度を超えるものと認められる場合にこれを許さないとするものであると解すべきである。

② 20条3項に関する判断枠組みとして，(a)判断基準は，「憲法20条3項にいう宗教的活動とは，およそ国及びその機関の活動で宗教とのかかわり合いを持つすべての行為を指すものではなく，そのかかわり合いが右にいう相当とされる限度を超えるものに限られるというべきであって，当該行為の目的が宗教的意義を持ち，その効果が宗教に対する援助，助長，促進または圧迫，干渉等になるような行為をいうものと解すべきである。(b)判断方法として，ある行為が右にいう宗教的活動に該当するかどうかを検討するに当たっては，当該行為の外形的側面のみにとらわれることなく，当該行為の行われる場所，当該行為に対する一般人の宗教的評価，当該行為者が当該行為を行うについての意図，目的および宗教的意識の有無，程度，当該行為の一般人に与える効果，影響等，諸般の事情を考慮し，社会通念に従って，客観的に判断しなければならない。

③ 89条に関する判断枠組みとして，憲法89条が禁止している公金その他の公の財産を宗教上の組織または団体の使用，便益または維持のために支出することまたはその利用に供することというのも，前記の政教分離原則の意義に照らして，公金支出行為等における国家と宗教とのかかわり合いが前記の相当とされる限度を超えるものをいうものと解すべきであり，これに該当するかどうかを検討するに当たっては，前記と同様の基準によって判断しなければならない。

④ 具体的判断として，(a)本件においては，県が特定の宗教団体の挙行する重要な宗教上の祭祀にかかわり合いを持ったということが明らかであり，県が本件玉串料等を靖国神社や護国神社に奉納したことは，その目的が宗教的意義を持つことを免れず，その効果が特定の宗教に対する援助，助長，促進になると認めるべきであるので，これによってもたらされる県と靖国神社等とのかかわり合いは我が国の社会的・文化的諸条件に照らし相当とされる限度を超えるものであって，憲法20条3項の禁止する宗教的活動に当たる

と解するのが相当である。(b) また，靖国神社および護国神社は憲法89条にいう宗教上の組織または団体に当たることが明らかであるところ，本件玉串料等を靖国神社等に奉納したことによってもたらされる県と靖国神社等とのかかわり合いが我が国の社会的・文化的諸条件に照らし相当とされる限度を超えるものと解されるのであるから，本件支出は，同条の禁止する公金の支出に当たり，違法というべきである。

④ また内閣総理大臣公式参拝違憲訴訟事件では，内閣総理大臣公式参拝に対して疑義が表明されている（福岡高判平成4・2・28）[23]。

4．学問の自由

第23条〔学問の自由〕
　学問の自由は，これを保障する。

(1) 学問の自由の内容

　学問の自由の内容としては，学問研究の自由，研究発表の自由，教授の自由の3つがある。特に教授（教育）の自由に関しては，大学その他高等学術研究教育機関における教授の自由のみ認め，小・中学校，高等学校の教師には認めないか，が議論されてきたが，現在では初等中等教育機関においても一定程度の教育の自由が認められるものとされている。最高裁も，普通教育においても，一定の範囲における教授の自由が保障されることを認めたが，教育の機会均等と全国的な教育水準を確保する要請などがあり，完全な教授の自由を認めることはとうてい許されないと判示している（旭川学力テスト事件）（最大判昭和51・5・21）[24]。

　事案は，昭和36年に実施された全国中学校一せい学力調査（学テ）に対し旭川市立永山中学校で実力阻止行動をとった労組役員ら4名が，建造物侵入，公務執行妨害，共同暴行罪で起訴された事件である。

　最高裁判旨[25]は，以下の通り。

① わが国の法制上子どもの教育の内容を決定する権能が誰に帰属するとされているかについては，2つの極端に対立する見解（国家の教育権説と国民の教育権説）があるが，それらはいずれも極端かつ一方的であり，そのいずれをも全面的に採用することはできない。
② 憲法26条の規定の背後には，国民各自が，一個の人間として，また一市民として，成長，発達，自己の人格を完成・実現するために必要な学習をする固有の権利を有すること，特に，みずから学習することのできない子どもは，その学習要求を充足するための教育を自己に施すことを大人一般に対して要求する権利を有するとの観念が存在している。しかし，このことから教育の内容及び方法を，誰がいかにして決定すべく，また決定することができるかという問題に対する一定の結論は，当然には導き出されない。
③ 憲法23条の保障する学問の自由は，学問研究の結果を教授する自由をも含むが，さらに，知識の伝達と能力の開発を主とする普通教育の場においても，例えば教師が公権力によって特定の意見のみを教授することを強制されないという意味において，また子どもの教育が教師と子どもとの間の直接の人格的接触を通じ，その個性に応じて行われなければならないという本質的要請に照らし，教授の具体的内容及び方法につきある程度自由な裁量が認められなければならないという意味においては，一定の範囲における教授の自由が保障されるべきことを肯定できないではない。しかし，児童生徒に教授内容を批判する能力がなく，教師が児童生徒に対して強い影響力，支配力を有することを考え，また普通教育においては，子どもの側に学校や教師を選択する余地が乏しく，教育の機会均等をはかる上からも全国的に一定の水準を確保すべき強い要請があること等に思いをいたすときは，普通教育における教師に完全な教授の自由を認めることは，とうてい許されない。
④ (a)憲法の次元における教育権帰属の問題の解釈としては，子どもの教育の結果に利害と関心をもつ関係者らのそれぞれの主張によって立つ憲法上の根拠に照らして各主張の妥当すべき範囲を画するのが，最も合理的な解釈というべきである。(b)親の教育の自由は，主として家庭教育等学校外における教育や学校選択の自由にあらわれるものと考えられるし，また私学教育における自由や前述した教師の教授の自由も，それぞれ限られた一定の範囲においてこれを肯定するのが相当である。(c)それ以外の領域においては，国は，国政の一部として広く適切な教育政策を樹立，実施すべく，また

しうる者として，憲法上は，あるいは子ども自身の利益の擁護のため，あるいは子どもの成長に対する社会公共の利益と関心にこたえるため，必要かつ相当と認められる範囲において，教育内容についてもこれを決定する権能を有する。(d) 人間の内面的価値に関する文化的営みである教育に党派的な政治的影響が深く入り込む危険があることを考えれば，教育内容に対する右のごとき国家的介入についてはできるだけ抑制的であることが要請され，子どもが自由かつ独立の人格として成長することを妨げるような国家的介入，例えば，誤った知識や一方的な観念を子どもに植えつけるような内容の教育を施すことを強制するようなことは，憲法26条，13条の規定上からも許されない。

また学問の自由の保障の内容として，国家権力による学問的活動と成果に対する弾圧あるいは禁止が許されないこと，教育機関で学問に従事する研究者の職務上の独立性，身分保障が示される。遺伝子組み換え，体外受精・臓器移植など，先端技術分野における人間の尊厳との調整をいかに図るか，新しい問題提起がなされつつある。

(2) 大学の自治

学問の自由のうち，大学について大学の自治を認めることは重要である。大学の自治の観念は中世ヨーロッパ以来の伝統に由来する。大学の自治の内容として，学長・教授など研究者の人事の自治，施設・学生管理の自治の2つがあり，近時は予算管理（財政自治権）も掲げられる[26]。

施設・学生管理の自治に関して，警備公安活動のために警察官が大学構内に立ち入る場合が問題となる。警備活動のため警察官が大学の了解なしに学内に立ち入ることは原則として許されないと解され，これを許した最高裁の判例（東大ポポロ事件）（最大判昭和38・5・22)[27]には批判がある。

事案は，1952年2月20日東京大学構内の教室において，同大学公認の学内団体「劇団ポポロ」が同大学の許可を得て，松川事件に取材した内容の演劇発表会を開催した。この演劇発表会に警備情報収集のため入場券を購入して私服で入場していた警視庁本富士警察署の複数の警察官が，学生に発見され捕らえられた。学生らは同大学厚生部長立会いの下に，再び学内に侵入し

ない旨の始末書に署名させて警察官を解放した。被告人学生は，他の学生とともに，逃走しようとする警察官を逮捕し，洋服の内ポケットに手を入れボタンや紐を引きちぎる等の暴行を加えたとして暴力行為等処罰法1条1項違反で起訴されたものである。事件当日学生らが奪った警察手帳（後日返還）によると，複数の私服警察官が少なくとも1950年7月末頃以降連日のように東京大学構内に立ち入り，張込み，尾行，盗聴等の方法により，学生・教職員・学内団体等の調査・情報収集を行っていたことが判明した。

　最高裁判旨は，以下の通り。

① 憲法23条の学問の自由は，学問的研究の自由とその研究結果の発表の自由とを含み，一面において，広くすべての国民に対してそれらの自由を保障するとともに，他面において，大学が学術の中心として深く真理を探求することを本質とすることにかんがみて，特に大学におけるそれらの自由を保障することを趣旨としたものである。教育ないし教授の自由は，学問の自由と密接な関係を有するけれども，必ずしもこれに含まれるものではない。しかし大学については，憲法の右の趣旨と，学校教育法52条の定める大学の目的に基づいて，大学において教授その他の研究者がその専門の研究の結果を教授する自由は，これを保障される。大学における自由は，大学の本質に基づいて，一般の場合よりもある程度で広く認められる。
② 大学における学問の自由を保障するために，伝統的に大学の自治が認められている。この自治は，とくに大学の教授その他の研究者の人事に関して認められ，大学の学長，教授その他の研究者が大学の自主的判断に基づいて選任される。また，大学の施設と学生の管理についてもある程度で大学に自主的な秩序維持の権能が認められている。
③ 大学の学問の自由と自治は，学術の中心としての大学の本質に基づくから，直接には教授その他の研究者の研究，その結果の発表，研究結果の教授の自由とこれらを保障するための自治とを意味する。大学の学生が一般の国民以上に学問の自由を享有し，大学の施設を利用できるのは，大学の教授その他の研究者の有する特別な学問の自由と自治の効果としてである。
④ 大学における学生の集会も，右の範囲において自由と自治を認められる。学生の集会が真に学問的な研究またはその結果の発表のためのものでなく，実社会の政治的社会的活動に当る行為をする場合には，大学の有する特

別の学問の自由と自治は享有しない。集会が一般の公衆の入場を許す場合には公開の集会と見なされる。
⑤ 本件集会は，真に学問的な研究と発表のためのものでなく，実社会の政治的社会的活動であり，かつ公開の集会またはこれに準じるものであって，大学の学問の自由と自治は，これを享有しない。したがって，本件の集会に警察官が立ち入ったことは，大学の学問の自由と自治を犯すものではない[28]。

II．表現の自由

1．表現の自由の意味合い

精神的自由のうち，内心に留まらない表現の自由についてみていきたい。表現の自由を支える価値として，個人が言論活動を通じて自己の人格を発展させる個人的価値（自己実現の価値），言論活動により国民が政治的意思決定に関与する民主政に資する社会的な価値（自己統治の価値）の2つがある。

2．表現の自由の変容——知る権利，アクセス権へ——

表現の自由は，思想や情報の発表，伝達の自由から，情報化社会の進展を反映して，受け手としての自由，知る権利として変容してきている。知る権利は，国家からの自由に留まらず，参政権的な国家への自由に繋がる。国家に政府の情報公開等を求める権利として，国務請求権，国家による自由としての社会権的性格も有するが，具体的請求権としては，立法の手当（2001年施行の情報公開法など）が必要となる。

特に一般国民がマスメディアに対して知る権利，あるいは自分の意見の発表を要求できる権利として，意見広告等の掲載，番組への参加などを求めることが可能なアクセス権が主張される。もっとも，相手は私企業であり，国家ではなく，具体的権利として形成されるにはやはり立法の手当が求められる。

アクセス権に関しては，サンケイ新聞事件に関する最高裁判決がある（最判昭和 62・4・24)[29]。

> 事案は，Y（産業経済新聞社，被告・被控訴人・被上告人）は，その発行する昭和 48 年 12 月 2 日付サンケイ新聞紙上に訴外自由民主党を広告主とする意見広告を全 7 段の大きさで掲載し，全国に頒布した。本件意見広告は，X（日本共産党，原告・控訴人・上告人）を名指しにして，同年 11 月に X が採択した民主連合政府綱領提案が X 本来の主張である党綱領と矛盾していると指摘し，その形象として歪んだ顔のイラストを付して，政府綱領提案は「革命への足がかりにすぎないのではないか？」，「国民の多くが，その点をはっきりしてほしいと望んでいるのです」と結ぶものであった。X は，本件意見広告の内容が X の主張を歪曲して中傷するものであり，読者国民の間に X に対する誤解を生み，その政治的信頼を低下させたとして，Y に対して反論文の無料掲載を要求したが，Y はこれを拒否したものである[30]。
> 　最高裁判旨は，以下の通り。
> 　反論権の制度は，新聞を発行・販売する者にとっては紙面を割かなければならなくなる等の負担を強いられるのであって，これらの負担が，批判的記事，ことに公的事項に関する批判的記事の掲載を躊躇させ，表現の自由を間接的に侵す危険につながるおそれも多分に存するなど，民主主義社会において極めて重要な意味をもつ新聞等の表現の自由に重大な影響を及ぼすので，名誉が毀損され不法行為が成立する場合は別論として，具体的な成文法の根拠がない限り，認めることはできない。本件の場合は政党間の批判・論評として，公共の利害に関する事実にかかり，その目的が専ら公益を図るものであるから，不法行為は成立しない。

3．表現の自由の内容

(1) 報道の自由

　表現の自由の内容として，先ず報道の自由が挙げられる。最高裁は，報道機関の報道は，民主主義社会において，国民が国政に関与するにつき，重要な判断の資料を提供し，国民の『知る権利』に奉仕すると指摘している（博多駅テレビフィルム提出命令事件）（最大決昭和 44・11・26)[31]。

第6章　精神的自由権　75

　事案は，昭和43年1月米原子力艦艇の佐世保寄港への反対運動に参加するために博多駅に下車した学生約300名は，警備していた多数の機動隊等と衝突した。憲法擁護国民連合事務局長らは，衝突時の機動隊員等の行為は特別公務員暴行陵虐罪，公務員職権濫用罪に該当するとして福岡地検検察官に告発したが，不起訴処分となったので事件を裁判所の審判に付することを請求した（刑訴262条）。福岡地裁は，付審判請求事件の審理のために，RKB毎日放送ら民放3社と日本放送協会（NHK）に対し，刑訴法99条旧2項（現行3項）により，事件の状況を撮影したフィルム全部の提出を命じた。上記3社とNHKは，本件提出命令は表現の自由を保障した憲法21条に違反し，刑訴法99条における押収の必要性の判断を誤ったものである等と主張し，取消しを求めて福岡高裁に抗告をしたものである。
　最高裁決定の要旨は，以下の通り。

①　報道機関の報道は，民主主義社会において，国民が国政に関与するにつき，重要な判断の資料を提供し，国民の「知る権利」に奉仕するものである。したがって思想の表明の自由とならんで，事実の報道の自由は，表現の自由を規定した憲法21条の保障のもとにあることはいうまでもない。また，このような報道機関の報道が正しい内容をもつためには，報道の自由とともに，報道のための取材の自由も，憲法21条の精神に照らし，十分尊重に値いするものといわなければならない。
②　しかし，取材の自由といっても，もとより何らの制約を受けないものではなく，たとえば公正な裁判の実現というような憲法上の要請があるときは，ある程度の制約を受けることのあることも否定することができない。公正な刑事裁判の実現を保障するために，報道機関の取材活動によって得られたものが，証拠として必要と認められるような場合には，取材の自由がある程度の制約を蒙ることとなってもやむを得ないところというべきである。しかしながら，このような場合においても，一面において，審判の対象とされている犯罪の性質，態様，軽重および取材したものの証拠としての価値，ひいては公正な刑事裁判を実現するにあたっての必要性の有無を考慮するとともに，他面において取材したものを証拠として提出させられることによって報道機関の取材の自由が妨げられる程度およびこれが報道の自由に及ぼす影

響の度合その他諸般の事情を比較衡量して決せられるべきであり，これを刑事裁判の証拠として使用することがやむを得ないと認められる場合においても，それによって受ける報道機関の不利益が必要な限度をこえないように配慮されなければならない。

③ 本件の付審判請求事件の審理は，被疑者および被害者の特定すら困難な状態であり，現場を中立的な立場から撮影した報道機関の本件フィルムが証拠上きわめて重要な価値を有し，被疑者らの罪責の有無を判定するうえに，ほとんど必須のものと認められる状況にある。他方，本件フィルムは，すでに放映されたものを含む放映のために準備されたものであり，それが証拠として使用されることによって報道機関が蒙る不利益は，報道の自由そのものではなく，将来の取材の自由が妨げられるおそれがあるというにとどまるものと解されるのであって，この程度の不利益は，報道機関の立場を十分尊重すべきものとの見地に立っても，なお忍受されなければならない程度のものというべきである[32]。

(2) 取材の自由

報道の自由に取材の自由あるいは取材源秘匿の自由が含まれるかは，判例上は明確になっていないが，学説は報道の自由の一環として憲法21条により保障されるとする見解が有力である[33]。法廷傍聴人のメモを取る自由について，最高裁判例は，メモを取る自由は憲法21条の精神に照らして尊重されるべきであり，公正かつ円滑な訴訟の運営を妨げるという特段の事情のないかぎり，故なく妨げられてはならないとした（法廷メモ採取事件）（最大判平成元・3・8）[34]。

また判例では，検察官ないし警察官による報道機関取材ビデオテープの差押・押収についても公正な裁判の実現に不可欠としており，適正迅速な捜査の遂行という要請がある場合には認められるものとする（日本テレビビデオテープ押収事件（最決平成元・1・30）[35]，TBSビデオテープ差押事件（最決平成2・7・9）[36]）。提出先が裁判所と捜査機関であるとは異なり，慎重な検討が求められることが指摘されている。

取材源秘匿について，最高裁判例は，刑事事件で取材源に関する新聞記者

の証言拒絶権を否定した（石井記者事件）（最大判昭和27・8・6）[37]。
　国家秘密の関係で取材の自由の限界が問題となった事案として，外務省秘密漏洩事件（西山記者事件）（最決昭和53・5・31）[38]がある。

> 　事案は，被告人Xは毎日新聞社政治部記者として沖縄返還交渉を中心とする外交全般に関する取材活動に従事していたが，外務審議官付女性事務官Aをホテルに誘って情を通じたうえで，Aに対し「沖縄返還交渉と中国代表権問題とに関する書類を審議官のところから持ち出して見せてもらいたい」という趣旨の依頼をした。Xに対して好意や同情心を抱いていたAは，Xの依頼に応じて文書を持ち出すことを決意し，その後十数回にわたりXのために沖縄返還交渉に関する書類を持ち出してXに見せた。Xは，Aと情を通じ，これを利用してAに秘密文書またはその写しの持ち出しを執拗に迫り，職務上知ることのできた秘密を漏らすことをそそのかしたとして国家公務員法111条（秘密漏示そそのかし罪）・109条12号・100条1項違反を理由に起訴されたものである[39]。
> 　最高裁決定の要旨は，以下の通り。
> 　真に報道の目的で，手段・方法が法秩序全体の精神に照らし相当なものとして社会観念上是認されるものであれば正当な業務行為といえるが，取材対象者の人格の尊厳を著しく蹂躙した取材行為は，法秩序全体の精神に照らし社会観念上，到底是認することのできない不相当なものであり，違法である。

(3)　放送の自由の正当化根拠，インターネットによる対抗言論

　報道の自由のうち，電波メディアによる報道の自由を放送の自由と称する。新聞・雑誌などの印刷メディアとは異なり，特別な規制が課される。無線放送は，免許制で（電波法4条），放送法により放送番組の編集においては公安および善良な風俗を害しないこと，政治的な公平さ，意見の対立している問題について多角的に論点を明らかにすること，教養・教育・報道・娯楽の番組相互の調和を保つべきこと等が求められている（放送法4・56条）。
　こうした規制を正当化する根拠として，① 放送用電波は有限で，放送に利用できるチャンネル数には限度があること（電波有限論），② 放送は直接

家庭に侵入し，即時かつ同時に動画や音声を伴って映像を通じて視聴され，他のメディアに見られない強い影響力を及ぼすこと，③民間放送では，時間を単位として広告スポンサーに番組が売られるので自由競争に放任すると番組編成が大衆受け，通俗的なものに画一化するおそれが大きいこと等が挙げられてきた。

これに対しては，技術の発展等からもはや根拠たり得ないものとなり，別の理由付けを求める考え方が強まっている。またインターネット上の表現の自由の保護について，被害の大きさ，外国の情報源の場合など，規制のあり方については新たな視点が必要であるとされている。例として，名誉毀損に対するインターネットによる対抗言論の考慮などがある[40]。

(4) **性表現ならびに名誉毀損的表現**

① 性表現ならびに名誉毀損的表現については，表現の自由に含まれるとし，表現内容の規制を限定し，最大限保護の及ぶ範囲を画定する立場が採られてきている。

性表現の規制について，刑法175条のわいせつ文書の頒布・販売罪に関し，最高裁はチャタレイ事件以来合憲としており，わいせつ概念を明確化せんとする動きがみられる（最大判昭和32・3・13）[41]。

チャタレイ事件の事案は，出版社の社長である被告人XはD・H・ロレンスの著作「チャタレイ夫人の恋人」の翻訳を被告人Yに依頼して，同翻訳書を出版し一般読者多数に販売した。Xは刑法175条に定めるわいせつ文書の頒布販売罪に当たるとして起訴され，またYも同行為に加功したものとして起訴されたものである[42]。

最高裁判旨は，以下の通り（3要件）。

> わいせつ文書について，徒らに性欲を興奮または刺激せしめ，普通人の正常な性的羞恥心を害し，善良な性的道義観念に反するものと定義した。刑法175条は性的秩序を守り，最小限度の性道徳を維持する公共の福祉の制限で合憲である。

また「悪徳の栄え」事件（最大判昭和44・10・15）[43] においては，マ

ルキ・ド・サドの「悪徳の栄え」の翻訳者と出版社社長がやはり刑法175条違反で起訴され，最高裁は概ねチャタレイ判決を踏襲したが，わいせつ性は文書全体との関連で判断すべきとした。「四畳半襖の下張」事件（最判昭和55・11・28）44) も，永井荷風作と伝えられる戯作について刑法175条違反で起訴されたものであるが，最高裁は，やはり概ねチャタレイ判決を踏襲したが，わいせつ性の判断について具体的な項目を掲げつつ，文書全体の検討の必要性を強調した。

② 次に，名誉毀損的表現について，公務員あるいは著名人でも公人が対象となる場合に，国民の知る権利に関連してくる。最高裁は，名誉毀損罪（刑法230条の2）の規定について，表現の自由の確保の観点から厳格な限界画定を図っている。

(イ) 夕刊和歌山時事事件

> 夕刊和歌山時事事件（最大判昭和44・6・25）45) では，事案は，被告人は「夕刊和歌山時事」を編集・発行していたが，スキャンダルの暴露・攻撃等の記事を掲載していた旬刊「和歌山特だね新聞」を批判することを決意して，1963年2月11日から約1週間の間に，「吸血鬼Aの罪業」と題する記事を自ら執筆して連載し頒布した。その中で，A本人またはAの指示を受けた記者が，和歌山市役所の某課長に向かって「出すものを出せば目をつむってやるんだが，チビリくさるのでやったるんや」と聞こえよがしの捨てぜりふを吐いたうえ，今度は上層の某主幹に向かって「しかし魚心あれば水心ということもある，どうだ，お前にも汚職の疑いがあるが，一つ席を変えて一杯やりながら話をつけるか」と凄んだ旨の記事を掲載した。これがAの名誉を毀損したとして起訴されたものである。
>
> 最高裁判旨は，以下の通り。
>
> 刑法230条ノ2の規定は，人格権としての個人の名誉の保護と，憲法21条による正当な言論の保障との調和をはかったものというべきであり，これら両者間の調和と均衡を考慮するならば，たとい刑法230条ノ2第1項にいう事実が真実であることの証明がない場合でも，行為者がその事実を真実であると誤信し，その誤信したことについて，確実な資料，根

拠に照らし相当の理由があるときは、犯罪の故意がなく、名誉毀損の罪は成立しないものと解するのが相当である。これと異なり、右のような誤信があったとしても、およそ事実が真実であることの証明がない以上名誉毀損の罪責を免れることがないとした当裁判所の前記判例（昭和33年（あ）第2698号同34年5月7日第一小法廷判決、刑集13巻5号641頁）は、これを変更すべきものと認める46)。

(ロ)　月刊ペン事件判決では、「宗教団体の会長の行為は私生活上の行状でも、場合によって「公共ノ利害ニ関スル事実」に当たることを求めた（最判昭和56・4・16)47)。

(ハ)　「石に泳ぐ魚」事件

「石に泳ぐ魚」事件では、最高裁判決は名誉とプライバシーを侵害された非公人の主張を認めた（最判平成14・9・24)48)。

事案は、「石に泳ぐ魚」(小説)は、後の芥川賞作家Y1（被告・控訴人）の小説デビュー作として文芸雑誌に掲載された。本件小説は、生まれつき顔面に大きな腫瘍を持った若い女性と「私」との関係を一つの軸として構成されているものであるが、この女性の腫瘍について詳細かつ苛烈に描写する場面を含むほか、この女性の父親には逮捕歴があることとされており、またこの女性が新興宗教に入信し、連れ戻しに来た「私」に金員を無心する場面などが含まれている。Y1の友人であり、本件小説に登場する女性と同様の身体的特徴・経歴等を有するX（原告・被控訴人・被上告人）は、本件小説はXをモデルにしたものであるところ、本件小説中の女性とXとの同一性は容易に識別できるため、本件小説中の上記描写等によってXのプライバシー権、名誉権および名誉感情を侵害する不法行為があったとして、Y1および本件小説の掲載誌を発行する出版社Y2ら（被告・控訴人・上告人）に対し、慰謝料の支払、謝罪広告の掲載、および本件小説の単行本の出版等による公表の差止め等を求めて訴えを提起したものである。

最高裁判旨は、以下の通り。

原審の確定した事実関係によれば、公共の利益に係わらないXのプラ

> イバシーにわたる事項を表現内容に含む本件小説の公表により公的立場にないXの名誉，プライバシー，名誉感情が侵害されたものであって，本件小説の出版等によりXに重大で回復困難な損害を被らせるおそれがあるというべきである。したがって，人格権としての名誉権等に基づくXの各請求を認容した判断に違法はなく，この判断が憲法21条1項に違反するものでないことは，当裁判所の判例（最高裁昭和41年（あ）第2472号同44年6月25日大法廷判決・刑集23巻7号975頁，最高裁昭和56年（オ）第609号同61年6月11日大法廷判決・民集40巻4号872頁の趣旨に照らして明らかである[49]）。

(5) 営利的言論の自由

　営利的言論の自由について，広告など営利的な表現活動も国民が消費者として情報を受ける重要性から，一般に表現の自由の保護に値すると考えられるが，その保障の程度は非営利的・政治的言論よりも低いとされる。

4．表現の自由の限界について―二重の基準，表現の自由の規制立法―

(1) 二重の基準

　表現の自由を画するものとして，その限界については，二重の基準の理論が挙げられる。表現の自由を主とする精神的自由の規制立法の合憲性は，経済的自由の規制立法よりも厳しい基準により審査されるべきものとする。その根拠は，①民主政の過程との関係として，精神的自由は民主政の過程を支えるもので，こわれ易く傷つき易いため，一旦壊れると修復しにくい。裁判所が積極的介入によって，民主政の過程の正常な運営を回復することが必要となる所以である。精神的自由を規制する立法の合憲性は，裁判所は厳格に審査しなければならない。②裁判所の審査能力からみて，経済的自由の規制は社会・経済政策の問題が多く，政策の当否についての審査能力に裁判所は乏しいため，明白な違憲と認められない限りは立法府の判断を尊重するべきである。

　もっとも，表現内容中立規制など，両者には重複する領域もあり，合憲性判定の審査手法も領域に応じてきめ細やかなものとならざるを得ない。

表現の自由の規制立法として，① 事前抑制，② 漠然として不明確または過度に広汎な規制，③ 表現内容規制，④ 表現内容中立規制の4つに分けられる[50]。

このうち，③ 表現内容規制に関しては，高い価値の表現の内容規制であり，厳格審査の基準が該当することになる。立法目的は，やむにやまれぬ必要不可欠な公共的利益であり，規制手段は立法目的達成に必要な最小限度のものであること，という2要件の充足が求められる（挙証責任は公権力側）。アメリカ判例法における明白かつ現在の危険基準，必要不可欠な公共的利益の基準が参照される。

④ 表現内容中立規制は，時・所・方法を規制することを代表として，表現をそれが伝達するメッセージの内容や伝達効果には直接関係なく制限する規制である。病院・学校近くでの騒音の制限，一定地域・建造物の広告掲示の禁止，選挙運動の自由の制限などである。

表現内容中立規制に関しては，厳格な基準，厳格な合理性の基準，合理的関連性の基準のうち，最も緩やかで立法裁量を広く認める合理的関連性の基準，あるいはそれよりもやや厳しくなるLRAの基準（より制限的でない他の選びうる手段の基準）が用いられてきており，基準は必ずしもはっきりしていない。表現内容中立規制にも，LRAの基準を用いて，裁判所の実質的な審査を可能とすることが提示されている[51]。

ここで，二重の基準について全体をおおまかにまとめておきたい。

審査基準としては，厳格な審査基準（目的において必要不可欠，手段は必要最小限度に留まる），厳格な合理性の基準（目的において重要，手段は目的との実質的関連性が必要），合理的関連性の基準（目的において正当，手段は目的との合理的関連性があればよい）の3段階になる。

精神的自由権に対する規制の合憲性の判断に関しては，合憲性の推定も働かず，厳格な審査基準を適用する。経済的自由権に対する規制の合憲性の判断に関しては，合理性の基準が用いられ，積極目的規制については明白性の原則（緩やか），消極目的規制については厳格な合理性の基準を用いる。

また厳格な審査基準としては，その中にも厳格さの程度は各々異なるが，

具体例としては,事前抑制禁止の理論,明確性の基準,明白かつ現在の危険基準,LRAの基準(より制限的でない他の選びうる手段の基準)がこれに該当する[52]。個別の人権の対象領域の内容等に応じて,きめ細やかな基準により対応することになる。

(2) 事前抑制の理論と検閲

> 第21条〔集会,結社及び表現の自由と通信秘密の保護〕
>   集会,結社及び言論,出版その他一切の表現の自由は,これを保障する。
>   2 検閲は,これをしてはならない。通信の秘密は,これを侵してはならない。

(イ) 事前抑制の理論と検閲の概念

事前抑制の理論は,表現活動を事前に抑制することは許されないとする。検閲とは,公権力が外に発表されるべき思想の内容をあらかじめ審査し,不適当と認めるときは,その発表を禁止する行為を指す(芦部信喜説)。

検閲の主体は,公権力である。判例では検閲は行政権による事前抑制で絶対的に禁止され,他方,裁判所による事前抑制・差止は憲法21条1項の表現の自由の保障によって原則として禁止される(検閲ではなく事前抑制として,例外として許される余地が生じる)と両者を区別している。

検閲の対象は思想内容と解されたが,現代社会で広く表現内容と解することが妥当とされる(即ち,単なる新聞記事の誤字などの審査も,検閲として禁止される表現内容として増加することになる)。

検閲の時期は,発表前の抑制が禁止される検閲と解されてきたが,思想・情報の受領前の抑制,思想・情報の発表に重大な抑止的な効果を及ぼす事後規制も検閲となりうると解するのが妥当とされる。

関連する判例を掲げる。
(a) 北方ジャーナル事件

> 北方ジャーナル事件(最大判昭和61・6・11)[53]では,事案の概要とし

て，Y1（被告・被控訴人・被上告人）は，約11年間旭川市長を務めたのちに，1979年4月施行予定の北海道知事選挙への出馬を予定していた。X（原告・控訴人・上告人）を発行人とする雑誌「北方ジャーナル」は同年2月23日頃発売予定の4月号（予定発行部数2万5000部）に，「ある権力主義者の誘惑」と題する記事を掲載しようとしていた。記事は，Y1を嘘とハッタリとカンニングの巧みな少年であり，言葉の魔術者であり，インチキ製品を叩き売っている（政治的な）大道ヤシ，天性の嘘つき，素顔は昼は人をたぶらかす詐欺師，夜は闇に乗ずる凶賊で云うならばマムシの道三，クラブのホステスをしていた新しい女を得るために罪もない妻を卑劣な手段を用いて離別し，自殺せしめたなどとし，知事選への立候補も知事になり権勢をほしいままにするのが目的である等とするものであった。これを知ったY1は，同年2月16日，4月号の印刷，頒布等の禁止を命じる仮処分を札幌地裁に申請したところ，同日無審尋でこれを相当とする仮処分決定がなされた。Xは，仮処分およびその申請が違法であると主張して，Y1その他およびY2（国，被告・被控訴人・被上告人）に対して損害賠償を請求したものである[54]。

最高裁判旨は，以下の通り。

仮処分（旧民訴法756条-760条）による事前差止めは検閲には当たらないが，事前抑制そのものであるから厳格かつ明確な要件が必要とし，公職選挙の候補者に対する批判等の表現行為に関するものである場合，一般に公共の利害に関する事項で，表現は私人の名誉権に優先する社会的価値を含むため，事前差止めは原則として許されないが，① 表現内容が真実でなく，またはそれが専ら公益を図る目的のものでないことが明白であって，かつ② 被害者が重大にして著しく回復困難な損害を被る虞があるときは，例外的に事前差止めが許される。例外的に許される条件として，債権者（名誉権を侵害された立候補予定者）の提出資料によって①，②の要件が明らかな場合は格別，原則として口頭弁論または債務者（出版者）の審尋を行い，表現内容の真実性等の主張立証の機会を与えなければならないものとする。

(b) 岐阜県青少年保護育成条例事件（最判平成元・9・19）[55] では，事案は，岐阜県青少年保護育成条例は，知事は図書の内容が著しく性的感情を刺激し，または著しく残忍性を助長するため青少年の健全な育成を阻害するお

それがあると認めるときは，当該図書を有害図書として指定するものとする（6条1項）。この指定をしようとするときには，知事は緊急を要する場合を除き，岐阜県青少年保護育成審議会の意見を聴かなければならない（9条）。ただ有害図書のうち，特に卑わいな姿態もしくは性行為を被写体とした写真またはこれらの写真を掲載する紙面が編集紙面の過半を占めると認められる刊行物については，知事は6条1項の指定に代えて，当該写真の内容を，あらかじめ規則で定めるところにより，指定することができるとされている（6条2項）。これを受けて，岐阜県青少年保護育成条例施行規則2条，昭和54年7月1日岐阜県告示539号により，その具体的内容についてより詳細な指定がされていた。同条例6条1項または2項により指定された有害図書については，その販売または貸付けを業とする者がこれを青少年に販売し，配付し，または貸し付けることおよび自動販売機業者が自動販売機に収納することを禁止され（6条の2第2項・6条の6第1項），いずれの違反行為についても罰則が定められていた（21条2号・5号）。

被告人Y1会社は，自動販売機により図書を販売することを業とするものであるが，Y1会社の代表取締役である被告人Y2は，岐阜県内の道路沿いの喫茶店前において，Y1会社が同所に設置し，管理する図書自動販売機に，岐阜県知事があらかじめ指定した有害図書に該当する雑誌等を収納したとして起訴されて有罪とされ，憲法21条違反等を理由に上告したものである[56]。

最高裁判旨は，以下の通り。

> 指定処分と検閲の関係について，税関検査事件判決と北方ジャーナル事件判決の趣旨に徴して検閲に当たらないことは明らかであると判示し，表現の自由の関係について有害図書が青少年の性的な逸脱行為，残虐な行為を容認する風潮を助長することは既に社会共通の認識になっていること，自販機の場合は購入が容易なので弊害も大きく有害指定の前に販売済みも可能であることを理由としてあげ，青少年に対する関係のみならず，成人に対する関係でも青少年の健全な育成という目的を達するための必要やむを得ない制約で

㈩　税関検査

　最高裁は，税関検査合憲判決事件において，税関検査は禁止される検閲には当たらず，また「風俗を害すべき書籍，図画」等の輸入規制がわいせつ表現物を規制する趣旨として限定解釈ができ，明確性に欠けることがないと判示した（最大判昭和59・12・12)[57]。

　事案は，X（原告・被控訴人・上告人）は，外国の商社に8ミリフィルム，書籍等を注文し，郵便でこれを輸入しようとしたところ，Y1（函館税関札幌税関支署長―被告・控訴人・被上告人）から，本件物件は男女の性器，性交行為等を描写したもので関税定率法21条1項3号（昭和55年法律7号による改正前，現行規定は関税69条の11第1項7号）所定の輸入禁制品（「公安又は風俗を害すべき書籍，図画，彫刻物その他の物品」）に該当する旨の通知（改正前同条3項）を受けたため，Y2（函館税関長―被告・控訴人・被上告人）に対し同条4項（現関税89条）に基づく異議の申出をしたが，棄却された。本件は，通知および異議申出棄却決定の取消請求訴訟である。

　最高裁判旨は，以下の通り[58]。

　　まず，税関長の通知および異議申出棄却決定が抗告訴訟の対象となるかどうかという争点を取り上げ，これらの処分性を肯定した。ついで，(i)税関検査が憲法21条に違反するかどうかという憲法論について，同条2項前段の法意を述べた後，検査が検閲には該当しないかどうか，ついで，(ii)同条1項との関係については，①わいせつ物の国内搬入を水際予防すること，さらには，単純所持をも規制対象とすることが許容されるか，②定率法にいう「公安又は風俗を害すべき書籍・図画」という規定が文面上あいまいまたは広汎にすぎないか，という手順で検討した。(i)21条2項前段と税関検査について。①憲法21条2項にいう「検閲」とは，行政権が主体となって，思想内容等の表現物を対象とし，その全部または一部の発表の禁止を目的として，対象とされる一定の表現物につき網羅的一般的に，発表前にその内容

を審査した上，不適当と認めるものの発表を禁止することを，その特質として備えるものを指すと解すべきである。② 同項にいう検閲の禁止は，公共の福祉を理由とする例外を許容しない，絶対的禁止と解すべきである。③ 税関検査は，以下の諸点を総合的に考慮すれば，「検閲」には該当しない。すなわち，(ア)輸入を禁止される表現物は，国外において既に発表済みのものであるし，税関により没収，廃棄されるわけではないから，発表の機会が事前に全面的に奪われているわけではないこと，(イ)税関検査は，関税徴収手続に付随して行われるもので，思想内容等それ自体を網羅的に審査し規制することを目的とするものではないこと，(ウ)税関長の通知がされたときは司法審査の機会が与えられているのであって，行政権の判断が最終的なものとされるわけではないことである。(ii) 21条1項と税関検査について。

① わいせつ物の輸入規制について，わが国内における健全な性的風俗を維持確保するために，わいせつ表現物がみだりに国外から流入することを阻止することは，公共の福祉に合致する。また，健全な性風俗を実効的に維持するためには，単なる所持目的かどうかを区別することなく，その流入を一般的に水際で阻止することもやむをえない。

② 定率法の規定の明確性について，定率法にいう「風俗を害すべき書籍，図画」等とは，わいせつな書籍等のみを指すものと限定解釈しうる。わいせつ性の概念は，刑法175条に関する判例の蓄積により明確化されており，同規定は広汎または不明確の故に違憲無効ということはできず，憲法21条1項に違反しない。

(ハ) 教科書検定

教科書検定について，文部省は「教科の主たる教材」として教育の機会均等の確保，教育水準の維持向上，適切な教育内容の保障という要請にこたえねばならない教科書の特殊性，検定不合格図書でも一般図書として出版が可能であること等を挙げ，教科書検定を合憲と説明している。学説では，教科書検定制度自体は認めつつ，思想内容の審査にまで及ぶ場合には検閲に当たるとする適用違憲説[59]のほか，検閲該当説[60]，検閲非該当説[61]が出される。

教科書裁判には複数の事案があるが，第1次家永教科書事件上告審にお

いて最高裁は以下のように述べている（最判平成 5・3・16)[62]。事案は，X（当時東京教育大学教授・家永三郎）は 1952 年から「新日本史」（高校用教科書）を執筆してきたが，1960 年の学習指導要領改訂に伴いこれを全面改訂し，出版者（三省堂）を通じて検定申請したところ，1963 年 4 月文部大臣により検定不合格の処分とされた。そのため X は，原稿に修正を加え再度検定申請をしたが，1964 年 3 月文部大臣から 290 か所の修正指示を付した条件付合格処分を受け，やむなくその指示に従って記述の相当部分を修正，1965 年から教科書として発行した。そこで X は，教科書検定制度および文部大臣の各検定処分を憲法 26 条，同 21 条，同 23 条等に違反するとし，Y（国）に対して慰謝料等を求め提訴した国家賠償請求訴訟である。

最高裁判旨は，以下の通り[63]。

(i) 検定は，国が教育内容に介入，憲法 26 条違反との主張について，① 憲法 26 条は，子どもに対する教育内容を誰がどのように決定するかについて，直接規定していない。国は，子ども自身の利益の擁護のため，または子どもの成長に対する社会公共の利益と関心にこたえるため，必要かつ相当と認められる範囲において，子どもに対する教育内容を決定する権能を有する。もっとも，教育内容への国家的介入はできるだけ抑制的であることが要請され，殊に，子どもが自由かつ独立の人格として成長することを妨げるような介入，例えば，誤った知識や一方的な観念を子どもに植え付けるような内容の教育を施すことを強制することは許されない。② 本件検定による審査は，単なる誤記，誤植等の形式的なものにとどまらず，記述の実質的な内容，すなわち教育内容に及ぶものである。しかし，普通教育の場では教育内容が正確かつ中立・公正で，地域，学校のいかんにかかわらず全国的に一定の水準であることが要請され，その心身の発達段階に応じたものでなければならないことも明らかである。そして本件検定が，右の各要請を実現するために行われるものであることは，その内容から明らかであり，その審査基準である旧検定基準〔昭和 33 文告 86〕も，右目的のための必要かつ合理的な範囲を超えているものとはいえず，子どもが自由かつ独立の人格として成長することを妨げるような内容を含むものでもない。

(ii) 検定は検閲・事前抑制に該当，憲法 21 条違反との主張について，① 本

件検定は一般図書としての発行を何ら妨げるものではなく，発表禁止目的や発表前の審査などの特質がないから，検閲に当たらず，憲法21条2項前段の規定に違反するものではない。② 憲法21条1項にいう表現の自由といえども無制限に保障されるものではなく，公共の福祉による合理的で必要やむを得ない限度の制限を受けることがあり，その制限が右のようなものとして容認されるかどうかは，制限が必要とされる程度と，制限される自由の内容および性質，これに加えられる具体的制限の態様および程度等を較量して決せられるべきものである。本件検定についてこれをみると，(イ)普通教育の場においては，教育の中立・公正，一定水準の確保等の要請があり，これを実現するためには，これらの観点に照らして不適切と認められる図書の教科書としての発行，使用等を禁止する必要があること，(ロ)その制限も，右の観点からして不適切と認められる内容を含む図書のみを，教科書という特殊な形態において発行を禁ずるものにすぎないこと等からして本件検定による表現の自由の制限は，合理的で必要やむを得ない限度のものというべきであって，憲法21条1項の規定に違反するものではない。

(iii) 検定は学問の自由を保障した憲法23条違反との主張について，教科書は，教科課程の構成に応じて組織配列された教科の主たる教材として，普通教育の場において使用される児童，生徒用の図書であり，学術研究の結果の発表を目的とするものではない。本件検定は，教科書の形態における研究成果の発表を制限するにすぎない。それゆえ，このような検定は憲法23条の規定に違反しない。

(3) 明確性の理論

明確性の理論は，精神的自由を規制する立法については明確でなければならないとする基準である。罪刑法定主義（憲法31条により保障される）によれば，刑罰法規は国民に法規の内容を明確にし，違法行為を公平に処罰するのに必要な事前の公正な告知を与えること，法規の執行者たる行政の悪意的な裁量権を制限するものであることが必要となる。しかし，刑罰法規も表現の自由を制約するものである場合，漠然不明確性は，こうした手続の適正の問題に留まらず，表現行為に対して萎縮的効果を及ぼすという実体の適正の問題に繋がる。このため合理的な限定解釈により，法文の漠然不明確性が

除去されない限りは，当該法規の合憲的適用の範囲内と解される行為についても，原則として法規自体が違憲無効，文面上無効となる。

ここで，明確性の理論には，① 漠然性のゆえに無効，② 過度の広汎性のゆえに無効の 2 つの概念があり，①は法文が漠然としているため，禁止行為が不明確な場合，②は，法文自体は明確であっても，規制範囲は広汎に過ぎ，違憲的に適用される可能性がある場合，である。

徳島市公安条例事件（最大判昭和 50・9・10）[64] では，市条例が規定する「交通秩序を維持すること」という許可条件について，最高裁判決では「通常の判断能力を有する一般人であれば，経験上，蛇行進，渦巻行進・座り込みや道路一杯を占拠するいわゆるフランスデモなどの行為が，殊更な交通秩序の阻害をもたらすような行為にあたることは，容易に想到することができるから，秩序維持についての基準を読みとることは不可能ではないと判断した。

その後も，前述の税関検査合憲判決事件，岐阜県青少年保護育成条例事件，更には成田新法事件（最大判平成 4・7・1）[65] など，この判例の趣旨にならうものが少なくない。

(4) 明白かつ現在の危険の基準

違憲審査基準のうちでも，極めて厳格な基準として明白かつ現在の危険の基準がある。アメリカの判例で用いられてきたもので，① ある表現行為が近い将来，ある実質的害悪をひき起こす蓋然性が明白であること，② その実質的害悪がきわめて重大であり，その重大な害悪の発生が時間的に切迫していること，③ 当該規制手段が右害悪を避けるのに必要不可欠であることの 3 要件が論証された場合にはじめて，当該表現行為を規制することができるとするものである。

我が国では下級裁判所判決で用いられた例は少なくないが，最高裁の判例では採用されていない。この基準については，一般化することは妥当ではないが，せん動罪規定（破壊活動防止法 38・40 条，国税犯則取締法 22 条，国家公務員法 110 条，地方公務員法 61・62 条，地方税法 21 条）のように表現内容の直接規制に限定して適用することが述べられる[66]。

(5) より制限的でない他の選びうる手段の基準

　LRA の基準（より制限的でない他の選びうる手段の基準）について，立法目的は表現内容に直接関わり合いのない正当なもので，十分に重要なものとして是認できるが，規制手段が広汎である点に問題のある法令において，立法目的を達成するため規制の程度が，より少ない手段が存在するか，具体的・実質的に審査し，それがあり得ると解される場合，当該規制立法は違憲とされる基準である。証明責任としては，公権力側に規制手段の正当性を証明する責任が負わされる。

　立法目的の達成において，必要最小限度の規制手段を要求する基準であり，表現内容中立規制（表現の時・所・方法の規制）の合憲性の判断において有用となる。

　しかしながら，最高裁はかかる領域の規制立法については，LRA の基準ではなく，比較的緩やかな合理的関連性の基準を用いる。後掲する猿払事件等においてもみられる判例における LRA の基準と合理的関連性の基準のズレである。合理的関連性の基準は，目的と手段の間に抽象的・観念的な関連性さえあればよいとするもので，規制・立法目的の正当性，立法目的達成のための規制手段と規制目的の間の合理的関連性，規制により得られる利益と失われる利益との均衡を検討することを求め，表現内容規制である公務員の政治活動の一律全面禁止の審査基準として出されたものである。

　(a) 屋外広告物条例事件では，橋柱，電柱，電信柱等に広告物を表示・掲出することを禁ずる大阪市条例の合憲性が争われ，最高裁は「美観風致の維持と公衆に対する危害の防止という立法目的を正当とし，この程度の規制は，公共の福祉のため，表現の自由に対し許された必要且つ合理的な制限である」として合憲性を認め，営利と関係のない広告も一律に規制の対象となる旨を判示した（最大判昭和 43・12・18)[67]。

　(b) 選挙運動規制事件について，法定外文書図画の頒布，掲示を禁止する公選法 142・143・146 条の合憲性が争われてきた。最高裁判例は，猿払事件判決の合理的関連性基準を用い，「戸別訪問禁止は 1 つの意見表明の手段方法に伴う限度での間接的，付随的な制約にすぎない反面，禁止により得られ

る利益は失われる利益に比してはるかに大きいこと，戸別訪問を一律に禁止するかどうかは専ら選挙の自由と公正を確保する見地から立法政策の問題である」こととを述べ，立法府の裁量を強調する（最判昭和 56・6・15）[68]。

5．集会・結社の自由ならびに通信の秘密

> 第21条〔集会，結社及び表現の自由と通信秘密の保護〕
> 　集会，結社及び言論，出版その他一切の表現の自由は，これを保障する。
> 　2　検閲は，これをしてはならない。通信の秘密は，これを侵してはならない。

(1)　集会の自由

　多数人が政治・経済・学問・芸術・宗教などに関する共通の目的をもって一定の場所に集まることを集会といい，表現の自由の一つとして重要な意義を有する。

　しかしながら，集会の自由は多数人が集合する場所を前提とする表現活動であるため，行動を伴う場合もあり，他者の権利・利益と矛盾・衝突する可能性が強い。これを調節するために必要不可欠な最小限度の規制を受けることはやむを得ないといえる。精神的自由の中でも，内心に留まる場合，相手に表現される場合，更に対外的な行動を伴う場合，と徐々に相手に対して衝突する場面が増え，他者との調整という問題が生じることから，一定の規制を受けることになる。公安条例の規制のほか，以下の場合が問題となる。

① 　公共施設の使用拒否が許される限度について，公共施設を使用し集会を行うことは憲法で保障された国民の権利・自由であり，使用目的を維持するため必要不可欠な限度の許可制自体は，違憲ではないが，利用の許否は管理権者の自由裁量に属するものでもない。地方自治法は，「正当な理由がない限り，住民が公の施設を利用することを拒んではならない」，「住民が公の施設を利用することについて，不当な差別的取扱いをしてはならない」とする（244条2・3項）。「正当な理由」がここで問題となる。

泉佐野市民会館事件は，公共施設・市民会館の使用許可の申請を条例における公の秩序をみだすおそれがある場合に該当するとして不許可にした処分について，事案の概要は次の通り[69]。Xら（原告・控訴人・上告人）は，1984年6月3日に市立泉佐野市民会館ホールで関西新空港反対全国総決起集会を開催することを企画し，同年4月2日にY（泉佐野市―被告・被控訴人・被上告人）市長に対して，市立泉佐野市民会館条例に基づき全関西実行委員会を使用団体名として，同ホールの使用許可を申請した。本件会館は，Yが市民の文化・教養の向上を図り，あわせて集会等の用に供する目的で設置したもので，市内最大の繁華街に位置している。本件条例7条は，本件会館の使用を許可してはならない事由として3つの場合を規定しており，その1号は「公の秩序をみだすおそれがある場合」，3号は「その他会館の管理上支障があると認められる場合」である。本件申請の許否の専決権者である市総務部長は，本件集会の実質的主催者はいわゆる過激派の一団体であり，その団体は本件申請直後に連続爆破事件を起こすなどしており，本件会館を使用させると不測の事態の発生が憂慮され，その結果，周辺住民の平穏な生活が脅かされるおそれがあること，また対立する他の過激派集団による介入も懸念されることなどから本件条例7条1号および3号を根拠に，同年4月23日，市長名で申請を不許可とする処分を行った。Xらは，本件不許可処分を受けて，本件条例の違憲・違法，本件不許可処分の違憲・違法を主張して，Yに対して国家賠償法による損害賠償を請求したものである。

最高裁判旨（最判平成7・3・7）[70]は，以下の通り。合憲限定解釈を加えて，違憲・違法ではないとしている。

> 本件会館における集会の自由を保障することの重要性よりも，本件会館で集会が開かれることによって，人の生命，身体または財産が侵害され，公共の安全が損なわれる危険を回避し，防止することの必要性が優越する場合をいうものと限定して解釈すべきだとし，その危険性は，客観的事実に照らして，明らかに差し迫った危険の発生が具体的に予見されることが必要であ

る。

② 暴力主義的破壊活動と集会の自由について，破壊活動防止法5条1項1号は，「継続又は反覆して将来さらに団体の活動として暴力主義的破壊活動を行う明らかなおそれがあると認めるに足りる十分な理由があるとき」に限定して，集会ないし集団行進・集団示威運動を禁止するが，公安審査委員会に一定の地域・場所について事前の禁止権限を賦与しており，検閲に該当するのではないか，疑義が出されている[71]。

(2) 集団行動の自由

　(イ) 集団行動の自由の保障

集団行動の自由も憲法21条によって保障されるが，純粋の言論の自由とは異なり，一定の行動を伴い，他の国民の権利・自由との調節が必要となり，言論の自由と異なった特別の規制に服することになる。厳格な基準として目的は必要不可欠，手段は必要最小限度のものでなければならない。

　(ロ) 公安条例

集団行動の自由の規制として合憲性が争われたのは，地方公共団体制定の公安条例であり，東京都公安条例は「道路その他公共の場所で集会若しくは集団行進を行おうとするとき，又は場所のいかんを問わず集団示威運動を行おうとするときは，東京都公安委員会の許可を受けなければならない」(1条)と定めている。

新潟県公安条例事件（最大判昭和29・11・24)[72]において，最高裁判決は許可制について3原則を打ち出している。① 集団行動を一般的な許可制を定めて事前に抑制することは許されない。② しかし，特定の場所または方法につき合理的かつ明確な基準のもとで許可制をとることは憲法の趣旨に反しない。③ さらに，公共の安全に対して明らかな差迫った危険を及ぼすことが予見されるときは許可しない旨を定めることができる。

東京都公安条例事件（最大判昭和35・7・20)[73]では，最高裁判決は合憲と解している。

集団行動の特性について，集団の潜在的な力は甚だしい場合には一瞬にして暴徒と化すとし，群集心理の法則と現実の経験に徹して明らかである。公共の安寧を保持する上に直接危険を及ぼすと明らかに認められる場合の外は，これを許可しなければならないという規定（3条）によれば，不許可の場合が厳格に制限されているので，実質において届出制と異なるところがない。

(ハ)　道路交通法規制

　公安条例を有しない地域でも，道交法77条1項4号「一般交通に著しい影響を及ぼすような通行の形態もしくは方法により道路を使用する行為または道路に人が集まり一般交通に著しい影響を及ぼすような行為」について，所轄警察署長の許可を受け，公安条例がある場合は道交法と二重の規制になり得る。

　最高裁判例は，道交法77条1項4号事件（最判昭和57・11・16)[74]において，明確かつ合理的な基準を掲げて道路における集団行進が不許可とされる場合を厳格に制限しており，公共の福祉による必要かつ合理的な制限として憲法上是認されるとした。

(3)　結社の自由

　結社の自由は，団体を結成し加入する自由，団体が団体として活動する自由，団体を結成しない，加入しない，加入した団体から脱退する自由である。政治，経済，宗教，芸術，学術ないし社交など，さまざまな結社の自由が保障される[75]。

　宗教団体，労働組合に関しては，関連の各条文で二重に保障されていることになる。また弁護士会，税理士会，公認会計士協会などは強制設立・加入制を採るが，職業の専門性・公共性の維持に必要で，かつ当該団体の目的と活動が会員の職業倫理の向上，職務改善等を図ることに限定され，許されている。

　最高裁判例では，団体の内部統制権について，無条件ではなく，労働者が特定候補者を支持する政治活動を行うことは認められるが，対抗して立候補

した組合員を勧告・説得を超えて除名することは許されない（最大判昭和43・12・4)[76]。

結社の自由の限界として，内在的制約に服する。犯罪を行うことを目的とする結社は許されない。憲法秩序の基礎を暴力により破壊することを目的とする結社も保障対象とならないと説かれることもあるが，「憲法秩序の基礎」という過度に広汎で不明確な原則をもち出し，結社の自由を規制することには懸念が出される[77]。

(4) 通信の秘密の保護

通信の秘密の保護は，私生活の自由を保護することを主たる目的とするもので，憲法13条に基づくプライバシーの権利，35条の定める住居の不可侵の原則とその趣旨を同じくするといえる。

通信の秘密の保障は，通信の内容のみならず，差出人（発信人），受取人（受信人）の氏名・居所，通信の日時，個数など通信に関する全ての事項に及ぶ。

通信の秘密の保護の限界として，刑事訴訟法では郵便物押収（100・222条），破産法では破産者宛の郵便物，電報の破産管財人による開封（82条），関税法では郵便物の差押え（122条），刑事収容施設及び被収容者等の処遇に関する法律（旧監獄法）では在監者（受刑者）の信書の発受等につき検閲（検査）その他の制限（127条など）を定めている。

憲法上許される必要最小限度のものかについて争いがあり，電話の盗聴など通信傍受に関して，法律上の明確な根拠はないまま，組織的な覚せい剤の捜査で検証令状により行われてきた。判例は，これを合憲・合法とする（東京高判平成4・10・15)[78]。

[注]
1) 最大判昭和31・7・4民集10巻7号785頁。
2)「良心の自由と謝罪広告の強制」別冊ジュリスト「憲法判例百選Ⅰ［第六版］」芹沢斉77-78頁。
3)「内申書の記載内容と生徒の思想・信条の自由—麹町中学内申書事件」別冊ジュリスト「憲法判例百選Ⅰ［第六版］」小島慎司79-80頁。
4) 最判昭和63・7・15判時1287号65頁。
5) 最判平成19・2・27民集61巻1号291頁。
6) 最大判平成23・5・30民集65巻4号1780頁。

7)「「君が代」起立・斉唱の職務命令と思想・良心の自由」別冊ジュリスト「憲法判例百選Ⅰ [第六版]」蟻川恒正 85-87 頁。
8) 国際人権規約（自由権規約）18 条参照。
9) 神戸簡判昭和 50・2・20 判時 768 号 3 頁。「牧会活動事件の自由と犯人蔵匿罪」別冊ジュリスト「憲法判例百選Ⅰ [第六版]」矢島基美 92-935 頁。
10) 東京地判昭和 61・3・20 行集 37 巻 3 号 347 頁。
11)「宗教的理由による学校授業欠席の自由—日曜日授業参観事件」別冊ジュリスト「憲法判例百選Ⅰ [第六版]」坂田仰 94-95 頁。
12)「宗教上の理由に基づく「剣道」の不受講」別冊ジュリスト「憲法判例百選Ⅰ [第六版]」栗田佳泰 96-97 頁。
13) 最判平成 8・3・8 民集 50 巻 3 号 469 頁。
14) 最決平成 8・1・30 民集 50 巻 1 号 199 頁。「宗教法人の解散命令と信教の自由」別冊ジュリスト「憲法判例百選Ⅰ [第六版]」光信一宏 90-91 頁。
15) 野中寿彦・中村睦男・高橋和之・高見勝利『憲法Ⅰ [第 4 版]』有斐閣（2006 年）314 頁 [中村睦男]。
16) 最大判昭和 52・7・13 民集 31 巻 4 号 533 頁。
17) 最大判平成 9・4・2 民集 51 巻 4 号 1673 頁。
18)「神道式地鎮祭と政教分離の原則—津地鎮祭事件」別冊ジュリスト「憲法判例百選Ⅰ [第六版]」大石眞 98-99 頁。
19) 前掲・芦部信喜，高橋和之補訂『憲法 第六版』162-167 頁参照。
20) 大阪高判昭和 62・7・16 行集 38 巻 6・7 号 561 頁。
21) 最判平成 5・2・16 民集 47 巻 3 号 1687 頁。
22)「玉串料としての公金支出と政教分離の原則—愛媛県玉串料訴訟」別冊ジュリスト「憲法判例百選Ⅰ [第六版]」岡田信弘 102-103 頁。
23) 福岡高判平成 4・2・28 判時 1426 号 85 頁。
24) 最大判昭和 51・5・21 刑集 30 巻 5 号 615 頁。
25)「教育を受ける権利と教育権—旭川学力テ事件」別冊ジュリスト「憲法判例百選Ⅱ [第六版]」米沢広一 300-301 頁。
26) 芦部信喜編『憲法Ⅱ』有斐閣（1981 年）397 頁 [種谷春洋]，佐藤幸治『憲法 [第 3 版]』青林書院（1995 年）511 頁。
27) 最大判昭和 38・5・22 刑集 17 巻 4 号 370 頁。
28)「学問の自由と大学の自治—ポポロ事件」別冊ジュリスト「憲法判例百選Ⅰ [第六版]」竹内俊子 193-194 頁。
29) 最判昭和 62・4・24 民集 41 巻 3 号 490 頁。
30)「意見広告と反論文掲載請求権—サンケイ新聞事件」別冊ジュリスト「憲法判例百選Ⅰ [第六版]」松田浩 174-175 頁。
31) 最大決昭和 44・11・26 刑集 23 巻 11 号 1490 頁。
32)「取材フィルムの提出命令と取材の自由」別冊ジュリスト「憲法判例百選Ⅰ [第六版]」山口いつ子 166-167 頁。
33) 前掲・芦部信喜，高橋和之補訂『憲法 第六版』182-186 頁。
34) 最大判平成元・3・8 民集 43 巻 2 号 89 頁。
35) 最決平成元・1・30 刑集 43 巻 1 号 19 頁。
36) 最決平成 2・7・9 刑集 44 巻 5 号 421 頁。
37) 最大判昭和 27・8・6 刑集 6 巻 8 号 974 頁。

38) 最決昭和53・5・31刑集32巻3号457頁。
39) 「国家秘密と取材の自由—外務省秘密電文漏洩事件」別冊ジュリスト「憲法判例百選Ⅰ［第六版］」齊藤愛 170-171頁。
40) 対抗言論の容易さを考慮すれば，名誉毀損は成立しないこととなるが，最高裁は「相当性の法理」をインターネットにも適用して，責任を認めている。最決平成22・3・15刑集64巻2号1頁。前掲・芦部信喜，高橋和之補訂『憲法 第六版』188-189頁。
41) 最大判昭和32・3・13刑集11巻3号997頁。
42) 「わいせつ文書の頒布禁止と表現の自由—チャタレイ事件」別冊ジュリスト「憲法判例百選Ⅰ［第六版］」諸根貞夫 120-121頁。
43) 最大判昭和44・10・15刑集23巻10号1239頁。
44) 最判昭和55・11・28刑集34巻6号433頁。
45) 最大判昭和44・6・25刑集23巻7号975頁。
46) 「言論の自由と名誉毀損における真実性の証明—「夕刊和歌山時事」事件」別冊ジュリスト「憲法判例百選Ⅰ［第六版］」上村貞美 144-145頁。
47) 最判昭和56・4・16刑集35巻3号84頁。
48) 最判平成14・9・24民集207号243頁，判時1802号60頁。
49) 「プライバシー侵害と表現の自由—「石に泳ぐ魚」事件」別冊ジュリスト「憲法判例百選Ⅰ［第六版］」曽我部真裕 142-143頁。
50) 前掲・芦部信喜，高橋和之補訂『憲法 第六版』193頁以下参照。
51) 前掲・芦部信喜，高橋和之補訂『憲法 第六版』196-198頁。
52) 伊藤真・試験対策講座『憲法［第3版］』弘文堂（2007年）176-178頁，248-249頁，289頁。
53) 最大判昭和61・6・11日民集40巻4号872頁。
54) 「名誉毀損と事前差止め—プライバシー侵害と表現の自由—「北方ジャーナル」事件」別冊ジュリスト「憲法判例百選Ⅰ［第六版］」阪口正二郎 152-153頁。
55) 最判平成元・9・19刑集43巻8号785頁。
56) 「「有害図書」指定と表現の自由—岐阜県青少年保護育成条例事件」別冊ジュリスト「憲法判例百選Ⅰ［第六版］」松井茂記 118-119頁。
57) 最大判昭和59・12・12民集38巻12号1308頁。
58) 「輸入書籍・図画等の税関検査」別冊ジュリスト「憲法判例百選Ⅰ［第六版］」阪本昌成 156-157頁。
59) 芦部信喜『憲法学Ⅲ［増補版］』有斐閣（2000年）382頁。
60) 芦部信喜編『教科書裁判と憲法学』（1990年）78頁［浦部法穂］。
61) 前掲・佐藤幸治『憲法［第3版］』青林書院（1995年）520頁。
62) 最判平成5・3・16民集47巻5号3483頁。
63) 「教科書検定（2）—第1次家永教科書事件上告審」別冊ジュリスト「憲法判例百選Ⅰ［第六版］」高見勝利 197-198頁。
64) 最大判昭和50・9・10刑集29巻8号489頁。
65) 最大判平成4・7・1民集46巻5号437頁。
66) 前掲・芦部信喜『憲法学Ⅲ［増補版］』有斐閣（2000年）420頁。判例は，せん動は人に対し，犯罪行為を実行する決意を生ぜしめまたは既に生じている決意を助長させるような勢のある刺激を与えることとし，表現活動としての性質を有していることを認めながら，社会的に危険な行為であるから，公共の福祉に反し，表現の自由の保障を受けるに値しないとの立場をとっている。最大判昭和24・5・6刑集3巻6号839頁，最判平成2・9・28刑集44巻6号463頁。「破壊活動防止法のせん動罪と表現の自由」別冊ジュリスト「憲法判例百選Ⅰ［第六版］」市川正人

116-117 頁.
67) 最大判昭和 43・12・18 刑集 22 巻 13 号 1549 頁.
68) 最判昭和 56・6・15 刑集 35 巻 4 号 205 頁.
69) 「集会の自由と市民会館の使用不許可―泉佐野市民会館事件」別冊ジュリスト「憲法判例百選Ⅰ [第六版]」川岸令和 116-117 頁.
70) 最判平成 7・3・7 民集 49 巻 3 号 687 頁.
71) 前掲・芦部信喜, 高橋和之補訂『憲法 第六版』215 頁, 芦部信喜『憲法学Ⅲ [増補版]』有斐閣 (2000 年) 387 頁, 498 頁.
72) 最大判昭和 29・11・24 刑集 8 巻 11 号 1866 頁.
73) 最大判昭和 35・7・20 刑集 14 巻 9 号 1243 頁.
74) 最判昭和 57・11・16 刑集 36 巻 11 号 908 頁.
75) 宮沢俊義・芦部信喜補訂『コンメンタール全訂日本国憲法』日本評論社 (1978 年) 245 頁, 芦部信喜『憲法学Ⅲ [増補版]』有斐閣 (2000 年) 526 頁.
76) 最大判昭和 43・12・4 刑集 22 巻 13 号 1425 頁.
77) 前掲・芦部信喜, 高橋和之補訂『憲法 第六版』220-221 頁.
78) 東京高判平成 4・10・15 高刑集 45 巻 3 号 85 頁.

第7章

経済的自由権

I．職業選択の自由

> 第22条〔居住，移転，職業選択，外国移住及び国籍離脱の自由〕
>   何人も，公共の福祉に反しない限り，居住，移転及び職業選択の自由を有する。
>   2　何人も，外国に移住し，又は国籍を離脱する自由を侵されない。
> 第29条〔財産権〕
>   財産権は，これを侵してはならない。
>   2　財産権の内容は，公共の福祉に適合するやうに，法律でこれを定める。
>   3　私有財産は，正当な補償の下に，これを公共のために用ひることができる。

1．職業選択の自由の意義と限界

　職業選択の自由，居住・移転の自由，財産権を経済的自由権と総称する。現代では，経済的自由権は，社会的拘束を負ったものとして法律による規制を広汎に受ける人権と理解される。職業選択の自由は，憲法22条で保障される。自己の従事する職業を決定する自由であり，自己の選択した職業を遂行する営業の自由も含まれる。

　経済的自由は二重の基準の項で述べたとおり，精神的自由と比較してより強度の規制を受ける。公権力による規制の要請が強いことがあり，無制限な職業活動を許容すれば公共の安全，秩序維持を脅かしかねず，また社会国家

の理念の実現から中小企業の保護など政策的な配慮が必要となるためである。

規制類型として，届出制（理容業等），許可制（風俗営業，飲食業，貸金業等），資格制（医師，薬剤師，弁護士等），特許制（電気，ガス，鉄道，バス等公益事業），国家独占（旧郵便事業，旧たばこ専売制等）がある。

規制目的に応じ，消極目的規制，積極目的規制に大別され，消極目的規制は国民の生命および健康に対する危険を防止，除去，緩和するために課せられる規制である（警察的規制）。営業許可制などが該当し，警察比例の原則として，規制措置が社会公共に対する障害の大きさに比例し，規制目的達成のために必要最小限度でなくてはならない。

他方，積極目的規制は，福祉国家の理念に基づき，経済の調和のとれた発展を確保し，社会的・経済的弱者保護のために採られる規制である。積極目的規制の例として，巨大資本の大型スーパー進出などから中小企業を保護する規制（競争制限）が挙げられる。

2．合憲性判断基準

合理性の基準が用いられ，立法目的，立法目的達成手段の双方について一般人を基準に合理性が認められるかを審査する。立法府の判断には合理性があるということの推定が働く（合憲性推定原則）。合理性の基準は，職業活動の規制目的に応じてさらに2つに分かれる。

消極目的規制について，厳格な合理性の基準が適用される。裁判所が規制の必要性・合理性および同じ目的を達成できるよりゆるやかな規制手段の有無を立法事実に基づいて審査する（薬局距離制限事件）。

積極目的規制について，明白の原則が適用される。当該規制措置が著しく不合理であることの明白である場合に限って違憲とする手法であり，立法府の広い裁量を認め，規制立法の合理性の有無についての審査を緩やかなものとする（小売市場距離制限事件）。

もっとも，積極目的・消極目的の区別は相対的に過ぎず，公害規制，建築規制などは消極目的規制とされてきたが，積極目的の要素を含んできつつあ

る。また，公衆浴場の距離制限に関しては，時代や事情の変化により消極目的から積極目的へ，あるいは両者の混在とも解されるようになった（公衆浴場距離制限事件）。積極目的・消極目的の区別は一応のメルクマールとしつつ，具体的にいかなる行為がいかなる規制の対象とされているかなど，規制の態様をも考え併せる必要がある。また酒類販売免許制事件では，規制目的を積極的，あるいは消極的のどちらかに割り切り，違憲の審査基準を適応させることが不明なものとなっている。

① 小売市場距離制限事件では[1]，事案は，小売商業調整特別措置法3条1項は，小売市場の開設経営を都道府県知事の許可にかからしめており，小売市場とは，政令で指定する市の区域内において，1つの建物を10以上の小売商の店舗の用に供するため貸し付け，または譲り渡し，かつ，これらの店舗の中に政令で指定する物品（野菜，生鮮魚介類）を販売する店舗が含まれるものをいう。同法に基づき，大阪府は小売市場許可基準内規を作成し，過当競争防止のため，新設しようとする小売市場から最も近い小売市場へ至るために通常利用される道路の距離のうち最も短いものが700m未満である場合は許可されない，とする距離制限を設けた。被告人X会社は市場経営等を業とする法人であり，被告人Yは同社の代表者であるところ，Yが，大阪府知事の許可を受けないで，指定区域内において鉄骨モルタル塗り平家建1棟（店舗数49）を建設し，小売商人47名に店舗を貸し付けたため，X・Yが起訴された。第1審は，X・Yを各々罰金15万円に処し，控訴審は控訴を棄却した。そこでX・Yは，許可規制および距離制限が自由競争を基調とするわが国の経済体制に背反し，既存業者の独占的利潤追求に奉仕するものであるから憲法22条1項に違反するなどと主張し上告したものである。

最高裁は，以下の通り述べている。

① 経済活動の規制について積極目的の規制と消極目的の規制とを区別し，② 積極目的の規制に対しては「明白の原則」が妥当すると説き，③ 本件の規制の目的が，経済的基盤の弱い小売商を相互間の過当競争による共倒れか

ら保護するという積極目的の規制であると認定して，規制を合憲とした（最大判昭和47・11・22）[2]。

② 薬局距離制限事件では[3]，事案は，広島県A市に本店を置き，県内外でスーパーマーケットなどを経営していた株式会社X（原告・被控訴人・上告人）は，昭和38年6月25日，A市の商店街で経営する店舗における医薬品の一般販売業（現・店舗販売業）の許可を，Y（広島県知事，被告・控訴人・被上告人）に対して申請した。同年7月11日に申請は受理されたが，本件の申請と処分の間に施行された改正薬事法により，薬局等の設置場所が配置上適正であることも許可条件に加わり，適正配置の具体的基準については，各都道府県条例に委任された。Yが示した不許可の理由は，県条例3条が定める配置基準（既存の薬局との間に最短距離で概ね100m）との不適合であった。Xは，薬事法および県条例の規定が憲法22条に違反すると主張し，処分の取消しを求めて出訴したものである。

最高裁は，以下の通り述べている。

① 消極目的の規制（許可制をとる警察的規制）については，規制の必要性・合理性の審査とよりゆるやかな規制手段で同じ目的が達成できるかどうかの検討が必要であるとし，② 薬局の距離制限は国民の生命・健康に対する危険の防止という消極目的のものであると認定，③ 薬局の開設の自由→薬局の偏在→競争激化→一部薬局の経営の不安定→不良医薬品の供給の危険性という因果関係は，立法事実によって合理的に裏づけることはできないから，規制の必要性と合理性の存在は認められないとし，また④ 立法目的はよりゆるやかな規制手段，すなわち行政上の取締りの強化によっても十分に達成できる。

適正配置規制を違憲とした（最大判昭和50・4・30）[4] 数少ない違憲判決として，注目される。

③ 公衆浴場距離制限事件では[5]，事案は，公衆浴場法（昭和23年法律139号）2条は，公衆浴場業を都道府県知事の許可制とし（1項），「都道

府県知事は，公衆浴場の設置の場所若しくはその構造設備が，公衆衛生上不適当であると認めるときは，前項の許可を与えないことができる」(2項)と規定していたが，同条は昭和25年法律187号により改正され，2項に「又はその設置の場所が配置の適正を欠くと認めるとき」の文言が挿入され，設置場所の配置の基準は都道府県条例で定めるとする3項が追加された。これを受けて，昭和25年9月1日福岡県条例54号3条は，「公衆浴場の設置の場所の配置の基準は，既に許可を受けた公衆浴場から市部にあっては250米以上，郡部にあっては300米以上の距離とする」とした。X（被告人）は，昭和25年5月29日に公衆浴場建設の届出が受理されたが，浴場建設後，適正配置規制（距離制限）のため営業許可を受けることができず，やむなく無許可で営業を行った。Xは，第1審で罰金5000円に処せられ，第2審も控訴を棄却したので，公衆浴場の適正配置規制は，公共の福祉に反する場合でないのに職業選択の自由を違法に制限するもので，憲法22条1項に違反すると主張して上告したものである。

最高裁判旨（最大判昭和30・1・26)[6]は，以下の通り。

> 設立を業者の自由に委せると，偏在による利用不便のおそれと，涯立による過当競争，経営の不合理化，衛生設備低下のおそれがあるとし，それを国民保健および環境衛生を保持する上から防止するための右規制は憲法22条に反しない。

消極的な警察規制とすれば，距離制限の合理性を裏づける立法事実の存在の論証には困難を伴うこと，その後自家風呂のない住民等に厚生施設たる浴場を確保するため浴場の経営の安定化をはかる必要性が増大したことから，最高裁は，以下の通り述べている。

> 右規制の立法目的は業者が経営の困難から転廃業をすることを防止するという積極的・社会経済政策的なものである。

明白の原則を適用して合憲とした（最判平成元・1・20 刑集 43 巻 1 号 1 頁）。他方，消極的・警察的規制目的と積極的・政策的規制目的を併有するとして合理性の基準により合憲とする判決も存在し（最判平成元・3・7 判時 1308 号 111 頁），必ずしも判例の態度は明確ではない。

④　酒類販売免許制事件では[7]，事案は，X 会社（原告・被控訴人・上告人）は，Y 税務署長（被告・控訴人・被上告人）に対して，酒税法 9 条 1 項に基づき，酒販業免許の申請（本件申請）を行ったが，法 10 条 10 号の規定（「前条第 1 項の規定による免許の申請があった場合において，左の各号の 1 つに該当するときは，税務署長は，免許を与えないことができる。その経営の基礎が薄弱であると認められる場合」）に該当することを理由に拒否処分を受けた。X 会社は，本件申請は同条 10 号に該当せず本件処分は違法であるとして，その取消しを求めて訴えを提起したものである。

最高裁判旨は，以下の通り。

>　一般に許可制は職業選択の自由そのものに制約を課する強力な制限であるから，その合憲性を肯定し得るためには，原則として，重要な公共の利益のために必要かつ合理的な措置であることを要する。租税の適正かつ確実な賦課徴収を図るという国家の財政目的のための職業の許可制による規制については，その必要性と合理性についての立法府の判断が，右の政策的，技術的な裁量の範囲を逸脱するもので，著しく不合理なものでない限り，これを憲法 22 条 1 項の規定に違反するものということはできない。社会状況の変化と租税法体系の変遷に伴い酒類販売業について免許制度を存置しておくことの必要性および合理性については，議論の余地があることは否定できないが，酒税の賦課徴収に関する仕組みがいまだ合理性を失うに至っているとはいえない。本件処分の理由とされた酒税法 10 条 10 号の免許基準について，酒類製造者において酒類販売代金の回収に困難を来すおそれがあると考えられる最も典型的な場合を規定し，また，同号の規定が不明確で行政庁のし意的判断を許すようなものであるとも認め難い（最判平成 4・12・15)[8]。

Ⅱ. 居住・移転の自由

1. 居住・移転の自由の内容

　居住・移転の自由（憲法22条）には，自己の住所，居所を自由に決定，移動できることを内容とし，旅行の自由を含むものである。経済的自由の一つとされてきたが，人身の自由とも関連し，また知的な接触の機会を得るために不可欠であることから，精神的自由の要素を併有すると考えられている。その限界も，事案に応じて具体的に検討する必要がある。

2. 海外渡航の自由

　海外渡航の自由（外国への旅行の自由）の保障の根拠について，外国移住と同じに考え，22条2項により保障されると解するのが多数説・判例である（最大判昭和33・9・10）[9]。22条1項（居住・移転の自由）[10]，13条（幸福追求権）[11] と解する考え方もある。

　旅券所持の義務づけについて，旅券法13条の規定が問題となる（「著しく且つ直接に日本国の利益又は公安を害する行為を行う虞があると認めるに足りる相当の理由がある者」に対して，外務大臣が旅券の発給を拒否できる）。判例は，公共の福祉のための合理的な制限として合憲とした（帆足計事件）。

3. 国籍離脱の自由

　憲法22条は国籍離脱の自由を認めているが，無国籍になる自由を含むものではない。

　「日本国民は，自己の志望によって外国籍を取得したときは，日本国籍を失う」とする国籍法11条1項の違憲性に関して，東京地裁令和3年1月21判決は，個人が複数国家に主権を持つと国家間の摩擦を生じる恐れがあり，外交上の保護や納税をめぐる混乱を避けるために重国籍を認めない国籍法の目的は合理的であると判断した。二重国籍を認めない我が国の国籍法にかかる初の憲法判断となり，また憲法22条2項国籍離脱の自由との整合性

については，日本国籍離脱を望む者に対し国家がこれを妨げることを禁止するものにすぎないもので，国籍維持の権利までは保障しない旨を述べている[12]。合理性の原則により，規制の合憲性を示したものといえようか。

III．財産権の保障

> 第29条〔財産権〕
> 財産権は，これを侵してはならない。
> 2　財産権の内容は，公共の福祉に適合するやうに，法律でこれを定める。
> 3　私有財産は，正当な補償の下に，これを公共のために用ひることができる。

1．財産権の保障の意味

　財産権は，近代憲法では個人の不可侵の人権と理解されていたが，社会国家思想の進展に伴い，財産権は社会的な拘束を負ったものと考えられてきている。

　憲法29条1項の規定は，個人の有する具体的な財産上の権利の保障，個人が財産権を享有しうる法制度の双方を保障している。後者の私有財産制の保障については，財産権を制度として保障することで，財産を取得し保持する権利一般を法制度として保障する。権利と制度の両者を保障する考え方である（後掲・森林法事件）（最大判昭和62・4・22）[13]。

　制度的保障における制度の核心は法律によっても侵すことはできない。その核心は，生産手段の私有制であると考えられるため，社会主義へ移行するには憲法改正が必要であると説かれる[14]。

2. 財産権の制限

(1) 公共の福祉の制限

憲法29条2項の規定は，財産権の内容（29条1項で保障）が法律によって一般的に制約される趣旨を示している。「公共の福祉」は，各人の権利の公平な保障を図る自由国家的公共の福祉のみでなく，各人の人間的生存の確保を目指す社会国家的公共の福祉をも意味し，財産権は内在的制約のみならず，社会的公平と調和の見地から積極目的規制（政策的規制）にも服する。

森林法共有林事件における最高裁判決の違憲審査基準が問題となる[15]。事案は，森林法186条（昭和62年法律48号による削除前）は，持分価額2分の1以下の森林共有者に対し，民法256条1項の適用を排除し，共有物分割請求権を否定していた。Xは，兄Yとともに父から森林を2分の1ずつ生前贈与され，Yと共有していたが，森林経営をめぐり対立したため，Xは，森林法186条は憲法4条等に違反し無効であると主張して，民法256条1項に基づく共有森林の分割等を請求した。第1審，原審はともに合憲と判断し，分割請求につき棄却したため，Xが上告したものである[16]。

最高裁判旨（最大判昭和62・4・22）[17]は，森林法186条の規定を違憲とし，以下の通り述べている。

> 186条の立法目的は，森林の細分化を防止することによって森林経営の安定を図り，もって国民経済の発展に資することにある。

一見すれば積極目的ともいえるものであるとしつつ，職業選択の自由に関する薬局距離制限事件判決とほぼ同じ手法で規制手段の必要性と合理性を厳格に審査した。ここから①財産権の場合は，消極目的規制・積極目的規制に対応する形で違憲審査の基準を二分する考え方は妥当せず，二分論を放棄し，全て，厳格な合理性の基準を含む合理性の基準という単一基準が適用されるようになったとみる考え方，あるいは②判決が厳格な合理性の基準を採用したのは，186条の規制の沿革と実質を考え，従来の判例の説くような純粋の積極目的規制とは捉えがたい，むしろ消極目的規制の要素が強いと判

断したためとみる考え方が出されている[18]）。

　しかしながら，証券取引法（現行，金融商品取引法）164条1項（役員・主要株主の短期売買差益提供義務）に関する近時の最高裁判決（最大判平成14・2・13)[19]では，規制目的二分論に対する消極的態度を推測させる見解を表明しており，その過程で，森林法事件も少なくとも形式的な二分論を意識的に避けたものと考えることはできようか。

(2) 条例による制限

　条例による財産権の制限について，条例は地方公共団体議会において民主的手続により制定される法であり，特殊な事情の下で定められる。条例による財産権の規制を否定することは妥当ではなく，条例による財産権の規制は，法律の範囲内という制約（憲法94条）下，実際に頻繁に行われている。

　奈良県ため池条例事件で，事案は，県内に多数のため池をもつ奈良県では1954年ため池の破損，決かい等による災害を未然に防止するため，ため池の堤とうに農作物を植える行為等を禁止する条例を制定した。従前から耕作してきた被告人は，条例施行後も耕作を続け，条例違反で起訴されたものである。

　最高裁判旨（最大判昭和38・6・26)[20] は，以下の通り。

> 　本条例は堤とうを使用する財産上の権利の行使をほとんど全面的に禁止するが，これは当然に受忍されるべき制約であるから，ため池の破損，決かいの原因となる堤とうの使用行為は，憲法・民法の保障する財産権の行使のらち外にあり，そのような行為は条例によって禁止，処罰することができる。

3．財産権の制限と補償

　憲法29条3項の規定は，私有財産を公共のために収用，制限できることを示し，その際に正当な補償が必要であるとする。

　補償の要否について，従来の通説（特別犠牲説）は，相隣関係（隣接する土地・家屋等の利用を調節するため所有者，利用者が各自の権利を制限して

協力する関係）の制約，財産権に内在する社会的制約の場合は補償は不要である。それ以外，特定の個人に特別の犠牲を加えた場合は補償が必要とする。

　特別の犠牲について，侵害行為の対象が広く一般人か，特定の個人ないし集団か（形式的要件），侵害行為が財産権に内在する社会的制約として受忍すべき限度内であるか，これを超えて財産権の本質的内容を侵すほど強度なものか（実質的要件）の2つを総合的に考慮し，判断すべきと述べる（形式・実質2要件説）[21]。

　これに対し近時の有力説[22]は，特別犠牲説に述べられる実質的要件を中心に補償の要否を判断すべきとする。① 財産権の剥奪ないし当該財産権の本来の効用の発揮を妨げることとなる侵害は，権利者の側に受忍すべき理由がある場合でない限り，当然に補償を要する。② その程度に至らない規制については，当該財産権の規制が社会的共同生活との調和を保つために必要とされる場合は財産権に内在する社会的拘束の表われとして補償は不要（建築基準法に基づく建築の制限），他の特定の公益目的のため当該財産権の本来の社会的効用とは無関係に偶然に課せられる場合は補償が必要（重要文化財の保全のための制限）とされる。

　補償請求は，通常は関係法規の具体的規定に基づき行う（土地収用法68条以下）が，法令上補償規定を欠く場合も，憲法29条3項を直接根拠に補償請求できる（最大判昭和43・11・27）[23]。

　予防接種による健康被害（後遺症，死亡事故等）については，同様に29条3項を根拠として補償請求できるかが問題となるが，肯定説が有力である。① 予防接種実施に随伴する公共のための特別犠牲であるとみることができるが，生命，身体に対して課せられたもので，財産権の特別犠牲に比べて不利に扱われる合理的理由は全くない（類推適用説）。更には ② 財産権侵害に補償が行われるのなら，本来侵してはならない生命，身体への侵害に補償がなされるのは当然である（勿論解釈説）。

　もっとも近時の判決（東京高判平成4・12・18）[24] は否定説に立ちつつも国の過失責任を認め，損失補償ではなく，予防接種事故は国家賠償の救済と

して認められてきている。

4．正当な補償

　正当な補償について，完全補償説と相当補償説が対立し，完全補償説は，当該財産の客観的な市場価格を全額補償すべきであるとする。相当補償説は，当該財産について合理的に算出された相当な額であれば市場価格を下回っても正当な補償であるとする。

　終戦後の農地改革における農地買収価格について，最高裁は相当補償説を採用し，低廉な農地買収価格を正当な補償に該当する旨を判示した（最大判昭和28・12・23)[25]。

　もっとも，道路拡張の土地収用など，特定財産の使用価値に立ち戻り収用が行われる場合は，市場価格による完全補償がされなければならないと思われる（最判昭和48・10・18)[26]。

［注］

1)「社会経済政策としてなされる営業規制―小売市場事件」別冊ジュリスト「憲法判例百選Ⅰ［第六版］」常本照樹 203-204頁。
2) 最大判昭和47・11・22刑集26巻9号586頁。
3)「薬局開設の距離制限」別冊ジュリスト「憲法判例百選Ⅰ［第六版］」石川健治 205-206頁。
4) 最大判昭和50・4・30民集29巻4号572頁。
5)「公衆浴場の適正配置規制」別冊ジュリスト「憲法判例百選Ⅰ［第六版］」工藤達朗 199-200頁。
6) 最大判昭和30・1・26刑集9巻1号89頁。
7)「酒類販売免許制」別冊ジュリスト「憲法判例百選Ⅰ［第六版］」宮原均 210-211頁。
8) 最判平成4・12・15民集46巻9号2829頁。
9) 最大判昭和33・9・10民集12巻13号1369頁（帆足計事件）。前掲・芦部信喜，高橋和之補訂『憲法 第六版』231頁。
10) 前掲・宮沢俊義『憲法Ⅱ［新版］』有斐閣・法律学全集（1971年）388頁。
11) 野中俊彦・中村睦男・高橋和之・高見勝利『憲法Ⅰ［第4版］』有斐閣（2006年）444頁［高見勝利］。
12) 国籍法第11条 日本国民は，自己の志望によって外国の国籍を取得したときは，日本の国籍を失う。2 外国の国籍を有する日本国民は，その外国の法令によりその国の国籍を選択したときは，日本の国籍を失う。海外に住む日本人は増え続けており，外務省によれば滞在3カ月以上の長期滞在者と永住者は1989年約58万7千人から2019年に約141万人となった。国連調査では，2011年時点で世界の7割ほどの国が条件付きを含めて重国籍を認めている。阿部峻介「二重国籍を認めない国籍法は「合憲」東京地裁が初判断」朝日新聞Digital（2021年1月21日）。
13) 最大判昭和62・4・22民集41巻3号408頁（森林法事件）。宮沢俊義『憲法Ⅱ［新版］』有斐閣・法律学全集（1971年）108頁。

14) 橋本公亘『日本国憲法 [改訂版]』有斐閣（1988 年）365 頁，佐藤幸治『憲法 [第 3 版]』青林書院（1995 年）566 頁。
15) この判決だけでは，判例が職業選択の自由と財産権とでは制限の審査のあり方が異なるという立場をとったと断定することはできない。判決が財産権の規制には，「社会公共の便宜の促進，経済的弱者の保護等の社会政策及び経済政策上の積極的なもの」から，「社会生活における安全の保障や秩序の維持等の消極的なものに至るまで多岐にわたる」ものがある，と指摘しているところにうかがわれる。
16) 「共有林の分割制限と財産権の保障―森林法共有林事件酒類販売免許制」別冊ジュリスト「憲法判例百選 I [第六版]」巻美矢紀 214-215 頁。
17) 最大判昭和 62・4・22 民集 41 巻 3 号 408 頁。
18) 前掲・芦部信喜，高橋和之補訂『憲法 第六版』234-236 頁。
19) 最大判平成 14・2・13 民集 56 巻 2 号 331 頁。「証券取引法 164 条 1 項の合憲性」別冊ジュリスト「憲法判例百選 I [第六版]」松本哲治 216-217 頁。
20) 最大判昭和 38・6・26 刑集 17 巻 5 号 521 頁。
21) 田中二郎『新版行政法（上）[全訂第 2 版]』弘文堂（1974 年）211 頁，214 頁。
22) 前掲・芦部信喜，高橋和之補訂『憲法 第六版』238-239 頁。
23) 最大判昭和 43・11・27 刑集 22 巻 12 号 1402 頁。
24) 東京高判平成 4・12・18 高民集 45 巻 3 号 212 頁。
25) 最大判昭和 28・12・23 民集 7 巻 13 号 1523 頁。
26) 最判昭和 48・10・18 民集 27 巻 9 号 1210 頁。

第8章

人身の自由

第18条〔奴隷的拘束及び苦役の禁止〕
　何人も，いかなる奴隷的拘束も受けない。又，犯罪に因る処罰の場合を除いては，その意に反する苦役に服させられない。
第31条〔生命及び自由の保障と科刑の制約〕
　何人も，法律の定める手続によらなければ，その生命若しくは自由を奪はれ，又はその他の刑罰を科せられない。
第32条〔裁判を受ける権利〕
　何人も，裁判所において裁判を受ける権利を奪はれない。
第33条〔逮捕の制約〕
　何人も，現行犯として逮捕される場合を除いては，権限を有する司法官憲が発し，且つ理由となつてゐる犯罪を明示する令状によらなければ，逮捕されない。
第34条〔抑留及び拘禁の制約〕
　何人も，理由を直ちに告げられ，且つ，直ちに弁護人に依頼する権利を与へられなければ，抑留又は拘禁されない。又，何人も，正当な理由がなければ拘禁されず，要求があれば，その理由は，直ちに本人及びその弁護人の出席する公開の法廷で示されなければならない。
第35条〔侵入，捜索及び押収の制約〕
　何人も，その住居，書類及び所持品について，侵入，捜索及び押収を受けることのない権利は，第33条の場合を除いては，正当な理由に基いて発せられ，且つ捜索する場所及び押収する物を明示する令状がなければ，侵されない。
　2　捜索又は押収は，権限を有する司法官憲が発する各別の令状により，これを行ふ。

第36条〔拷問及び残虐な刑罰の禁止〕
　公務員による拷問及び残虐な刑罰は，絶対にこれを禁止する。
第37条〔刑事被告人の権利〕
　すべて刑事事件においては，被告人は，公平な裁判所の迅速な公開裁判を受ける権利を有する。
　2　刑事被告人は，すべての証人に対して審問する機会を充分に与へられ，又，公費で自己のために強制的手続により証人を求める権利を有する。
　3　刑事被告人は，いかなる場合にも，資格を有する弁護人を依頼することができる。被告人が自らこれを依頼することができないときは，国でこれを附する。
第38条〔自白強要の禁止と自白の証拠能力の限界〕
　何人も，自己に不利益な供述を強要されない。
　2　強制，拷問若しくは脅迫による自白又は不当に長く抑留若しくは拘禁された後の自白は，これを証拠とすることができない。
　3　何人も，自己に不利益な唯一の証拠が本人の自白である場合には，有罪とされ，又は刑罰を科せられない。
第39条〔遡及処罰，二重処罰等の禁止〕
　何人も，実行の時に適法であつた行為又は既に無罪とされた行為については，刑事上の責任を問はれない。又，同一の犯罪について，重ねて刑事上の責任を問はれない。
第40条〔刑事補償〕
　何人も，抑留又は拘禁された後，無罪の裁判を受けたときは，法律の定めるところにより，国にその補償を求めることができる。
第82条〔対審及び判決の公開〕
　裁判の対審及び判決は，公開法廷でこれを行ふ。
　2　裁判所が，裁判官の全員一致で，公の秩序又は善良の風俗を害する虞があると決した場合には，対審は，公開しないでこれを行ふことができる。但し，政治犯罪，出版に関する犯罪又はこの憲法第三章で保障する国民の権利が問題となつてゐる事件の対審は，常にこれを公開しなければならない。

Ⅰ. 人身の自由の基本原則

1. 奴隷的拘束からの自由

憲法18条は，人間の尊厳に反する非人道的な自由に対する拘束の廃絶を掲げている。徴兵制も，「本人の意思に反して強制される労役」であることは否定できないであろう。

2. 適正手続
(1) 適正手続の内容

憲法31条は，アメリカ合衆国憲法の人権宣言の柱の1つである「法の適正な手続」(due process of law) 条項に由来する。

憲法31条は，①手続が法律で定められることを要求するのみならず，②法律で定められた手続きが適正でなければならないこと（告知と聴聞の手続き），③実体も法律で定められなければならないこと（罪刑法定主義），④法律で定められた実体規定も適正でなければならないことを意味する（通説）。

(2) 告知と聴聞

告知と聴聞は，公権力が国民に刑罰その他不利益を科す場合，当事者に事前に内容を告知し，当事者に弁解と防禦の機会を与えなければならないものである。刑事手続における適正性の内容をなしている。第三者所有物没収事件は，貨物の密輸を企てた被告人が有罪判決を受けた際，付加刑として密輸にかかる貨物の没収判決を受けた。貨物には被告人以外の第三者の所有する貨物が混じっており，被告人は，所有者たる第三者に事前に財産権擁護の機会を与えずに没収することは違憲と主張した事案であるが，最高裁は，第三者の権利侵害を援用する違憲の主張に適格性を認め，所有物を没収せられる第三者についても，告知，弁解，防禦の機会を与えることが必要であるとして，機会を与えなかった没収判決について憲法31条，29条違反としている（最大判昭和37・11・28）[1]。

(3) 行政手続

　憲法31条は直接には刑事手続規定であるが，その趣旨は行政強制とされる行政手続（税務調査など行政調査のための事業所等の立入り，少年法の保護処分，旧伝染病予防法による強制収容など）にも準用されると解される。

① 　最高裁は，憲法35条・38条に関する限りにおいて，行政手続に及ぶことを原則的に認めた（川崎民商事件）[2]。事案は，1965年改正前旧所得税法63条は，「収税官吏は，所得税に関する調査について必要があるときは」，納税義務者等に「質問し又は帳簿書類その他の物件を検査することができる」とし，同法70条は，「検査を拒み，妨げ又は忌避した者」（10号）や「質問に対し答弁をなさない者」（12号）を「1年以下の懲役又は20万円以下の罰金に処する」としていた（現在，国税通則法74条の2および127条）。川崎市内で食肉販売業を営み民主商工会（民商）の会員であるY（被告人）に対して，同会に対する所得調査の徹底という国税庁および東京国税局の方針を受けた川崎税務署は，1963年10月，Yの1962年分の所得税確定申告に過少申告の疑いがあるとして税務調査を行おうとした。しかし，Yは，赴いた税務職員の質問検査に抵抗してこれを拒んだ。このことが旧所得税法70条10号に違反するとして起訴されたものである。

　最高裁判決では，35条・38条は行政手続にも適用されることを原則的に認めつつ（黙秘権は純然たる刑事手続においてばかりでなく，それ以外の手続においても，実質上，刑事責任追及のための資料の取得収集に直接結びつく作用を一般的に有する手続にはひとしく及ぶ），以下の理由により違憲ではないとした（最大判昭和47・11・22）[3]。

　質問検査権については，① 刑事責任の追及を目的とする手続ではないこと，② 実質上，刑事責任追及のための資料の取得収集に直接結びつく作用を一般的に有するものではないこと，③ 強制の度合が低く，直接的・物理的な強制と同視すべき程度に達していないこと，④ 租税の公平な徴収等の公益目的を実現するために実効性のある検査制度が不可欠であること。

② 1992年成田新法事件（最大判平成4・7・1）[4]において，最高裁は限定つきながら，31条の行政手続への適用，あるいは準用を認めた。

> 　行政手続が刑事手続でないとの理由のみで，当然に31条の保障の枠外にあると判断すべきではない。ただ，同条の保障が及ぶと解すべき場合でも，行政手続は刑事手続と性質が異なるし，多種多様であるから，事前の告知，弁解，防禦の機会を与えるかどうかは，行政処分により制限を受ける権利利益の内容，性質，制限の程度，行政処分によって達成しようとする公益の内容，程度，緊急性等を総合較量して決定され，常に必ずそのような機会を与えることを必要とするものではない。

II．被疑者の権利

1．不法な逮捕・抑留・拘禁からの自由

　憲法33-35条において，主として捜査の過程における被疑者の権利として，不法な逮捕・抑留・拘禁からの自由，住居の不可侵が定められる。

　憲法33条は，犯罪による逮捕に司法官憲（裁判官）の発する令状（逮捕状，勾引状，勾留状）を必要とするとし，恣意的な人身の自由の侵害を阻止する（刑事訴訟法199条・200条）。緊急逮捕（同210条）も，逮捕の直後に令状が発せられ，合憲と解されている（最大判昭和30・12・14）[5]。

　憲法34条では，身体の拘束のうち一時的なものが抑留，継続的なものが拘禁であり，刑事訴訟法の逮捕・勾引にともなう留置は前者，勾留・鑑定留置は後者に当たる。拘禁の場合，公開法廷で理由を示すべきことを要求することで不当な拘禁防止が図ることができる。

2．住居等の不可侵

　憲法35条1項は，「住居，書類及び所持品」について恣意的な「侵入，捜索及び押収」を禁止する。

　①「正当な理由に基いて発せられ，且つ捜索する場所及び押収する物を明

示する令状」による場合，②「第33条の場合」は例外となる。

①の令状は，司法官憲（裁判官）が個々の捜索また押収について各別に発したものでなければならない（2項）。

②の「第33条の場合」は，33条による不逮捕の保障の存しない場合である（最大判昭和30・4・27）[6]。

33条による適法な逮捕の場合，現行犯か否かにかかわりなく，逮捕にともなう合理的な範囲内で，35条による令状を必要とせずに住居等の侵入等を行うことが許される。逆に，令状主義の精神を没却する重大な違法が証拠収集手続にある場合，証拠能力は否定される（最判昭和53・9・7）[7]。

III. 被告人の権利

1．公平な裁判所の迅速な公開裁判を受ける権利

刑罰の科刑手続は慎重かつ公正でなければならない。被告人の権利保障のため，憲法37-39条の刑事裁判手続に関する規定が設けられている。

刑事被告人の権利を明確にするため，一般的な裁判を受ける権利と公開原則（32条・82条）に加えて，公平・迅速・公開の要件が充たされる必要がある（37条1項）。

迅速な裁判の保障について，最高裁は高田事件判決（最判昭和47・12・20）[8] において，以下の通り解して，免訴を言い渡している。

> 審理の著しい遅延（3年にわたり審理中断）の結果，被告人の権利が害せられたと認められる異常な事態が生じた場合，対処すべき具体的規定がなくとも37条によって審理を打ち切るという非常救済手段が許される。

2．証人審問権および喚問権

憲法37条2項前段の証人審問権について，被告人に審問の機会が充分に与えられない証人の証言には証拠能力は認められない。直接審理の原則を保

障したもので，刑事訴訟法における伝聞証拠禁止の原則（320条）に繋がる。
　37条2項後段では，証人喚問権が保障されている。

3．弁護人依頼権
　詳細は刑事訴訟法で定められている（30条以下）。

4．自己負罪拒否
　憲法38条1項は，被疑者・刑事被告人，各種証人に対して，不利益な供述（刑罰または，より重い刑罰を科される根拠となる事実の供述）を避けた場合，処罰その他法律上の不利益を与えることを禁ずる。アメリカ合衆国憲法修正5条の自己負罪拒否特権に由来した規定である。刑事訴訟法は，被疑者，被告人に対して黙秘権を保障している（198条2項・291条3項）。
　38条1項の関係で，取締官庁・監督官庁が種々の目的で記帳・報告，答弁の義務を課し，応じない場合に一定の刑罰を科す行政法規が問題となる。
　判例では，以下の事案について違憲ではないとしている。
① 　麻薬取締法における麻薬の不正使用と帳簿記帳の義務との関係については，以下の通り，黙秘権の放棄を擬制する（最判昭和29・7・16）[9]。

> 麻薬取扱者として免許された者は，当然に取締法規の命ずる「一切の制限または義務に服することを受諾しているもの」と考えるべきだとする。

② 　自動車運転者の交通事故の報告義務については，以下の通り。

> 報告を要求される「事故の内容」には，「刑事責任を問われる虞のある事故の原因その他の事項」は含まれておらず，行政上の目的に基づくものであることを根拠とする（最大判昭和37・5・2）[10]。

③ 　収税官吏の所得税に関する質問検査については，以下の通り。

> 実質上，刑事責任追及のための資料の取得収集に直接結びつく作用を一般的に有する手続ではないことを理由とする（前掲川崎民商事件判決）。

④ 医師が死体を検案し異状を認めた場合の届出義務については，以下の通り。

> これにより，届出人と死体とのかかわり等，犯罪行為を構成する事項の供述までも強制されるものではなく，また，医師免許は，人の生命を直接左右する診療行為を行う資格を付与するとともに，それに伴う社会的責務を課するものであり，医師が，同義務の履行により，捜査機関に対し自己の犯罪が発覚する端緒を与えることにもなりうるなどの点で，一定の不利益を負う可能性があっても，それは，医師免許に付随する合理的根拠のある負担として許容されるものであるとする（最判平成16・4・13)[11]。

5．自白

憲法38条2項は，被疑者または被告人の行った任意性のない自白の証拠能力を否定する（自白排除の法則）。3項は，任意性のある自白でも，補強する証拠が別にない限り，有罪の証拠とすることができない（補強証拠の法則）とする。

最高裁は，以下の通り述べている（最大判昭和23・7・29)[12]。

> 公判廷における被告人の自白は任意性を有し，その真実性を裁判所が他の証拠を待つまでもなく自ら直接に判断できるという理由で，憲法38条3項の「本人の自白」に含まれない

6．事後法，二重の危険の禁止

憲法39条では，事後法（遡及処罰）を禁止し，さらに「何人も，既に無

罪とされた行為については，刑事上の責任を問はれない。又，同一の犯罪について，重ねて刑事上の責任を問はれない」と規定する。

　前段と後段の関係については，①両者を併せて英米法の「二重の危険」禁止の原則を定めたもの，②両者は相俟って大陸法的な一事不再理の原則を定めたもの，③前段は一事不再理，後段は二重処罰の禁止を定めたもの，と見解が分かれる。判例の立場は，明確ではないとされるが，いずれの説をとっても結論に大きな相違が生ずることはない[13]。

7．残虐刑の禁止

　憲法36条の「残虐な刑罰」は，「不必要な精神的，肉体的苦痛を内容とする人道上残酷と認められる刑罰」と判例は解している（最大判昭和23・6・30）[14]。

　死刑について，死刑の威嚇力による一般予防の観点から，「現行の絞首刑による死刑そのものは残虐刑に該当しない」としている（最大判昭和23・3・12）[15]。

[注]
1) 最大判昭和37・11・28刑集16巻11号1593頁。
2) 「行政手続と令状主義および黙秘権—川崎民商事件」別冊ジュリスト「憲法判例百選Ⅰ［第六版］」松井幸夫216-217頁。
3) 最大判昭和47・11・22刑集26巻9号554頁。
4) 最大判平成4・7・1民集46巻5号437頁。
5) 最大判昭和30・12・14刑集9巻13号2760頁。
6) 最大判昭和30・4・27刑集9巻5号924頁。
7) 最判昭和53・9・7刑集32巻6号1672頁。
8) 最判昭和47・12・20刑集26巻10号631頁。
9) 最判昭和29・7・16刑集8巻7号1151頁。
10) 最大判昭和37・5・2刑集16巻5号495頁。
11) 最判平成16・4・13刑集58巻4号247頁。
12) 最大判昭和23・7・29刑集2巻9号1012頁。
13) 前掲・芦部信喜，高橋和之補訂『憲法 第六版』254頁。
14) 最大判昭和23・6・30刑集2巻7号777頁。
15) 最大判昭和23・3・12刑集2巻3号191頁。

第9章

国務請求権ならびに参政権

Ⅰ．国務請求権

> 第16条〔請願権〕
>   何人も，損害の救済，公務員の罷免，法律，命令又は規則の制定，廃止又は改正その他の事項に関し，平穏に請願する権利を有し，かかる請願をしたためにいかなる差別待遇も受けない。
> 第17条〔公務員の不法行為による損害の賠償〕
>   何人も，公務員の不法行為により，損害を受けたときは，法律の定めるところにより，国又は公共団体に，その賠償を求めることができる。
> 第32条〔裁判を受ける権利〕
>   何人も，裁判所において裁判を受ける権利を奪はれない。
> 第40条〔刑事補償〕
>   何人も，抑留又は拘禁された後，無罪の裁判を受けたときは，法律の定めるところにより，国にその補償を求めることができる。
> 第82条〔対審及び判決の公開〕
>   裁判の対審及び判決は，公開法廷でこれを行ふ。
>   2　裁判所が，裁判官の全員一致で，公の秩序又は善良の風俗を害する虞があると決した場合には，対審は，公開しないでこれを行ふことができる。但し，政治犯罪，出版に関する犯罪又はこの憲法第三章で保障する国民の権利が問題となつてゐる事件の対審は，常にこれを公開しなければならない。

　国務請求権（受益権）として，請願権，裁判を受ける権利，国家賠償・刑

事補償請求権が挙げられる。

1．請願権

歴史的にみて，専制君主の絶対的支配に対し国民が自己の権利確保を求める手段として発達した権利で，国民が政治的意思を表明する有力な手段であったが，国民主権による議会政治が発達，言論の自由の保障などにより，請願権（16条）の意義は相対的に減少してきたといえる。

2．裁判を受ける権利

裁判を受ける権利（32条）は，政治権力から独立した公平な司法機関に対して，全個人が平等に権利・自由の救済を求めることができ，公平な裁判所以外の機関からは裁判を受けない権利であり，近代立憲主義において，基本的人権の保障，法の支配の実現において不可欠の権利である。

近年，家庭事件，借地・借家事件など国家の後見的作用が要請される分野において，訴訟手続で処理された事件を非訟事件として扱う，訴訟の非訟化現象が増加している。裁判を受ける権利（32条）には，かかる非訟事件に関する裁判も適正な手続の下で保障されていると解されよう[1]。

3．国家賠償・刑事補償請求権

国家賠償・補償請求権（17条）において，公務員の不法行為に対して損害賠償を請求する権利が保障されているが，賠償請求権の具体的内容は国家賠償法で定められる。

刑事補償請求権（40条）として，刑事手続において拘留・拘禁された被告人に無罪の裁判があった場合に被告人の被った損失を塡補する規定が置かれる。特別送達郵便物損害賠償責任免除違憲判決（最大判平成14・9・11）[2]について，事案は，郵便法（平成14年法律121号改正前）は，郵政事業庁長官は「郵便物が次の各号のいずれかに該当する場合に限り，その損害を賠償する」として，「書留とした郵便物の全部又は一部を亡失し，又はき損したとき」等と列挙し（68条1項），その場合の賠償金額を一定または

それ以下の額と定め（68条2項），賠償請求権者を「当該郵便物の差出人又はその承諾を得た受取人」としていた（73条）。

X（原告・控訴人・上告人）は，Aに対して有する債権について弁済を求めるため，AがB銀行（C支店扱い）に対して有する預金債権，AがDに対して有する給与債権について債権差押命令の申立てを行い，神戸地裁尼崎支部は平成10年4月10日に債権差押命令を行った。その正本は特別送達の方法によりDには14日，Bには15日に送達されたが，Aは14日にB銀行C支店から預金を引き出していた。Xは，本件送達をC支店において行うべきところ，郵便業務従事者が誤ってC支店の私書箱に郵便物を投函したため，送達が遅滞し差押債権の券面額相当の損害を被ったとして，国（被告・被控訴人・被上告人）に対して損害賠償を請求したものである[3]。

最高裁は，旧郵便法の規定について，憲法17条に反するとする。

> 責任制限の立法目的は，郵便役務を安い料金であまねく公平に提供するために，賠償責任が過大となり料金の値上げにつながることを防止することにあり，この目的は正当である。しかし，書留郵便物について郵便業務従事者が故意・重過失により損害を与えるなどということは例外的にしか起きないことであり，このような場合まで責任を制限しなければ立法目的を達成しえないとは言えないから，立法裁量の範囲を逸脱している。また，書留郵便の一種である特別送達郵便物については，軽過失による損害賠償責任まで認めたとしても，立法目的の達成が害されることはないから，この制限も立法裁量の範囲を逸脱するものである。

II．参政権

> 第15条〔公務員の選定罷免権，公務員の本質，普通選挙の保障及び投票秘密の保障〕
>   公務員を選定し，及びこれを罷免することは，国民固有の権利である。

> 2 すべて公務員は、全体の奉仕者であつて、一部の奉仕者ではない。
> 3 公務員の選挙については、成年者による普通選挙を保障する。
> 4 すべて選挙における投票の秘密は、これを侵してはならない。選挙人は、その選択に関し公的にも私的にも責任を問はれない。
>
> 第44条〔議員及び選挙人の資格〕
> 両議院の議員及びその選挙人の資格は、法律でこれを定める。但し、人種、信条、性別、社会的身分、門地、教育、財産又は収入によつて差別してはならない。

1．参政権の意義，法的性格

参政権は近代立憲主義憲法において保障され、国民投票制において投票を通じて参加すること（国民投票権）、公務員となる権利（公務就任権）も参政権に含めて考えられる。

公務員の選定・罷免権（15条1項）、最高裁判所裁判官国民審査制（79条2項）、憲法改正国民投票制（96条）、地方特別法住民投票制（95条）が規定される。

2．選挙権の性格

選挙権の性格について、公務員の選挙に関与する公務、ならびに国政参加を国民に保障する権利の双方を併せて有していると考えられる（二元説）。公職選挙法上、成年被後見人、受刑者（執行猶予中の者を除く）、選挙犯罪による処刑者などは選挙権を行使できないこととされる。

3．選挙権の要件

近代の選挙法においては選挙の自由・公正、効果的な代表の実現のため、基本原則として以下の5つが採用されている。① 普通選挙、② 平等選挙、③ 自由選挙、④ 秘密選挙、⑤ 直接選挙である。

(1) 普通選挙

普通選挙は、狭義には、財力（財産、納税額）を選挙権の要件としない制

度をいい，これを要件とする制度は制限選挙と呼ばれる。広義では，財力の他，教育，性別などを選挙権の要件としない制度をいい，戦後は婦人参政権を含むものと考えられるようになった。わが国は1945年，20歳以上の全国民に選挙権が認められた。

主要な国賠法上にかかる2つの裁判例を掲げる。両判決の整合性にも疑問も出されるところである。

① 在外日本国民の選挙権事件に関して，事案は，(a)在外日本国民が，選挙権を行使する権利を有することの確認，(b)衆議院議員選挙において投票しえなかったことにつき立法不作為による国家賠償を請求したものである。即ち，在外国民であるXら（原告・控訴人・上告人）は，平成8年10月施行の衆議院議員選挙の際，国外に居住していたため，当時の公職選挙法の定め（平成10年法律47号改正前）により選挙権を行使することができなかった。そこで，Xらは，国（被告・被控訴人・被上告人）を相手取り，①Xらについて，改正前の公選法が国政選挙における選挙権の行使を認めていないことが違憲違法（憲法14条1項，15条1項・3項，43条，44条，国際人権B規約25条違反）であることの確認を求めるとともに，②立法府である国会が公選法の改正を怠ったためにXらは本件選挙において投票することができず損害を被ったと主張して慰謝料の支払を求めた。また，改正後も衆議院小選挙区選出議員の選挙および参議院選挙区選出議員の選挙については投票をすることができなかったため（改正後公選法附則8項参照），Xらは，第1審において，③改正後の公選法がXらに選挙区選出議員の選挙における選挙権の行使を認めていないことが違憲違法であることの確認請求を追加した[4]（最大判平成17・9・14民集59巻7号2087頁）。

最高裁判旨は，以下の通り。

(a)につき，選挙権行使の制限が許されるためにはやむを得ないと認められる事由が必要であるが，本件においてはそのような事由は存在せず，したがって改正法が対象となる選挙を限定している部分は憲法15条1項等に反

すると判断し，次回の選挙において，在外選挙人名簿に登録されていることに基づいて投票することができる地位にあることを確認した。また，(b)については，権利行使の機会を確保するために所要の立法措置を執ることが必要不可欠であり，それが明白であるにもかかわらず，国会が正当な理由なく長期にわたってこれを怠る場合には国賠法上違法の評価を受けるものであるが，本件はそれに該当する。

② 在宅投票制に関する判決（最判昭和60・11・21）[5]では，事案は，①公職選挙法は，歩行が著しく困難なため投票所に行けない選挙人のため在宅投票制度を定めていたが，法が同居の親族による投票用紙の請求・提出を求めていたところ，親族でない者が同居の親族と偽って請求・提出したこと，あるいは制度対象者であることの認定が，医師に対する罰則が設けられている診断書ではなく「証明書」を通じ行われたことなどから，制度悪用の例が後を絶たないとして，国会は同法改正（昭和27年法律307号）によりこれを廃止し，その後在宅投票制度を設けるための同法改正を行わないでいた。なお，本件1審判決前の公選法改正（昭和49年法律72号）により，以前とは異なり重度身体障害者に限って（同改正当時，歩行困難者300万人中10万人といわれる）在宅投票制度が復活した。②歩行が著しく困難なため投票所に行けなかった選挙人X（原告・被控訴人・上告人）は，上記廃止以後，計8回の選挙で投票できなかった。Xは，本件立法行為が選挙権の行使を妨げたことは，憲法13条・15条1項および3項・14条1項・44条・47条ならびに93条の規定に違反しており，国会議員による違法な公権力の行使に当たるとして，国家賠償法1条1項に基づき，Y（国，被告・控訴人・被上告人）に対し8回の選挙で投票できなかったことによる精神的損害の賠償を求める訴えを起こしたものである。

最高裁判旨は，以下の通り。

① 国会議員の立法行為（立法不作為を含む）が同項（国賠法1条1項）の適用上違法となるかどうかは，国会議員の立法過程における行動が個別の国

> 民に対して負う職務上の法的義務に違反したかどうかの問題であって，当該立法の内容の違憲性の問題とは区別されるべきであり，仮に当該立法の内容が憲法の規定に違反する廉があるとしても，その故に国会議員の立法行為が直ちに違法の評価を受けるものではない。
> ② 国会議員は，立法に関しては，原則として，国民全体に対する関係で政治的責任を負うにとどまり，個別の国民の権利に対応した関係での法的義務を負うものではないというべきであって，国会議員の立法行為は，立法の内容が憲法の一義的な文言に違反しているにもかかわらず国会があえて当該立法を行うというごとき，容易に想定し難いような例外的な場合でない限り，国家賠償法11条1項の規定の適用上，違法の評価を受けない。憲法47条が選挙に関する事項の具体的決定を原則として立法府である国会の裁量的権限に任せる趣旨であることは，当裁判所の判例とするところである。そうすると，在宅投票制度を廃止しその後前記8回の選挙までにこれを復活しなかった本件立法行為につき，これが前示の例外的場合に当たると解すべき余地はなく，結局，本件立法行為は国家賠償法1条1項の適用上違法の評価を受けるものではない[6]。

(2) **平等選挙**

複数選挙（特定の選挙人に2票以上の投票を認める），等級選挙（選挙人を特定等級に分け等級毎に代表者を選出）を否定し，選挙権の価値は平等であり，一人一票を原則とする制度である（公職選挙法36条）。平等選挙には，投票の価値的平等の要請も含まれる。

(3) **自由選挙**

棄権しても罰金，公民権停止，氏名の公表など制裁を受けない制度である。

(4) **秘密選挙**

誰に投票したかを秘密にする制度である（憲法15条4項）。

(5) **直接選挙**

選挙人が公務員を直接に選挙する制度である。選挙人が選挙委員を選び，選挙委員が公務員を選挙する間接選挙制はアメリカの大統領選挙でとられている。

第9章 国務請求権ならびに参政権

[注]

1) しかしながら，最高裁は，非訟手続による審判を裁判とは峻別している。最大決昭和35・7・6民集14巻9号1657頁，最大決昭和40・6・30民集19巻4号1089頁，1114頁。
2) 最大判平成14・9・11民集56巻7号1439頁。
3) 「国家賠償責任の免除・制限と憲法17条——郵便法違憲判決」別冊ジュリスト「憲法判例百選Ⅱ［第六版］」宍戸常寿 286-287頁。
4) 「在外日本国民の選挙権」別冊ジュリスト「憲法判例百選Ⅱ［第六版］」野坂泰司 324-325頁。
5) 最判昭和60・11・21民集39巻7号1512頁。
6) 「立法の不作為に対する違憲訴訟 (1) ——在宅投票制度廃止事件上告審」別冊ジュリスト「憲法判例百選Ⅱ［第六版］」大石和彦 420-421頁。

第10章

社会権

第25条〔生存権及び国民生活の社会的進歩向上に努める国の義務〕
　すべて国民は，健康で文化的な最低限度の生活を営む権利を有する。
　2　国は，すべての生活部面について，社会福祉，社会保障及び公衆衛生の向上及び増進に努めなければならない。
第26条〔教育を受ける権利と受けさせる権利〕
　すべて国民は，法律の定めるところにより，その能力に応じて，ひとしく教育を受ける権利を有する。
　2　すべて国民は，法律の定めるところにより，その保護する子女に普通教育を受けさせる義務を負ふ。義務教育は，これを無償とする。
第27条〔勤労の権利と義務，勤労条件の基準及び児童酷使の禁止〕
　すべて国民は，勤労の権利を有し，義務を負ふ。
　2　賃金，就業時間，休息その他の勤労条件に関する基準は，法律でこれを定める。
　3　児童は，これを酷使してはならない。
第28条〔勤労者の団結権及び団体行動権〕
　勤労者の団結する権利及び団体交渉その他の団体行動をする権利は，これを保障する。

Ⅰ．社会権の意義

　生存権（25条），教育を受ける権利（26条），勤労の権利（27条），労働基本権（28条）を社会権と称する。20世紀になり，社会・福祉国家の理想

に基づき，社会的・経済的弱者保護，実質的平等の実現に向け，保障されるに至った人権で，国民が人間に値する生活を営むことを保障する。国に対してしかるべき行為を要求する作為請求権である。

II. 生存権

社会権の原則的な規定であり，国民が誰でも人間的な生活を送ることができることを権利として宣言したものである。かかる趣旨の実現のため，第2項においてはその具体化について努力する義務を国に課している。生活保護法，児童福祉法，老人福祉法，身体障害者福祉法など社会福祉立法の他，社会保障制度，公衆衛生制度も策定されている。

生存権の法的性格として，① プログラム規定説では，国民の生存を確保すべき政治的・道義的義務を国に課したに留まり，個々の国民に対して具体的権利を保障したものではないとする。② 通説である抽象的権利説[1]によれば，25条は国に立法・予算を通じて生存権を実現すべき法的義務を課していることになる。生存権は，積極的な配慮を求める権利であるが，具体的な請求権ではない。③ また具体的権利説によれば，国の不作為の違憲性の確認訴訟が提起できるとする[2]。

朝日訴訟事件は，事案は，1956年当時の生活扶助費月額600円が健康で文化的な最低限度の生活水準を維持するに足りるかどうかが争われたものである。上告中に原告の朝日茂氏が死亡し，養子夫妻が訴訟承継を主張したが，最高裁（最大判昭和42・5・24）[3]は生活保護受給権は一身専属的な権利であり，死亡により訴訟は終了したと判示し，以下の意見を付加している。

> なお，念のため，① 25条1項は，すべての国民が健康で文化的な最低限度の生活を営み得るように国政を運営すべきことを国の責務として宣言したにとどまり，直接個々の国民に具体的権利を賦与したものではない（プログラム規定），② 何が「健康で文化的な最低限度の生活」であるかの判断は，厚生大臣の裁量に委されている。

III. 環境権

　環境を保全し，良好な環境の中で国民が生活できるために新しい人権として，環境権が提唱された。最高裁判例として認めたものはないが，環境破壊を予防，排除するために主張された権利で，良い環境の享受を妨げられないという自由権であり，憲法13条の幸福追求権と結びついたものと理解できる。他方，環境権の具体化には，公権力による積極的環境保全，改善施策が必要であり，社会権的側面も有する。

IV. 教育を受ける権利

1. 学習権

　教育を受ける権利（26条）は，子どもの学習権を保障したものと解される。これに対応して，子供に教育を受けさせる責務を負うのは第一義的には親，親権者である（26条2項）。他方，国は教育制度を維持し，教育条件を整備すべき義務を負い，教育基本法，学校教育法等が定められ，小・中学校の義務教育という教育制度が設けられている。

2. 教育権の所在

　教育権の所在に関して，教育内容について国が関与・決定する権能を有する考え方（国家の教育権説），子どもの教育について責任を負うのは親およびその付託を受けた教師を中心とする国民全体であり，国は教育の条件整備の任務を負うにとどまる考え方（国民の教育権説）がある。

　旭川学テ事件（前述）では，最高裁は，全国一斉学力テスト（学テ）を適法とし，その内容は以下の通り。

> 　国家教育権説も国民教育権説も極端かつ一方的であるとして否定し，教師に一定の範囲の教育の自由の保障があることを肯定しながら，その自由を完

全に認めることは，児童生徒には教育内容を批判する能力がなく，教師に強い影響力があること，子どもの側に学校・教師を選択する余地が乏しいこと，全国的に一定の水準を確保すべき要請が強いことなどから，許されないとし，結論としては，教育内容について，必要かつ相当と認められる範囲において決定するという，広汎な国の介入権を肯定した。

3．義務教育無償

義務教育無償（26条2項）において，一般に授業料不徴収の意味であると解されている（最大判昭和39・2・26）[4]。

V．労働基本権

第27条〔勤労の権利と義務，勤労条件の基準及び児童酷使の禁止〕
　すべて国民は，勤労の権利を有し，義務を負ふ。
　2　賃金，就業時間，休息その他の勤労条件に関する基準は，法律でこれを定める。
　3　児童は，これを酷使してはならない。
第28条〔勤労者の団結権及び団体行動権〕
　勤労者の団結する権利及び団体交渉その他の団体行動をする権利は，これを保障する。

1．労働基本権の内容・性格

資本主義発達の過程において，労働者は失業，劣悪な労働条件のため厳しい生活を余儀なくされ，人間に値する生活の実現のため労働者保護，労働運動容認の立法が制定されるに至った。

労使間の力の差のため，労働者は使用者に対し不利な立場に立たざるをえない。劣位にある労働者を使用者と対等の立場に立たせることが労働基本権の目的といえる。

労働基本権は，団結権，団体交渉権，団体行動権（争議権）の3つである

(労働三権)。

　団結権は，労働者の団体を組織する権利（労働組合結成権）で，労働者を使用者の地位と対等に立たせる権利である。団体交渉権は，労働者団体が使用者と労働条件について交渉する権利で，締結されるのが労働協約（労働組合法14条）である。団体行動権は，労働者の団体が労働条件実現を図るため団体行動を行う権利で，中心は争議行為である。

　労働基本権は，社会権として，国に対して労働者の労働基本権を保障することを要求する。また自由権として，これを制限する立法その他国家行為を国に対し禁止する（労働組合法1条2項の争議行為の刑事免責）。更に，使用者対労働者の関係において労働者の権利の保護を図る。使用者は労働者の労働基本権の行使を尊重すべき義務を負い，労働基本権保障は私人間の関係に直接適用される。

2．労働基本権の制限と公務員の労働基本権

　労働基本権の行使は社会的影響力が大きく，制限に服する可能性も強いが，規制立法については，ある程度厳格に審査することが必要である。二重の基準理論に絡めると，精神的自由と経済的自由の中間に位置すると考えられ，LRAの基準によって合憲性を考えることが妥当とされる[5]。

　公務員の労働基本権の制限について，現行法上，① 警察職員，消防職員，自衛隊員，海上保安庁または刑事施設に勤務する職員は三権の全部，② 非現業・一般の公務員は団体交渉権（団体協約締結権（国家公務員法108条の5第2項），争議権，③ 郵便など現業の公務員は争議権が否定されている。

　公務員の労働基本権の制限の根拠について，初期の判例は公共の福祉，全体の奉仕という抽象的原則が掲げられた。公務員も職務の性質は多様で，一般の労働者と同様の職務を行う者も少なくない。労働基本権の制限は，職務の性質，相違等を勘案し，必要最小限度の範囲にとどまらなければならないと解され，全逓東京中郵判決では公務員の労働基本権を尊重し，厳格な条件を示したリベラルな判決であった。その後は判例の流れは後退し，現行法の厳しい全面的制限を積極的に合憲とする判決へ推移している。

① 全逓東京中郵事件（最大判昭和 41・10・26）6)では，事案は，全逓信労働組合の役員であった被告人ら 8 名は，昭和 33 年の春季闘争の際，東京中央郵便局の多数の従業員に対して，勤務時間内に食い込む職場大会に参加するよう説得し，実際に 38 名の従業員を職場から離脱させ，郵便物不取扱罪（郵便法 79 条 1 項）の教唆罪に当たる行為をなしたとして，公訴を提起されたものである 7)。

最高裁判旨は，以下の通り，被告人を無罪としている。

> 労働基本権の制限の合憲性の判断基準として，① 労働基本権を尊重確保する必要と国民生活全体の利益を維持増進する必要とを比較衡量して，両者が適正な均衡を保つことを目標として決定すべきであるが，制限は合理性の認められる必要最小限度にとどめること，② 国民生活に重大な障害をもたらすおそれのあるものを避けるため必要やむを得ない場合に限ること，③ 制限違反に対して課せられる不利益は必要な限度をこえず，とくに刑事制裁は必要やむを得ない場合に限ること，④ 代償措置が講ぜられるべきこと，という 4 条件を挙げ，それに照らして公労法 17 条 1 項を合憲とした。しかし，正当な争議行為には労働組合法 1 条 2 項の適用があり，刑事免責される。

② 全農林警職法事件（最大判昭和 48・4・25）8)で，事案は，全農林労働組合は非現業の国家公務員である農林省（当時）職員により組織される労働組合であり，Y らはその役員である。1958 年，Y らは警察官職務執行法改正案に反対するため同省職員に職場大会への参加を慫慂し，争議行為を煽った等として，国公法（国家公務員法）110 条 1 項 17 号により起訴されたものである。同条は国公法 98 条 5 項（改正前，現同 2 項）により違法とされる争議行為の煽り行為等に対し刑事罰を定めている 9)。

最高裁判旨は，以下の通り。

> 担当する職務内容の別なく，公務員であることそのこと，すなわち，公務員の地位の特殊性と職務の公共性一般を強調して国民全体の共同利益への影

響を重視し、①公務員の勤務条件は国会の制定した法律・予算によって定められる（財政民主主義）から政府に対する争議行為は的はずれであること、②公務員の争議行為には私企業の場合とは異なり市場抑制力がないこと、③人事院をはじめ制度上整備された代償措置が講じられていること、などの理由も挙げ、一律かつ全面的な制限を合憲とし、従来の判例を変更したものである（最大判昭和48・4・25刑集27巻4号547頁）。

3．公務員の政治活動の自由

公務員の政治活動の自由の制限について、憲法が公務員関係の自律性を憲法的秩序の構成要素として認めていることに根拠が求められる。行政の継続性・安定性の維持から、一定の政治活動制限も許されるが、一般の勤労者・市民であり、その制限は行政の中立性という目的達成に必要最小限度にとどまらなければならないと解される。公務員の地位、職務の内容・性質等の相違、その他諸般の事情を考慮し、具体的、個別的に審査することが求められる[10]。

① 猿払事件（最大判昭和49・11・6）[11]で、事案は、国家公務員法102条1項は、一般職の国家公務員に関し、「職員は、政党又は政治的目的のために、寄附金その他の利益を求め、若しくは受領し、又は何らの方法を以てするを問わず、これらの行為に関与し、あるいは選挙権の行使を除く外、人事院規則で定める政治的行為をしてはならない」と規定し、この委任に基づいて人事院規則14-7が、禁止される「政治的行為」の具体的内容を定めている。そして、この禁止に違反した者に対して、国公法110条1項19号（平成19年法律108号改正前）が3年以下の懲役または10万円以下の罰金を科する旨を規定していた。被告人は猿払村（北海道）の郵便局に勤務する事務官であり、猿払地区労働組合協議会事務局長を務めていた。昭和42年の衆議院議員選挙に際し、同協議会の決定に従い、日本社会党を支持する目的をもって、同党公認候補者の選挙用ポスター6枚を自ら公営掲示場に掲示したほか、同ポスター合計約184枚を他に依頼して配布した。この行為が規則5項3号、6項13号に当たるとして、起訴さ

れたものである[12]。

一審判決（旭川地判昭和43・3・25下刑集10巻3号293頁）は，LRAの基準で判示し，二審もこれを支持した。

> 機械的労務に携わる現業の国家公務員が，勤務時間外に国の施設を利用せず，職務を利用することなく行った行為にまで，刑事罰を適用することは必要最小限度の制限とは言えず，違憲である。

しかしながら最高裁は，以下の通り，判示した。

> ① 行政の中立的運営とこれに対する国民の信頼の確保という規制目的は正当であり，② その目的のために政治的行為を禁止することは目的との間に合理的関連性があり，③ 禁止によって得られる利益と失われる利益との均衡がとれているとして，合憲である。

比較的緩やかな合理的関連性の基準によって判断しているが，厳格な精神的自由に関する規律の中でも内容中立規制など，やや緩やかな基準とされるLRAの基準と，どちらを採用するか，のズレが顕現化した事案に該当する。この判例には，批判が強い[13]。

② 寺西判事補戒告事件では，事案は，通信傍受法案の反対集会に参加し，「仮に反対の立場で発言しても積極的政治運動に当たるとは考えないが，パネリストとしての発言は辞退する」旨の発言をした判事補が戒告処分を争ったものである。

最高裁は，以下の通り述べ，違憲でないと解し，「本件発言は個人の意見の表明の域を超え厳に避けるべきもので，積極的政治運動に当たる」と判断している（最大決平成10・12・1）[14]。

> 積極的政治運動とは組織的，計画的または継続的な政治上の活動を能動的に行う行為で，裁判官の独立と中立・公正を害するおそれがあるものを言う

> とし，その禁止は合理的で必要やむを得ない限度にとどまる。

[注]
1) 前掲・芦部信喜，高橋和之補訂『憲法 第六版』268-271 頁。
2) 大須賀彰「生存権のプログラム論と立法裁量性の問題」法時 48 巻 2 号 81 頁以下。
3) 最大判昭和 42・5・24 民集 21 巻 5 号 1043 頁。
4) 最大判昭和 39・2・26 民集 18 巻 2 号 343 頁。
5) 前掲・芦部信喜，高橋和之補訂『憲法 第六版』278-283 頁。
6) 最大判昭和 41・10・26 刑集 20 巻 8 号 901 頁。
7) 「公労法適用下にある公務員等の労働基本権―全逓東京中郵事件」別冊ジュリスト「憲法判例百選Ⅱ [第六版]」吉田栄司 420-421 頁。
8) 最大判昭和 48・4・25 刑集 27 巻 4 号 547 頁。
9) 「国家公務員の労働基本権―全農林警職法事件」別冊ジュリスト「憲法判例百選Ⅱ [第六版]」大河内美紀 420-421 頁。
10) 前掲・芦部信喜，高橋和之補訂『憲法 第六版』281-282 頁。審査基準としては，LRA（より制限的でない他の選びうる手段）の基準が適切であろう。現行法上の制限は，表現の内容規制でありながら，全公務員の政治活動を一律全面に禁止し，しかも刑事罰を科している点で，違憲の疑いがある，ことを述べられる。
11) 最大判昭和 49・11・6 刑集 28 巻 9 号 393 頁。
12) 「公務員の「政治的行為」と刑罰―猿払事件上告審」別冊ジュリスト「憲法判例百選Ⅰ [第六版]」青井未帆 30-31 頁。
13) このような抽象的・観念的な「合理的関連性」で足りるとする基準は，経済的自由の規制立法に用いられる「明白の原則」と実質的に異ならないもの，と言うことができよう。前掲・芦部信喜，高橋和之補訂『憲法 第六版』282 頁。
14) 最大決平成 10・12・1 民集 52 巻 9 号 1761 頁。

第Ⅲ部 統治機構

第11章

国会

第4章　国会
第41条〔国会の地位〕
　国会は，国権の最高機関であつて，国の唯一の立法機関である。
第42条〔二院制〕
　国会は，衆議院及び参議院の両議院でこれを構成する。
第43条〔両議院の組織〕
　両議院は，全国民を代表する選挙された議員でこれを組織する。
　2　両議院の議員の定数は，法律でこれを定める。
第44条〔議員及び選挙人の資格〕
　両議院の議員及びその選挙人の資格は，法律でこれを定める。但し，人種，信条，性別，社会的身分，門地，教育，財産又は収入によつて差別してはならない。
第45条〔衆議院議員の任期〕
　衆議院議員の任期は，四年とする。但し，衆議院解散の場合には，その期間満了前に終了する。
第46条〔参議院議員の任期〕
　参議院議員の任期は，六年とし，三年ごとに，議員の半数を改選する。
第47条〔議員の選挙〕
　選挙区，投票の方法その他両議院の議員の選挙に関する事項は，法律でこれを定める。
第48条〔両議院議員相互兼職の禁止〕
　何人も，同時に両議院の議員たることはできない。
第49条〔議員の歳費〕
　両議院の議員は，法律の定めるところにより，国庫から相当額の歳費を受

ける。
第50条〔議員の不逮捕特権〕
両議院の議員は，法律の定める場合を除いては，国会の会期中逮捕されず，会期前に逮捕された議員は，その議院の要求があれば，会期中これを釈放しなければならない。
第51条〔議員の発言表決の無答責〕
両議院の議員は，議院で行つた演説，討論又は表決について，院外で責任を問はれない。
第52条〔常会〕
国会の常会は，毎年一回これを召集する。
第53条〔臨時会〕
内閣は，国会の臨時会の召集を決定することができる。いづれかの議院の総議員の四分の一以上の要求があれば，内閣は，その召集を決定しなければならない。
第54条〔総選挙，特別会及び緊急集会〕
衆議院が解散されたときは，解散の日から四十日以内に，衆議院議員の総選挙を行ひ，その選挙の日から三十日以内に，国会を召集しなければならない。
　2　衆議院が解散されたときは，参議院は，同時に閉会となる。但し，内閣は，国に緊急の必要があるときは，参議院の緊急集会を求めることができる。
　3　前項但書の緊急集会において採られた措置は，臨時のものであつて，次の国会開会の後十日以内に，衆議院の同意がない場合には，その効力を失ふ。
第55条〔資格争訟〕
両議院は各々その議員の資格に関する争訟を裁判する。但し，議員の議席を失はせるには，出席議員の三分の二以上の多数による議決を必要とする。
第56条〔議事の定足数と過半数議決〕
両議院は，各々その総議員の三分の一以上の出席がなければ，議事を開き議決することができない。
　2　両議員の議事は，この憲法に特別の定のある場合を除いては，出席議員の過半数でこれを決し，可否同数のときは，議長の決するところによ

る。
第57条〔会議の公開と会議録〕
　両議院の会議は，公開とする。但し，出席議員の三分の二以上の多数で議決したときは，秘密会を開くことができる。
　2　両議院は，各々その会議の記録を保存し，秘密会の記録の中で特に秘密を要すると認められるもの以外は，これを公表し，且つ一般に頒布しなければならない。
　3　出席議員の五分の一以上の要求があれば，各議員の表決は，これを会議録に記載しなければならない。
第58条〔役員の選任及び議院の自律権〕
　両議院は，各々その議長その他の役員を選任する。
　2　両議院は，各々その会議その他の手続及び内部の規律に関する規則を定め，又，院内の秩序をみだした議員を懲罰することができる。但し，議員を除名するには，出席議員の三分の二以上の多数による議決を必要とする。
第59条〔法律の成立〕
　法律案は，この憲法に特別の定のある場合を除いては，両議院で可決したとき法律となる。
　2　衆議院で可決し，参議院でこれと異なつた議決をした法律案は，衆議院で出席議員の三分の二以上の多数で再び可決したときは，法律となる。
　3　前項の規定は，法律の定めるところにより，衆議院が，両議院の協議会を開くことを妨げない。
　4　参議院が，衆議院の可決した法律案を受け取つた後，国会休会中の期間を除いて六十日以内に，議決しないときは，衆議院は，参議院がその法律案を否決したものとみなすことができる。
第60条〔衆議院の予算先議権及び予算の議決〕
　予算は，さきに衆議院に提出しなければならない。
　2　予算について，参議院で衆議院と異なつた議決をした場合に，法律の定めるところにより，両議院の協議会を開いても意見が一致しないとき，又は参議院が衆議院の可決した予算を受け取つた後，国会休会中の期間を除いて三十日以内に，議決しないときは，衆議院の議決を国会の議決とする。
第61条〔条約締結の承認〕

条約の締結に必要な国会の承認については，前条第二項の規定を準用する。
第62条〔議院の国政調査権〕
両議院は，各〻国政に関する調査を行ひ，これに関して，証人の出頭及び証言並びに記録の提出を要求することができる。
第63条〔国務大臣の出席〕
内閣総理大臣その他の国務大臣は，両議院の一に議席を有すると有しないとにかかはらず，何時でも議案について発言するため議院に出席することができる。又，答弁又は説明のため出席を求められたときは，出席しなければならない。
第64条〔弾劾裁判所〕
国会は，罷免の訴追を受けた裁判官を裁判するため，両議院の議員で組織する弾劾裁判所を設ける。
2　弾劾に関する事項は，法律でこれを定める。

I．権力分立の原理

　統治機構の基本原理は，国民主権と権力分立であり，権力分立は，国民の権利・自由を守るため，国家の諸作用を性質に応じて立法・行政・司法と区別し，異なる機関に担当させ分離し，相互に抑制と均衡を保たせる制度である。

1．法の支配と裁判所

　フランスやドイツは，君主制の伝統が強く，憲法制定時に政府と裁判所が反目し，裁判所に対する一般の信頼も低かったため，司法権は民事・刑事の裁判のみで，行政訴訟は行政権に属する（行政裁判所管轄）。
　イギリスは，裁判所の権威が高く，法の支配の原理が支配し，アメリカもこれを受け継ぐ。

2. 議会の役割

　国民代表としての議会の果たした役割について，アメリカ型議会は三権を憲法下で同格なものとみるが，フランス型議会は議会を中心に立法権優位の権力分立を示している。

　アメリカ合衆国は，イギリス議会の圧政的な制定法，人権侵害に基づく州の法律に対する抗争から形成され，立法権不信の考え方が強い。他方，ヨーロッパ大陸諸国は，圧政的な君主とこれに従属する裁判所に対する抗争から近代立憲主義国家に生まれ変わったものである。

　日本国憲法では，国会を国権の最高機関とし，内閣が国会に対し連帯責任を負うことを原則とする。かかる議院内閣制を採用しつつ，裁判所の違憲審査権を認めている。アメリカ型に近いといえる。国民主権，法の支配の原理が，権力分立とともに，日本国憲法の統治機構を支えていることになる。

3. 権力分立制の変容

　現代国家においては，権力分立制の変容がみられる。積極・社会国家の要請に伴い，行政活動の役割，行政権が肥大化し，行政府が国家の基本政策の形成決定に中心的役割を果たすこととなる（行政国家現象）。

　また国民と議会の仲介組織として，政党が国家意思形成に主導的役割を持つことになる（政党国家現象）。議会と政府の関係は，政府・与党と野党の対抗関係へ機能的に変化している。

　裁判所の違憲審査制導入から，司法権が議会・政府の活動をコントロールするようになっている（司法国家現象）。

　以上から，権力分立制について現代的再検討が求められ，国家権力の強大化の防止を図ることが求められる。

4. 政党

　政党は，権力分立を機能させるために決定的役割を果たすものである。歴史的には，諸国は政党に対し，敵視ないし無視の態度をとり，次に参政権拡大と代議制の発達，議院内閣制確立により政党の重要性が増大し，その存在

を承認，規制する段階に入ってくる。更にはドイツのように（1949年ドイツ連邦共和国基本法21条），第二次世界大戦後，政党を憲法制度の中に編入した憲法もある。

　日本国憲法は，政党について規定，あるいは特別の地位を与えているものではないが，結社の自由を保障し，議院内閣制を採用しており，政党の存在を当然のこととして予想していることになる。国会法の「会派」（46条）の規定があり，公職選挙法も政党の存在を認めている（86条の2−86条の7など）。

Ⅱ．国会の地位

1．国民の代表機関

　憲法上，国会は3つの地位，即ち①国民の代表機関，②国権の最高機関，③唯一の立法機関，の地位を有している。

(1) 政治的代表

　「全国民の代表」（43条）の意味について，代表は，代表機関の行為が法的に代表される国民の行為とみなされる趣旨でなく，国民は代表機関を通じて行動し，代表機関は国民の意思を反映するものとみなされる，という政治的意味と解されている（政治的代表，通説）。このため，議員は議会において，自己の信念に基づき発言・表決を行い，選挙区や後援団体等の意見には拘束されない。強制委任は禁止され，自由委任の原則が採られる。

　もっとも，所属する政党の紀律から，議員は事実上党議に拘束されることとなるが，自由委任の原則の枠外と考えられる。しかし，所属政党変更の自由を認めないこと，党からの除名により議員資格を喪失させることは，自由委任の原則に矛盾する。

　最高裁は，参議院・比例代表選出議員の選挙において，政党の候補者名簿に登載されたが次点で落選し，約1年後に党から除名された。しかしその直後に政党の参議院議員に2名の欠員が生じ，その者ではなく，下位の名簿登載順位の者が繰上げ当選とされた事案において，除名処分の当否は司法介入

ができない政党の自律的解決に委ねられ，除名処分の不存在または無効を理由とする当選無効は認められないと判示した（最判平成7・5・25)[1]。

(2) 社会学的代表

　第二次世界大戦後，国民意思と代表者意思の事実上の類似が重視され，選挙による正当化が強調されてきた。日本国憲法の代表の観念も，政治的代表と社会学的代表の意味をも含めて構成するようになっている。フランスにおける半代表の理論は，議会は人民の意思をできるだけ正確に反映，代弁すべきという直接民主的代表の考え方（プープル主権を前提）をいうが，社会学的代表の概念とも重なる部分が大きい。

2．国権の最高機関

　ここでいう最高機関は，国会が主権者である国民により直接選任され，国民に連結し，立法権など重要な権能を憲法上与えられ，国政の中心的地位を占める機関であることを称する単なる政治的美称である（政治的美称説)[2]。三権分立の頂点に位置することを示すものではない。

3．唯一の立法機関，委任立法

　法律案は，憲法に特別の定のある場合を除き，両議院で可決したとき法律となる（59条1項）。

　ここで「立法」には，国会が制定する形式面からみた法律を制定すること，さらに内容面から形式にかかわらず実質的意味の立法として広く法規を定立すること，の2つの意味合いがある。後者が妥当である（一般性・抽象性）。

　唯一の意味について，かかる実質的意味の立法は，主として国会が法律の形式で定めなければならないことをいう。① 国会による立法以外の実質的意味の立法は，憲法の特別の定めがある場合（議院規則，最高裁判所規則）を除いて許されない（国会中心立法の原則）。② 国会による立法は，国会以外の機関の関与を必要としないで成立する（国会単独立法の原則）。

　日本国憲法では，議会の関与しない形で内閣の発する政令は，法律を執行

する執行命令，あるいは法律の具体的な委任に基づく委任命令でなければならない。個別・具体的な委任があれば，その限度で実質的意味の立法を政令でも規定できる。

委任立法について，社会福祉国家における国家の役割の増大から，専門的・技術的事項に関する立法，事情の変化に即応した立法の要求が増加した背景があり，条理上認められると解される[3]。日本国憲法も委任立法を前提とする規定を置いている（73条6号但し書）。内閣法11条では，「政令には，法律の委任がなければ，義務を課し，又は権利を制限する規定を設けることができない」と定めている。

Ⅲ．国会の組織ならびに活動

1．二院制
(1) 存在理由

国会は，衆議院と参議院によって構成され，二院制を採用している。貴族院型（明治憲法），連邦型（アメリカ）ではなく，民主的第二次院型（第三・第四フランス共和制）に該当する。

第二院（参議院）が設けられる理由として，徐々に①議会の専制防止，②下院（衆議院）と政府の衝突の緩和から，③下院の軽率な行為回避，民意の反映へと移ってきている。

(2) 衆議院と参議院の相互の関係

両院の関係について，内閣不信任決議権（69条），予算先議権（60条1項）などにおいて衆議院の権限を特に認め，また衆議院の優越する局面として，法律・予算の議決，条約の承認，内閣総理大臣の指名の場合を認めている（59条，60条，61条，67条）。また法律案，予算，条約，内閣総理大臣の指名などについて両議院の意見が対立した場合，妥協案の成立をはかるべく，両院協議会が設けられる（国会法84条－98条）。法律案の場合は，任意的両院協議会であり，それ以外は必要的両院協議会である。法律案では衆議院に再議決（3分の2以上の多数）が認められている。

ここで、法律・予算の議決、条約の承認について異同をみると、衆議院の先議権は予算のみ、再議決（3分の2以上）は法律案のみ、法律案の場合のみ任意的両院協議会となる。条約は、先議権を除いて、予算に関する内容が準用される。

2．選挙制度

国会議員は選挙によって選出され、選挙区、投票の方法など公職選挙法で規定されている。

(1) 選挙区

選挙人団を区分する基準となる地区をいうが、小選挙区（1人の議員を選出する選挙区）、大選挙区（2人以上の議員を選出する選挙区）に分けられる。我が国の衆議院議員選挙は、一つの選挙区から3人－5人の議員を選出する中選挙区制であったが、1994年政治改革立法の一つとして比例代表制を加えた小選挙制をとるに至っている。

比例代表は政党を立候補単位とし、各政党が立候補者の名前を並べた名簿を事前に提出し、政党の得票数に比例して政党毎に当選者数を決定する制度である。立候補者名簿を届け出る時に、立候補者に順位を付ける拘束名簿式、順位付けをしない非拘束名簿式に大別される。拘束名簿式は、更に厳正拘束名簿式、単純拘束名簿式に区別される。

以上から、代表の方法として、① 選挙区の投票者の多数派から議員を選出させる多数代表制（小選挙区制、大選挙区完全連記投票制）、② 投票者の少数派からの議員選出を可能とする少数代表制（大選挙区（中選挙区を含む）単記投票制、大選挙区制限連記投票制）がある。多数代表制は、多数派の議席独占を可能とし、多くの死票が出る。

少数代表制は、少数派の議員選出の保証はなく、同志討ちも生じる。

また③ 多数派、少数派の各派に対し、得票数に比例した議員の選出を保障せんとする比例代表制があり、小選挙区制と比例代表制とを組み合わせた制度もある。

どのような選挙制度が望ましいか、国により政治制度、伝統などが異な

り，一概には言えないが，各国の政治・社会を考慮して決めることになる。

3．国会議員の地位
(1) 不逮捕特権

不逮捕特権（50条）の保障の目的は，①議員の身体の自由を保障し，政府権力により議員の職務執行が妨げられないようにすること，②議院の審議権の確保，の2つがある。「法律の定める場合」は，院外における現行犯の場合（不当逮捕の怖れが少ない），当該議員の所属する議院の許諾がある場合である（国会法33条，34条）。期限付逮捕許諾（逮捕は許諾するが，一定期間に制限する）については，多数説は必ずしも違法ではないとする[4]。

(2) 免責特権

発言の免責特権（51条）は，議員の職務の執行の自由を保障することにあり，特権の保障は，厳密な「演説，討論又は表決」には限定されない。議員の国会における単なる意見の表明，職務行為に付随する行為も保障の対象となる。

ここの責任には，民事・刑事責任，弁護士等の懲戒責任を含む。しかし，政党が党員である議員の発言・表決について，除名等の責任を問うことは問題ない。

最高裁判決は，議員が職務と無関係に違法または不当な目的をもって事実を摘示し，あるいは，あえて虚偽の事実を摘示して，国民の名誉を毀損したと認められる特別の事情がある場合，国家賠償法1条1項により国の賠償を求めることができる場合もあると解する（最判平成9・9・9）[5]。

4．国会活動
(1) 会期

国会の開かれている会期について，日本国憲法は常会（毎年1回定期に召集），臨時会（臨時の必要に応じて召集），特別会（衆議院が解散され総選挙が行われた後に召集）の3つを掲げている（52条，53条，54条1項）。会期延長は，常会は1回，臨時会と特別会は2回に限り，両議院一致の議決で

認められる（国会法12条）。

各会期は独立して活動する。会期中に議決されなかった案件は，後会には継続しない（会期不継続の原則，国会法68条）。

(2) 緊急集会

衆議院が解散，総選挙が施行されて，特別会召集までの間，法律の制定・予算改訂その他国会の開会を要する緊急事態が生じた時に，参議院の緊急集会が国会を代行する。

この緊急集会は内閣のみが求めることができる（54条2項）。集会の手続，集会中の議員の不逮捕特権，議員の議案発議・請願の権能，終会の宣告などは，国会法で定められる（99条以下）。緊急集会でとられた措置は臨時のものである（54条3項）。

(3) 会議の原則

定足数について，合議体が活動するための必要最小限の出席者の数をいう。日本国憲法は，明治憲法（46条）と同様に，議事・議決の定足数を総議員の3分の1とする（56条1項）。ここで，総議員について，定足数を定める趣旨は少数の議員で事を決することを防止することにあり，死亡，辞職・除名等による欠員も含めて，厳格に法定議員数であると解されている（両議院先例）。

表決数に関して，憲法の特別の定め（55条，57条1項，58条2項，59条2項，96条1項）を除いて，表決はすべて出席議員の過半数である。可否同数のときは議長が決する（56条2項）。出席議員に棄権者，白票，無効票が算入されるかについて，先例および多数説は算入されるとする。

公開について，両議院の会議は公開が原則で，出席議員の3分の2以上の多数で議決したときは秘密会を開くことができる（57条1項）。傍聴の自由，報道の自由が認められる。他方，委員会は完全な公開が原則ではない（国会法52条）。

委員会制度について，委員会の審議が原則として議案の成否を左右する制度であり，常任委員会，特別委員会がある（国会法40条以下）。

5．国会と議院の権能

(1) 国会の権能

国会の主要な権能は，憲法改正発議権（96条），法律議決権（59条），条約承認権（61条・73条3号），内閣総理大臣指名権（67条），弾劾裁判所設置権（64条），財政監督権（60条・83条以下）がある。

他方，議院の主要な権能は，法律案提出権，議院規則制定権（58条2項），国政調査権（62条），議員の資格争訟裁判権（55条），議員懲罰権（58条2項）などがある。

(イ) 弾劾裁判所設置

国会の権能について，既述したものもあり，あるいはこれから述べるものは除いて，弾劾裁判所の設置権に関してみていくと，両議院議員で組織された訴追委員会から罷免訴追を受けた裁判官を裁判するため，両議院議員により構成される弾劾裁判所が設置される（国会法125条-129条，裁判官弾劾法参照）。

(ロ) 条約承認権

条約承認権について，条約は，文書による国家間の合意をいう。条約締結は，内閣の権能とされる（73条3号）。内閣の条約締結行為は，内閣の任命する全権委員の調印（署名），内閣の批准（成立した条約を審査し，同意を与え，効力を最終的に確定する行為）により完了する。内閣が条約を締結するためには，事前に，時宜によっては事後に国会の承認を必要とする（73条3号）が，国内法的かつ国際法的に条約が有効に成立するための要件と解される。その意味では，条約締結は内閣と国会の協働行為だと言うことができる。

事後に国会承認が得られなかった条約の効力について，①法的には有効に成立し，内閣の政治責任が生ずるのみとする説，②国内法的に無効であるが，国際法的には有効とする説，③国内法的にも国際法的にも無効とする説，④国会の承認権の規定の具体的な意味が諸外国にも周知の要件と解されている場合は国際法的にも無効とする説（条件付無効説）などがある。④説が最も妥当とされている[6]。

国会の条約修正権については，国会は承認権を行使するにおいて，条約に修正を加えることも許されると解されるが，条約は相手国との合意により成立するため，内閣を一応義務づけるに留まる。

(2) 議院の権能

(イ) 議院の自律権

各議院が内閣・裁判所など他の国家機関，他の議院から監督，干渉を受けることなく，内部組織，運営等に関して自主的に決定できる権能である。

(a) 内部組織に関する自律権として，会期前に逮捕された議員の釈放要求権（既述），議員の資格争訟裁判権（55条），役員選任権（58条1項）などがある。資格争訟裁判権については，通常の裁判所で争うことはできない。

(b) 運営の自律権として，議院規則制定権，議員懲罰権（同58条2項）がある。

議院規則制定権では，各議院が内部事項について自主的に議事規則を定めることができる。国会法とこの規則とが矛盾・抵触した場合の効力関係について，疑問が生じる。規則優位説もあるが，法律優位説が支配的であるとされる[7]。

議員懲罰権では，両議院は院内の秩序をみだした議員を懲罰することができるが，議院が組織体としての秩序を維持し，運営を円滑に行うために自律的に科す懲戒罰である。議場外の行為も，会議の運営に関連し，または議員として行った行為で議員の品位を傷つけ，院内の秩序をみだすことに相当因果関係のある場合，懲罰の対象となる。

(ロ) 国政調査権

日本国憲法は，議院の権能として国政調査権を認め，証言，記録提出を求める強制権を与えて強化している。議院に与えられた権能を実効的に行使するために認められた補助的な権能と理解されている。国政に関連のない純粋な私的事項を除き，国政調査権の対象は国政のほぼ全般にわたる。

浦和事件では，1948年4月7日夫が妻子を顧みずに家屋宅地の全財産を処分し賭博に耽ったため，悲観した妻Aが親子心中を図り3人の子供を絞殺したものである。Aは警察に自首した。同年7月2日浦和地裁は「犯行

動機その他に情状酌量すべき点がある」とし懲役3年執行猶予3年の判決を下したが，これに対して，参議院法務委員会が量刑が不当（軽すぎる）という決議を行った。

最高裁は，以下の通り述べて，これに抗議した。学説もほとんど最高裁を支持している。

> 国政に関する調査権は，国会又は各議院が憲法上与えられている立法権，予算審議権等の適法な権限を行使するにあたりその必要な資料を集取するための補充的権限に他ならない。司法権は憲法上裁判所に専属するものであり，国会が，個々の具体的裁判について事実認定もしくは量刑等の当否を精査批判し，又は司法部に対し指摘勧告する等の目的をもって，前述の如き行動に及んだことは，司法権の独立を侵害し，まさに憲法上国会に許された国政調査権の範囲を逸脱する措置といわねばならない。司法権の独立を侵害し，まさに憲法上国会に許された国政に関する調査の範囲を逸脱する。

国政調査権の限界として，国政調査権は補助的権能であり，調査目的は立法，予算審議，行政監督など，議院の憲法上の権能を実効的に行使するためのものでなければならない。調査の対象，方法も，権力分立と人権原理から一定の制約を受ける。

司法権との関係では，司法権の独立の観点から，現に裁判が進行中の事件について裁判官の訴訟指揮などを調査したり，裁判の内容の当否を批判する調査をしたりすることは許されない。もっとも，裁判所で審理中の事件の事実について，裁判所と異なる目的（立法目的，行政監督目的など）から，裁判と並行して調査することは司法権の独立を侵すものではない（ロッキード事件，後掲）。

検察権との関係では，検察作用は裁判と密接にかかわる準司法的作用であり，司法権に類似する独立性が認められる必要がある。起訴・不起訴について，検察権の行使に政治的圧力を加えることが目的と考えられる調査，起訴事件に直接関係する事項あるいは公訴追行の内容を対象」とする調査，捜査続行に重大な支障を及ぼす方法による調査などは，違法ないし不当となる[8]。

一般行政権との関係では、公務員の職務上の秘密に関する事項には調査権は及ばない（議院証言法5条参照）。もっとも、行政府は国会に従属することが統治原則であり、職務上の秘密の範囲はできるかぎり限定しなければならない。例として、国会法104条は、秘密を理由として記録等の提出を拒否する権利を行政権に認めていない。

最期に、人権との関係では、基本的人権を侵害するような調査が許されないのは当然である。思想の露顕を求める質問については、証人は証言を拒絶できる。黙秘権（38条）の保障も、国政調査においても妥当すると解される。委員会に住居侵入、捜索、押収、逮捕などの刑事手続上の強制力は認められない（札幌高判昭和30・8・23）[9]。

[注]
1) 最判平成7・5・25民集49巻5号1279頁。
2) 前掲・芦部信喜、高橋和之補訂『憲法 第六版』295頁。
3) 前掲・猿払事件判決において最高裁は、公務員の政治的行為を制限する国家公務員法102条1項が、例示の定めはあるものの、人事院規則で定める政治的行為をしてはならないというような、禁止される政治的行為が何かをほとんどあげず規則（人事院規則14-7）に一任していることについて、「公務員の政治的中立性を損うおそれのある行動類型に属する政治的行為を具体的に定めることを委任するもの」で合憲と判断した。学説は、白紙の委任とみる見解が支配的である。前掲・芦部信喜、高橋和之補訂『憲法 第六版』298頁。
4) 積極説として、前掲・宮沢俊義・芦部信喜補訂『コンメンタール全訂日本国憲法』379頁、前掲・清宮四郎『憲法Ⅰ[第3版]』219頁、前掲・樋口陽一・佐藤幸治・中村睦男・浦部法穂『注釈日本国憲法（上）』94頁[樋口陽一]など。他方、消極説が妥当な解釈であろうと述べられるものとして、前掲・芦部信喜、高橋和之補訂『憲法 第六版』307-308頁、前掲・橋本公亘『日本国憲法[改訂版]』513頁、前掲・佐藤幸治『憲法[第3版]』203頁など。
5) 最判平成9・9・9民集51巻8号3850頁。
6) 前掲・芦部信喜、高橋和之補訂『憲法 第六版』314頁。
7) 前掲・芦部信喜、高橋和之補訂『憲法 第六版』315-321頁参照。法律が優位するとしても、国会法の改正には衆議院優越の原則を適用しない慣行と、規則固有の所管に属する内部事項については規則を尊重し、法律をそれに適合するよう改訂する慣行を樹立すべきであろう。
8) 事件担当検察官が議院の委員会の要求に応じ、捜査機関の見解を表明した報告書を提出、証言し、委員会議事録等に公表されても、直ちに裁判官に予断を抱かせ裁判の公平を害するものではない。東京地判昭和31・7・23判時86号3頁。
9) 札幌高判昭和30・8・23高刑集8巻6号845頁。

第12章

内閣

第5章　内閣
第65条〔行政権の帰属〕
　行政権は，内閣に属する。
第66条〔内閣の組織と責任〕
　内閣は，法律の定めるところにより，その首長たる内閣総理大臣及びその他の国務大臣でこれを組織する。
　2　内閣総理大臣その他の国務大臣は，文民でなければならない。
　3　内閣は，行政権の行使について，国会に対し連帯して責任を負ふ。
第67条〔内閣総理大臣の指名〕
　内閣総理大臣は，国会議員の中から国会の議決で，これを指名する。この指名は，他のすべての案件に先だつて，これを行ふ。
　2　衆議院と参議院とが異なつた指名の議決をした場合に，法律の定めるところにより，両議院の協議会を開いても意見が一致しないとき，又は衆議院が指名の議決をした後，国会休会中の期間を除いて十日以内に，参議院が，指名の議決をしないときは，衆議院の議決を国会の議決とする。
第68条〔国務大臣の任免〕
　内閣総理大臣は，国務大臣を任命する。但し，その過半数は，国会議員の中から選ばれなければならない。
　2　内閣総理大臣は，任意に国務大臣を罷免することができる。
第69条〔不信任決議と解散又は総辞職〕
　内閣は，衆議院で不信任の決議案を可決し，又は信任の決議案を否決したときは，十日以内に衆議院が解散されない限り，総辞職をしなければならない。
第70条〔内閣総理大臣の欠缺又は総選挙施行による総辞職〕

内閣総理大臣が欠けたとき，又は衆議院議員総選挙の後に初めて国会の召集があつたときは，内閣は，総辞職をしなければならない。

第 71 条〔総辞職後の職務続行〕

前二条の場合には，内閣は，新たに内閣総理大臣が任命されるまで引き続きその職務を行ふ。

第 72 条〔内閣総理大臣の職務権限〕

内閣総理大臣は，内閣を代表して議案を国会に提出し，一般国務及び外交関係について国会に報告し，並びに行政各部を指揮監督する。

第 73 条〔内閣の職務権限〕

内閣は，他の一般行政事務の外，左の事務を行ふ。

一　法律を誠実に執行し，国務を総理すること。
二　外交関係を処理すること。
三　条約を締結すること。但し，事前に，時宜によつては事後に，国会の承認を経ることを必要とする。
四　法律の定める基準に従ひ，官吏に関する事務を掌理すること。
五　予算を作成して国会に提出すること。
六　この憲法及び法律の規定を実施するために，政令を制定すること。但し，政令には，特にその法律の委任がある場合を除いては，罰則を設けることができない。
七　大赦，特赦，減刑，刑の執行の免除及び復権を決定すること。

第 74 条〔法律及び政令への署名と連署〕

法律及び政令には，すべて主任の国務大臣が署名し，内閣総理大臣が連署することを必要とする。

第 75 条〔国務大臣訴追の制約〕

国務大臣は，その在任中，内閣総理大臣の同意がなければ，訴追されない。但し，これがため，訴追の権利は害されない。

Ⅰ．行政権と内閣

1．行政権の概念

行政権は，国家作用のうちで，大きな組織・人員を持ち，国民生活に密着

した多様な活動を行う行政作用であり、内閣が行政活動全体を統括する。現代の社会・福祉国家においては、国民生活の全般について積極的に配慮する行政活動が要請される。

日本国憲法では、内閣に行政権の主体としての地位、内閣総理大臣に首長としての地位と権能を与え、議院内閣制を定めている。

行政権の概念としては、行政権は内閣に属する（65条）の規定から、全ての国家作用の中から立法作用と司法作用を除いた残りの作用であると解されている（控除説）[1]。

2．独立行政委員会

行政権は行政各部の機関が行使し、内閣はこの行政各部を指揮監督し、全体を総合調整、統括する地位にある。人事院、公正取引委員会、国家公安委員会など内閣から独立して活動する独立行政委員会の存在について、問題となる。

独立行政委員会制度は、議院内閣制の下にある内閣が政党政治の影響を少なからず受ける可能性があるため、中立的立場で公正な行政確保を目的として、アメリカに倣い導入されたものである。裁決・審決の準司法的作用、規則制定など準立法的作用、人事・警察・行政審判など行政作用を行う。内閣、内閣総理大臣の所轄にあるとされつつ（国家公務員法3条1項、独占禁止法27条2項、警察法4条）、職務を行うに当たり、内閣から独立して活動していることから、内閣の指揮監督にあるといえるかが問題となる。

憲法65条は、内閣が全ての行政について直接に指揮監督権を持つことまでを要求しているわけではなく、内閣から独立した行政作用も、最終的に国会のコントロールが直接に及ぶのであれば合憲と解されている。内閣の人事権・予算権など形式的理由をもって、内閣のコントロールが及んでいれば、65条の例外とはならず、合憲とする見解もある[2]。人事院などは、国会が人事権・予算権について間接的に関与するに過ぎないが、人事行政の中立性の要請という特殊性により、合憲と解することが可能である。

結局、行政委員会の合憲性は制度の沿革、作用の中立性・非政治性、民主

的コントロールの方法，行政権との関係などを総合的に考え判断することになる[3]。

II．内閣の組織，権能

1．内閣の組織

内閣総理大臣，その他の国務大臣は合議体としての内閣の構成員である。各省庁の大臣と共に，行政事務を分担管理しない無任所の大臣を置くことも許される。

2．文民

内閣構成員の資格として，内閣総理大臣その他の国務大臣は文民でなければならないこと，国務大臣の過半数は国会議員でなければならないことの2要件が定められる（66条2項，68条）。

文民について，現在職業軍人でない者，これまで職業軍人であったことがない者，現在職業軍人でない者とこれまで職業軍人であったことがない者，の考え方があり，自衛官も文民ではないとする最後の考え方が有力である。

3．内閣総理大臣

日本国憲法では，内閣総理大臣に首長としての地位を認め，国務大臣の任免権，内閣を代表して議案を国会に提出し，一般国務および外交関係について国会に報告し，ならびに行政各部を指揮監督する権限を与えている（68条，72条）。また，国務大臣の訴追に関しては，内閣総理大臣の同意が必要とする規定もある（75条）。指揮監督権について，閣議にかけ決定した方針がない場合も，次のように解される（最高裁判例）。

> 少なくとも，内閣の票の意思に反しない限り，行政各部に対し，随時，その所掌事務について一定の方向で処理するよう指導，助言等の指示を与える

権限を有する。

　内閣総理大臣の地位と権限が強化され，内閣の一体性と統一性を確保し，内閣の国会に対する連帯責任の強化，議院内閣制の確立が図られている。

　ロッキード事件（最大判平成7・2・22）[4]について，事案は，アメリカの航空機メーカー・ロッキード社（A社）が，同社のL-1011トライスター機（B型機）を，日本の大手航空会社・全日本空輸（C社）に売り込みをかける過程で発生した大規模な贈収賄事件であり，権力者として絶頂期にあった内閣総理大臣田中角栄（X1）を巻き込んだ。そのうち丸紅ルートに関する事案である。A社の販売代理店・丸紅（D社）の代表取締役X2，専務X3・X4は，A社社長Eと共謀し，X1に協力を依頼することを決意した。昭和47年8月23日，X2は，X1の私邸を訪れて，C社がB型機を選定購入するよう行政指導を行うべく運輸大臣X5を指揮し，あるいはX1自らC社に働きかけるなどの，協力を請託し，その成功報酬として5億円の供与を約束した。X1はこの請託を承諾し，同年10月30日にC社がB型機の購入を決定したのを承けて，昭和48年8月10日から翌49年3月1日までの間に，秘書官Fを使者として，4回にわたりX3から合計5億円を受領した。本件で主な争点となったのは，①Eに対する嘱託証人尋問証書の証拠能力，②賄賂罪の保護法益と犯罪構成要件としての職務権限の理解，③内閣総理大臣・運輸大臣の職務権限の有無である。

　最高裁判旨は，以下の通り[5]。

> (i) 賄賂罪の保護法益は「公務員の職務の公正とこれに対する社会一般の信頼」であるから，賄賂と対価関係に立つ行為は法令上公務員の一般的職務権限に属する行為であれば足りる。運輸大臣に対しA社にB型機の選定購入を勧奨するよう働き掛ける行為が，X1の内閣総理大臣としての職務権限に属する行為であるというためには，運輸大臣の行為がその職務権限に属し，かつ，運輸大臣への働きかけが内閣総理大臣の職務権限に属することが必要である。
> (ii) 航空機の機種の選定は本来民間航空会社がその責任と判断において行う

べき事柄であり，運輸大臣が民間航空会社に対し特定機種の選定購入を勧奨できる明文の根拠規定は存在しないが，一般に，行政機関は，その任務ないし所掌事務の範囲内において，一定の行政目的を実現するため，特定の者に一定の作為又は不作為を求める指導，勧告，助言等をすることができ，このような行政指導は公務員の職務権限に基づく職務行為であって，右のような勧奨は，運輸大臣の職務権限に属する。

(iii) 内閣総理大臣は，憲法上，行政権を行使する内閣の首長として（66条），国務大臣の任免権（68条），内閣を代表して行政各部を指揮監督する職務権限（72条）を有するなど，内閣を統率し，行政各部を統轄調整する地位にあり，これを承けた内閣法は，閣議は内閣総理大臣が主宰するものと定め（4条），内閣総理大臣は，閣議にかけて決定した方針に基づいて行政各部を指揮監督し（6条），行政各部の処分又は命令を中止させることができるものとしている（8条）。こうした地位や権限に照らせば，閣議にかけて決定した方針が存在しない場合においても，流動的で多様な行政需要に遅滞なく対応するため，内閣総理大臣は，少なくとも，内閣の明示の意思に反しない限り，行政各部に対し，随時，その所掌事務について一定の方向で処理するよう指導，助言等の指示を与える権限を有するのであって，内閣総理大臣の運輸大臣に対する前記働き掛けは，一般的には，内閣総理大臣の指示として，その職務権限に属することは否定できない。

4．内閣の権能と責任

(1) 内閣の職権

内閣は行政権の中枢であり，以下のような広汎な行政権を行使する。①法律の誠実な執行と国務の総理，②外交関係の処理，③条約の締結，④官吏に関する事務の掌理，⑤予算の作成と国会への提出，⑥政令の制定，⑦恩赦の決定，このほか一般の行政事務である（73条）。この他，天皇の国事行為に対する助言・承認（3条，7条），最高裁判所長官指名（6条2項），その他の裁判官任命（79条1項，80条1項），国会の臨時会召集（53条），予備費支出（87条），決算審査・財政状況の報告（90条1項，91条）などがある。内閣は閣議により（全会一致の原則），こうした職権を行う（内閣法4条1項）。

(2) 内閣の責任

天皇の国事行為に対する内閣の助言と承認に関する責任（3条）と共に，内閣は行政権の行使について，国会に対し連帯して責任を負う（66条3項）。

この責任は政治責任を意味している。連帯責任であり，内閣を組織する国務大臣は一体となって行動しなければならない。閣議と異なる意見をもつ大臣は，対外的に発表は許されず，辞職することになる。個人的理由に基づき，または所管事項に関して単独責任・個別責任を負うことは，憲法上否定されない。国務大臣に対する不信任決議は，直接辞職を強制する法的効力はもたない。

5．総辞職

内閣は，その存続が適当でないと考えるときはいつでも総辞職できる。ただし，① 衆議院が不信任の決議案を可決し，または信任の決議案を否決したとき，10日以内に衆議院が解散されない場合，② 内閣総理大臣が欠ける場合，③ 衆議院議員総選挙の後に初めて国会の召集があった場合は，必ず総辞職しなければならないことが規定されている（69条，70条）。

内閣総理大臣が欠けたときは，死亡，辞職，総理大臣の資格を失う場合を含む。総辞職した内閣は，あらたに内閣総理大臣が任命されるまで引き続きその職務を行うことになる（71条）。

Ⅲ．議院内閣制

1．議院内閣制の意味

立法権（議会）と行政権（政府）と関係について，① 議会と政府とを完全に分離し，政府の長である大統領を民選とするアメリカ型（大統領制），② 君主制下で，政府は君主に対し責任を負い，議会に対しては責任も負わないドイツ型（超然内閣制，明治憲法），③ 政府が専ら議会により選任され，指揮に服するスイス型（会議政，議会統治制），④ 議院内閣制をとるイギリス型に分類される。我が国憲法は，議院内閣制を採用する。

2. 日本国憲法の議院内閣制

　日本国憲法が採用する議院内閣制について，内閣の連帯責任の原則（66条3項），内閣不信任決議権（69条）が定められ，内閣総理大臣を国会が指名すること（67条），内閣総理大臣および他の国務大臣の過半数は国会議員であること（67条，68条）の規定が成文化されている。

3. 衆議院解散

　解散は，任期満了前に議員の資格を失わせる行為であり，日本国憲法には，内閣の解散権を明示する規定はない。7条3号は，天皇の国事行為の一つとして衆議院の解散を挙げるが，天皇が実質的に決定するものではない。69条の内閣不信任決議に基づく解散も，解散権を真正面から規定したものでない。現在では，7条によって内閣に実質的な解散決定権が存するという慣行が成立していることは既述した。

[注]
1) 前掲・芦部信喜，高橋和之補訂『憲法 第六版』322-335頁参照。
2) 前掲・田中二郎『新版行政法（上）[全訂第2版]』50頁。
3) 橋本公亘『日本国憲法[改訂版]』有斐閣（1988年）563頁，佐藤幸治『憲法[第3版]』青林書院（1995年）217頁，伊藤正己『憲法[第3版]』弘文堂（1995年）516頁。
4) 最大判平成7・2・22刑集49巻2号1頁。
5)「内閣総理大臣の職務権限—ロッキード事件丸紅ルート」別冊ジュリスト「憲法判例百選Ⅱ[第四版]」石川健治384-385頁。

第13章

裁判所

第6章 司法
第76条〔司法権の機関と裁判官の職務上の独立〕
　すべて司法権は、最高裁判所及び法律の定めるところにより設置する下級裁判所に属する。
　2　特別裁判所は、これを設置することができない。行政機関は、終審として裁判を行ふことができない。
　3　すべて裁判官は、その良心に従ひ独立してその職権を行ひ、この憲法及び法律にのみ拘束される。
第77条〔最高裁判所の規則制定権〕
　最高裁判所は、訴訟に関する手続、弁護士、裁判所の内部規律及び司法事務処理に関する事項について、規則を定める権限を有する。
　2　検察官は、最高裁判所の定める規則に従はなければならない。
　3　最高裁判所は、下級裁判所に関する規則を定める権限を、下級裁判所に委任することができる。
第78条〔裁判官の身分の保障〕
　裁判官は、裁判により、心身の故障のために職務を執ることができないと決定された場合を除いては、公の弾劾によらなければ罷免されない。裁判官の懲戒処分は、行政機関がこれを行ふことはできない。
第79条〔最高裁判所の構成及び裁判官任命の国民審査〕
　最高裁判所は、その長たる裁判官及び法律の定める員数のその他の裁判官でこれを構成し、その長たる裁判官以外の裁判官は、内閣でこれを任命する。
　2　最高裁判所の裁判官の任命は、その任命後初めて行はれる衆議院議員総選挙の際国民の審査に付し、その後十年を経過した後初めて行はれる衆

議院議員総選挙の際更に審査に付し、その後も同様とする。
　3　前項の場合において、投票者の多数が裁判官の罷免を可とするときは、その裁判官は、罷免される。
　4　審査に関する事項は、法律でこれを定める。
　5　最高裁判所の裁判官は、法律の定める年齢に達したときに退官する。
　6　最高裁判所の裁判官は、すべて定期に相当額の報酬を受ける。この報酬は、在任中、これを減額することができない。
第80条〔下級裁判所の裁判官〕
　下級裁判所の裁判官は、最高裁判所の指名した者の名簿によつて、内閣でこれを任命する。その裁判官は、任期を十年とし、再任されることができる。但し、法律の定める年齢に達した時には退官する。
　2　下級裁判所の裁判官は、すべて定期に相当額の報酬を受ける。この報酬は、在任中、これを減額することができない。
第81条〔最高裁判所の法令審査権〕
　最高裁判所は、一切の法律、命令、規則又は処分が憲法に適合するかしないかを決定する権限を有する終審裁判所である。
第82条〔対審及び判決の公開〕
　裁判の対審及び判決は、公開法廷でこれを行ふ。
　2　裁判所が、裁判官の全員一致で、公の秩序又は善良の風俗を害する虞があると決した場合には、対審は、公開しないでこれを行ふことができる。但し、政治犯罪、出版に関する犯罪又はこの憲法第三章で保障する国民の権利が問題となつてゐる事件の対審は、常にこれを公開しなければならない。

I．司法権の範囲

1．司法権の概念

　すべて司法権は、最高裁判所及び法律の定めるところにより設置する下級裁判所に属すると定められる（76条1項）。
　司法は、具体的な争訟について法を適用し、宣言することによって裁定する国家作用と考えられてきた。司法の概念を構成する重要な要素は、具体的

な争訟が存在すること，適正手続の要請等に則った特別の手続（口頭弁論，公開主義など，公正な裁判を実現するための諸原則）に従うこと，独立して裁判がなされること，正しい法の適用を保障する作用であることである。

2．司法権の範囲

日本国憲法は，行政事件の裁判も含め，全ての裁判作用を司法権とし，通常裁判所に属するとした。憲法76条2項で特別裁判所の設置が禁止され，行政機関による終審裁判が禁止されている。全ての事件を通常裁判所に属せしめる制度であり，英米で発達してきた。司法権の範囲は著しく拡大されることとなっている。

3．法律上の争訟

具体的な争訟の要件は司法権の概念の中核をなすものである。具体的事件性の要件ともいわれ，裁判所法3条の「一切の法律上の争訟」も同旨である。

判例は，法律上の争訟の意味を，① 当事者間の具体的な権利義務ないし法律関係の存否（刑罰権の存否を含む）に関する紛争であり，裁判所救済を求めるには原則として自己の権利または法律により保護される利益侵害の要件が必要となる。② 法律を適用することにより終局的に解決可能なものに限られると説明する（2要件）。

そこで，法律上の争訟に該当せず，裁判所の審査権が及ばない場合が問題となる。

① 第1には，具体的事件性もなく，権利侵害の要件もないのに，抽象的に法令の解釈，効力について争うことである。警察予備隊令（昭和25年）ならびにこれに基づいて設置された警察予備隊の違憲性が争われた事件（後掲）で，裁判所は訴えを却下した。

民衆訴訟（公職選挙法203条，204条の選挙訴訟，地方自治法242条の2の住民訴訟）は，具体的事件性を前提としないで出訴する制度を法律で設けている。この制度については，法律で認められた例外的な訴訟として

許されると解されている。

　民衆訴訟は,「国又は公共団体の機関の法規に適合しない行為の是正を求める訴訟で,選挙人たる資格その他自己の法律上の利益にかかわらない資格で提起するもの」である（行政事件訴訟法5条）。機関訴訟は,「国又は公共団体の機関相互間における権限の存否又はその行使に関する紛争についての訴訟」（6条）であり,「法律に定める場合において,法律に定める者に限り,提起することができる」（42条）。この民衆訴訟と機関訴訟とを合わせ客観訴訟と称される。

② 　第2には,単なる事実の存否,個人の主観的意見の当否,学問上・技術上の論争などで,国家試験における合格・不合格の判定は試験実施機関の最終判断に委ねられ,裁判の対象とはならない（最判昭和41・2・8）[1]。法律上の争訟の2要件を満たさない。

③ 　第3には,純然たる信仰の対象の価値,宗教上の教義に関する判断自体を求める訴え,あるいは単なる宗教上の地位（住職たる地位など）の確認の訴えが挙げられる。やはり法律上の争訟の2要件を満たさない。

　ここで,宗教問題が前提問題として争われる場合,(イ)紛争の実体ないし核心が宗教上の争いであり,紛争が全体として裁判所の解決に適しない場合,(ロ)紛争自体は全体として裁判所による解決に適しないとはいえない場合がある。(ロ)は訴え自体は却下されず,裁判所の審査が行われることになるが,争点については宗教団体の自律的判断が尊重され,宗教上の教義の解釈など,自治により決定すべき事項は裁判所は実体的な審理判断を行わない（板まんだら事件）。住職の選任・罷免の手続面の問題のみを審理判断することが許される[2]。

　板まんだら事件の事案は,Y（創価学会—被告・被控訴人・上告人）は,(i)日蓮正宗総本山大石寺境内に本尊「板まんだら」を安置する正本堂を建設する,(ii)正本堂建立は教義にいう「広宣流布」達成の時期に当たるとして,会員に建設費用の寄付を募った。1965年10月当時Yの会員であったXら17人（原告・控訴人・被上告人）は,それぞれ280円から200万円（総額約542万円）を供養金名義で寄付したが,その後に,(i)に

ついて寄付後に「板まんだら」が偽物であることが判明した, (ii)について正本堂完成後になって広宣流布は未だ達成されないとYが述べた, との理由で, 要素の錯誤に基づいてなされた本件寄付行為（贈与）が無効である等と主張して, Yに対して寄付金の返還を求めたものである[3]。

最高裁判旨（最判昭和56・4・7）[4]は, 以下の通り。

> 訴訟は形式的には具体的な権利義務ないし法律関係に関する紛争であるが, その前提として信仰の対象の価値または宗教上の教義に関する判断を行わなければならず, 結局, 訴訟は実質的には法令の適用による終局的な解決の不可能なものであるから, 法律上の争訟にあたらない。

4. 司法権の限界

裁判所は, 一切の法律上の争訟を裁判する（裁判所法3条）が, この原則の例外を掲げる。① 議員の資格争訟の裁判（55条）, 裁判官の弾劾裁判（64条）のように憲法自体において特別の理由から明文で認めているもの, ② 国際法上の治外法権, 条約による裁判権の制限など国際法によって定められたもの, ③ 国会ないし各議院の自律権・自主権に属する行為, 行政機関ないし国会の自由裁量行為, いわゆる統治行為など法律上の係争の形はとっているが, 事柄の性質上, 裁判所審査に適しないと認められるもの, がある。

(1) 自律権に属する行為

自律権は, 懲罰, 議事手続など国会または各議院の内部事項について, 自主的に決定できる権能である。国会内部の議事手続については, 裁判所は審査できないと解されている（警察法改正無効事件）（最大判昭和37・3・7）[5]。

(2) 自由裁量行為

政治部門の自由裁量に委ねられてると解される行為については, 当・不当が問題となるのみであり, その裁量権を著しく逸脱する, もしくは著しく濫

用した場合でなければ，裁判所の統制は及ばない。

(3) 統治行為

統治行為とは，直接国家統治の基本に関する高度に政治性のある国家行為で，法律上の争訟として裁判所による法律的な判断が理論的には可能であるところ，事柄の性質上，司法審査の対象から除外される行為をいう。

最高裁判所は，既述の砂川事件判決において，以下の通り判示した。

> 日米安保条約のような，主権国としてのわが国の存立の基礎に極めて重大な関係をもつ高度の政治性を有する条約が違憲か否かは，内閣・国会の高度の政治的ないし自由裁量的判断と表裏をなす点がすくなくないので，一見極めて明白に違憲無効であると認められない限りは，裁判所の司法審査権の範囲外のものである。

ここで，逆に一見極めて明白に違憲無効であれば司法審査は可能であるということになり，自由裁量論の要素が加味されている。

もっとも，衆議院解散の効力が争われた苫米地事件において，以下の通り，正面から統治行為論を是認した（最大判昭和35・6・8）[6]。

> 裁判所の審査権の外にあり，その判断は主権者たる国民に対して政治的責任を負うところの政府，国会等の政治部門の判断に委され，最終的には国民の政治判断に委ねられている。

その理論的根拠については，最高裁判例は，以下の通り，内在的制約説を採っている。

> 司法権に対する制約は，結局，三権分立の原理に由来し，当該国家行為の高度の政治性，裁判所の司法機関としての性格，裁判に必然的に随伴する手続上の制約等にかんがみ，特定の明文による限定はないけれども，司法権の憲法の本質に内在する制約と理解すべきものである。

(4) 団体内部事項に関する行為

地方議会，大学，政党，労働組合，弁護士会など自主的団体の内部紛争に関しては司法審査が及ぶか，が問題となる。法律上の争訟であれば司法審査が及ぶことが原則であるところ，純粋な内的事項については，性質上，統治行為同様に各団体自治を尊重し，司法審査は抑制する場合も出てくる。部分社会論とも称される。

(イ) 地方議会

地方議会議員に関しては，最高裁は（地方議会議員懲罰事件）（最大判昭和35・10・19）[7]，①3日間の出席停止の懲罰議決の効力については，「自律的な法規範をもつ社会ないし団体に在っては，当該規範の実現を内部規律の問題として自治的措置に任せ，必ずしも，裁判にまつを適当としないものがある」とする。②しかし，傍論部分において，除名処分については，「議員の身分の喪失に関する重大事項で，単なる内部規律の問題に止らない」から司法審査が及ぶとして，扱いを分けている。

(ロ) 大学

大学の自律性は，学問の保障の中の大学の自治の保障に基づいている。最高裁は，国立大学の単位不認定処分が争われた事件（富山大学事件）（最判昭和52・3・15）[8]において，以下の通り，判示している。

> 大学は国公立であると私立であると問わず，一般市民社会とは異なる特殊な部分社会を形成している。単位授与（認定）行為は，他にそれが一般市民法秩序と直接の関係を有するものであることを肯認するに足りる特段の事情のない限り，純然たる大学内部の問題として大学の自主的，自律的な判断に委ねられるべきものであって，司法審査の対象にはならない。

最高裁は，上記事件に関連して学長，学部長が上告した事件において，以下の通り述べている。

> 学生が専攻科修了の要件を充足したにもかかわらず，大学がその認定

> をしないときは，一般市民として有する公の施設を利用する権利が侵害されることになるので，司法審査の対象になる。

Ⅱ．裁判所の組織，権能

1．裁判所の組織

　日本国憲法において，司法権を行使する裁判所は最高裁判所，下級裁判所に分けられる。下級裁判所は，高等裁判所，地方裁判所，家庭裁判所，簡易裁判所がある（裁判所法2条）。三審制により，一般的に，地裁，高裁，最高裁の順に上訴されていく。家裁は，家庭事件，少年事件の審判などを行う裁判所であり，地裁と同等の位置にある。簡裁は，少額で軽微な事件を簡易，迅速に裁判する第一審裁判所で，この他，特許権など知的財産に関わる事件を専門的に取り扱う知的財産高等裁判所が東京高裁特別支部として2005年に発足している。

2．特別裁判所の禁止

　司法権は通常の司法裁判所が行使し，特別裁判所は設置することができない（76条2項）。特別裁判所は，特別の人間，事件について裁判するため，通常裁判所系列から独立して設けられる裁判機関のことである。

　しかしながら，裁判の前審としてであれば，行政機関が行政処分について審査請求，異議申立てについて，裁決，決定を下すことは認められる。「行政機関は，終審として裁判を行ふことができない。」（76条2項後段）の反対解釈である。

　また準司法手続きの実質的証拠法則として，例えば独占禁止法違反の事件において，独立行政委員会である公正取引委員会が認定した事実は，これを立証する実質的証拠があるときには裁判所を拘束する（独占禁止法80条1項）。この場合も，実質的証拠の有無の判断は裁判所が行い（同2項），それがない場合は裁判所は審決を取り消すことができる，となっており，裁判所

の法律上の争訟を裁判する権限は，担保されているといえる。

3．下級裁判所裁判官

下級裁判所の裁判官は，最高裁判所の指名した者の名簿によって内閣で任命する。任期を10年とし，再任できる（80条1項）。

例外として，裁判官の弾劾事由に該当する場合，心身の故障に基づく職務不能の場合，成績不良など不適格者であることが客観的に明白である場合，再任を拒否できると解されている[9]。

4．最高裁判所の構成，権限

最高裁判所は，最高裁判所長官1名，最高裁判所判事14名で構成されている（79条1項，裁判所法5条）。最高裁判所長官は，内閣の指名に基づき天皇が任命する（6条2項）。最高裁判事は，内閣が任命し天皇が認証する（79条1項，裁判所法39条）。

最高裁判所は，上告および訴訟法で特に定める抗告についての一般裁判権，国家行為の合憲性審査権，最高裁判所規則制定権，下級裁判所裁判官指名権，下級裁判所・裁判所職員を監督する司法行政監督権などの権能を有している。

大法廷（15名全員の裁判官合議体），小法廷（5名の裁判官合議体）で，審理・裁判を行う。憲法適合性を判断するとき，判例を変更するときなど一定の場合は，大法廷で裁判することが必要とされる（裁判所法10条参照）。

5．最高裁判所裁判官の国民審査

最高裁判所の裁判官について，国民審査制度が設けられている（79条2項）。この審査の性質はリコール制（解職制）と解されている（通説・判例）。

この国民審査は，現行法では罷免を可とすべき裁判官に×印，そうでない場合は何も記入しない投票方法を採っている。

最高裁（最大判昭和27・2・20）[10]は，以下の通り判示した。

172 第Ⅲ部 統治機構

> 国民審査の性質はリコール制であり，積極的に罷免を可とする投票以外は罷免を可としないものとして扱うことはむしろ適当である。

6．最高裁判所の規則制定権

　最高裁判所の規則制定権（77条1項）は，権力分立の見地から，裁判所の自主性を確保し，司法内部の最高裁判所の統制権・監督権を強化すること，実務に通じた裁判所の専門的判断を尊重すること，が主旨である。

　規則で定める事項は，裁判所の内部規律および司法事務処理に関する事項として裁判所の自律権にかかわる内部的事項，ならびに訴訟に関する手続，弁護士などに関する事項のように訴訟関係において主たる当事者となる事項が入っている。

　規則事項は，法律でも定めることが可能である。第1に，法律事項についても，法律で規定されない限りは，規則で定めることができると解される。第2に，規則制定権の範囲内の事項について，法律と規則が競合的に制定され，この両者が矛盾する場合の効力関係については，憲法41条の趣旨から，法律優位説が妥当とされよう（通説）[11]。

7．裁判の公開

　裁判の公正の確保の見地から，裁判の対審および判決は公開法廷で行うが，政治犯罪，出版に関する犯罪または憲法第3章で保障する国民の権利が問題となっている事件を除き，公序良俗を害するおそれがある場合には，例外として公開停止も許される（82条）。

　対審は，裁判官の面前で当事者が口頭で各主張を述べることである（民事訴訟の口頭弁論手続，刑事訴訟の公判手続）。公開は，傍聴の自由を認めることであるが，裁判長が法廷の秩序を維持するため必要あると認めたときは，一定の制約を加えることが可能である（裁判所傍聴規則1条，裁判所法71条2項）。

　傍聴の自由には報道の自由が含まれるが，刑事訴訟では写真撮影，録音，

放送(刑事訴訟規則215条),民事訴訟では加えて速記も(民事訴訟規則77条),裁判所の許可を得なければできない。こうした制限について,法廷の秩序維持,被告人等の利益保護のため必要と解し,合憲としている(最大決昭和33・2・17)[12]。

また前出の最高裁判例(法廷メモ採取事件)は,法廷でメモを取る自由について,「憲法21条の精神に照らして尊重されるべきであり,公正かつ円滑な訴訟の運営を妨げるという特段の事情のないかぎり,故なく妨げられてはならない」としつつも,「メモを採取することを権利として保障しているものではない」と判示している。

8. 陪審制

陪審制には,一般国民の中から選任された陪審員が正式起訴をするかを決定する大陪審,ならびに審理に参加し評決する小陪審がある。英米で発達したもので,司法に対する国民参加制度である。

日本国憲法下でも,裁判官が陪審の評決に拘束されない限り,陪審制を設けることは可能と解されている(通説)。

裁判員制度が2009年に実施され,原則として6名の裁判員が3名の職業裁判官と共に裁判所を構成し,共同して有罪決定,量刑を行う。陪審制ではなく,量刑まで行う点に特殊性はあるが,基本的には参審制の一種とされる。

III. 司法権の独立

1. 司法権独立の意義

裁判が公正に行われ,人権保障が確保されるため,裁判官が外部からの圧力,干渉を受けずに公正な立場でその職責を果たすことが必要となる。司法権独立の原則は,近代立憲主義の原則として,諸外国の憲法で認められてきたものである。

2. 司法権独立の内容

司法権独立の内容として，① 司法権が立法権・行政権から独立していること（広義の司法権独立），② 裁判官が裁判をするに当たり，独立して職権を行使することがある（裁判官の職権の独立）。これを支える規定として，裁判官の身分保障（78条），下級裁判所裁判官の指名（80条），規則制定権（77条），行政機関による裁判官の懲戒処分禁止（78条）などがある。

全て裁判官はその良心に従ひ独立してその職権を行い，憲法および法律にのみ拘束される。裁判官の職権の独立の原則を示したものであるが，「良心」とは裁判官個人の主観的良心でなく，客観的良心を表している。裁判官としてのあり得べき良心で，本来ならこうであるべき，という良心である。独立してその職権を行うため，司法部内の指示・命令も排除される。

司法権の独立が脅かされた事件として，大津事件（1891年）[13]，既述の浦和事件（1948年），吹田黙禱事件（1953年）[14]，平賀書簡事件（1969年）などがある。

[注]
1) 最判昭和41・2・8民集20巻2号196頁。
2) 前掲・芦部信喜，高橋和之補訂『憲法 第六版』340-341頁。
3) 「宗教上の教義に関する紛争と司法権—「板まんだら」事件」別冊ジュリスト「憲法判例百選 Ⅱ[第四版]」宍戸常寿384-385頁。
4) 最判昭和56・4・7民集35巻3号443頁。
5) 最大判昭和37・3・7民集16巻3号445頁。昭和29年成立の新警察法は審議にあたり野党議員の強硬な反対のため議場混乱のまま可決されたが，議決が無効かが争われた事件である。最高裁は，「警察法が両院において議決を経たものとされ適法な手続によって公布されている以上，裁判所は両院の自主性を尊重すべく同法制定の議事手続に関する事実を審理してその有効無効を判断すべきでない」と判示している。
6) 最大判昭和35・6・8民集14巻7号1206頁。
7) 最大判昭和35・10・19民集14巻12号2633頁。
8) 最判昭和52・3・15民集31巻2号234頁。
9) 前掲・芦部信喜，高橋和之補訂『憲法 第六版』348-349頁。実際の取扱いでは，再任は任命権者の裁量に委ねられている。
10) 最大判昭和27・2・20民集6巻2号122頁。
11) 前掲・芦部信喜，高橋和之補訂『憲法 第六版』352頁。
12) 最大決昭和33・2・17刑集12巻2号253頁。
13) 1891年滋賀県大津で巡査津田三蔵が来日中のロシア皇太子に傷害を負わせた事件である。政府は外交上の考慮から死刑判決を下すように大審院に働きかけ，大審院長児島惟謙は抵抗し，無期徒刑に処した。政府の干渉は排除されたが，児島院長が事件担当裁判官を説得した点も問題と

された。
14) 1953年大阪府吹田駅付近で，朝鮮戦争・軍需輸送に反対する労働者等の集団と警官隊が衝突し，111名が刑法106条騒擾罪（現在，騒乱罪）で起訴された。担当の大阪地裁裁判長が，法廷内で被告人らの朝鮮戦争戦死者に対する黙禱を制止しなかったことから，訴訟指揮の当否が問題となった。

第14章

財政と地方自治

第7章　財政

第83条〔財政処理の要件〕
　国の財政を処理する権限は，国会の議決に基いて，これを行使しなければならない。

第84条〔課税の要件〕
　あらたに租税を課し，又は現行の租税を変更するには，法律又は法律の定める条件によることを必要とする。

第85条〔国費支出及び債務負担の要件〕
　国費を支出し，又は国が債務を負担するには，国会の議決に基くことを必要とする。

第86条〔予算の作成〕
　内閣は，毎会計年度の予算を作成し，国会に提出して，その審議を受け議決を経なければならない。

第87条〔予備費〕
　予見し難い予算の不足に充てるため，国会の議決に基いて予備費を設け，内閣の責任でこれを支出することができる。
　2　すべて予備費の支出については，内閣は，事後に国会の承諾を経なければならない。

第88条〔皇室財産及び皇室費用〕
　すべて皇室財産は，国に属する。すべて皇室の費用は，予算に計上して，国会の議決を経なければならない。

第89条〔公の財産の用途制限〕
　公金その他の公の財産は，宗教上の組織もしくは団体の使用，便益若しくは維持のため，又は公の支配に属しない慈善，教育若しくは博愛の事業に

対し，これを支出し，又はその利用に供してはならない。
第90条〔会計検査〕
　国の収入支出の決算は，すべて毎年会計検査院がこれを検査し，内閣は，次の年度に，その検査報告とともに，これを国会に提出しなければならない。
　2　会計検査院の組織及び権限は，法律でこれを定める。
第91条〔財政状況の報告〕
　内閣は，国会及び国民に対し，定期に，少くとも毎年一回，国の財政状況について報告しなければならない。

第8章　地方自治
第92条〔地方自治の本旨の確保〕
　地方公共団体の組織及び運営に関する事項は，地方自治の本旨に基いて，法律でこれを定める。
第93条〔地方公共団体の機関〕
　地方公共団体には，法律の定めるところにより，その議事機関として議会を設置する。
　2　地方公共団体の長，その議会の議員及び法律の定めるその他の吏員は，その地方公共団体の住民が，直接これを選挙する。
第94条〔地方公共団体の権能〕
　地方公共団体は，その財産を管理し，事務を処理し，及び行政を執行する権能を有し，法律の範囲内で条例を制定することができる。
第95条〔一の地方公共団体のみに適用される特別法〕
　一の地方公共団体のみに適用される特別法は，法律の定めるところにより，その地方公共団体の住民の投票においてその過半数の同意を得なければ，国会は，これを制定することができない。

I．財政

1．財政民主主義
　日本国憲法は，行政権の主体は内閣であると定めるが，財政については国

会のコントロールを認めている (83条)。

2. 租税法律主義

租税は国民に対して負担を求めるものであり、国民の同意を得なければならない原則である (84条)。イギリスでは、「代表なければ課税なし」と称されている政治原理である。

租税とは、国または地方公共団体が課税権に基づいて使用する経費に充当するために強制的に徴収する金銭給付のことである。形式的に租税としなくても、国民に対し強制的に賦課される金銭として、専売品価格、営業許可の手数料、各種検定手数料、郵政民営化前の郵便・郵便貯金・郵便為替などの料金も、租税法律主義の原則から国会議決が必要と一般に解されている[1]。

ここで、法律による議決を要する事項としては、納税義務者、課税物件、課税標準、税率等の課税要件、税の賦課・徴収の手続である (最大判昭和30・3・23)[2]。

また法律上課税できる物品であるが、実際上非課税として扱われてきた物品について、通達により、新たに課税物件とする取り扱いも、通達の内容が法の正しい解釈に合致するものであれば違憲でない (最判昭和33・3・28)[3]。

3. 予算と法律

予算は、1会計年度における国の財政行為の準則で、これに従い国の財政が運用される。予算について、内閣は毎会計年度の予算を作成し、国会に提出してその審議を受け、議決を経なければならない (86条)。

この予算について、①法律とは異なり予算という独自の法形式とする予算法規範説[4]、②法律の一種とする予算法律説[5] の2つの考え方がある。予算は政府を拘束するが一般国民を直接拘束しないこと、予算の効力は1会計年度に限られること、内容としては計算のみを扱っていること、提出権が内閣に属すること (73条5号、86条)、法律案と異なり衆議院に先議権を認めるが衆議院再議決を認めないこと (60条1項、2項) 等の理由から、予算

法規範説が多数説となっている。

予算法規範説の立場では，予算と法律の不一致が生じ得ることになる。① 予算は成立したが，支出を認める法律が制定されない場合，② 法律は制定されたが，執行に必要な予算がない場合が考えられる。①は，内閣は法律案を提出し国会の議決を求めることになるが，国会は法律を制定する義務はない。②は，内閣は法律を誠実に執行する義務を負い（73条1号），補正予算・経費流用・予備費のほか法律施行の延期により対処することになる。

増額修正に関して，予算は内閣により作成され国会の審議，議決を受けるが，国会は議決において，原案を削減するマイナス修正，逆に新たな項目を設け，金額を増加するプラス修正の両方とも可能である。増額修正の規定として，財政法19条，国会法57条の3などがある。もっとも，予算法規範説の立場から，予算の同一性を損なうような大きな修正は許されないとする考え方もある[6]。

暫定予算について，会計年度開始までに当該年度の予算が成立しない場合，財政民主主義の原則を重視し，財政法では暫定予算制を採っている（30条）。

4．決算審査

国の収入支出の決算は，独立行政委員会である会計検査院が毎年を検査し，内閣は次年度に検査報告とともに国会に提出しなければならない（90条）。

国会は提出された決算を審議し，認めるかどうか議決するが，両議院一致の議決は必要でなく，議決は決算の効力自体には影響しない。

5．公金支出禁止

国，地方公共団体の所有する公金，その他公の財産は，国民の負担と密接に関わりがあり，適正管理，民主的コントロールが必要である（89条）。

89条前段は，宗教上の組織もしくは団体へ公金支出を禁止することで，政教分離原則を財政面から保障することを目的としている。

89条後段については，① 私的事業への不当な公権力支配を防止する規定，② 公財産の濫費を防止し，慈善事業等の営利的傾向あるいは公権力に対する依存性を排除する規定，の2つの考え方がある。①は，公の支配について厳格に解するため（厳格説）[7]，監督官庁が事業の自主性が失われる程度に達しない権限（私立学校振興助成法12条の定める報告徴収，勧告権限）のみでは公の支配に属する，とはいえず，事業助成は違憲の疑いを生じかねない。他方，②は，公の支配に属する，について，国または地方公共団体の一定の監督が及ぶことをもって足る，と緩やかに解し（緩和説）[8]，業務・会計状況の報告の徴求，予算の変更の勧告などの監督権があることで，助成は合憲とする。

Ⅱ．地方自治

1．地方自治の本旨

日本国憲法は，第八章に地方自治の章を置き，保障している。地方公共団体の自然権的・固有権的な基本権保障でなく，地方自治という歴史的・伝統的制度の保障（制度的保障）と解される。

92条の地方自治の本旨は，住民自治，団体自治の2つの要素を有する。① 住民自治は，地方自治が住民の意思に基づいて行われること（民主主義的要素），② 団体自治は，地方自治が国から独立した団体において，団体意思と責任でなされること（自由主義・地方分権的要素）である。

2．地方公共団体の機関

地方自治の民主化の考えから，地方公共団体は議会が設置され，地方公共団体の長，議会の議員などは住民の選挙によらなければならない（93条）。

地方公共団体には，都道府県・市町村という2段階の地方公共団体（地方自治法1条の3）。東京都特別区が憲法上の地方公共団体であるか，が争われた事件において，最高裁は，「特別区は沿革的にも実質的にも地方公共団体とはいえない」と判示した（最大判昭和38・3・27）[9]。

府県制廃止について，例えば道州制導入など，現在の2段階制を維持しつつ，地方自治の本旨を生かすために広域化する必要があるとすれば，立法政策の問題と解することも許されるであろう[10]。

3．条例
(1) 条例の意味

条例は，地方公共団体が自治権に基づいて制定する自主法である。地方公共団体が行う自治事務（地方自治法2条）を実施するにおいて，条例制定ができる（94条）。

自治事務は，地方公共団体が処理する事務である（地方自治法2条2項）。以前は，自治事務と機関委任事務が区別されていたが，現行法は，地方公共団体の処理する事務として自治事務，法定受託事務が区別され，事務配分としては自治事務が原則である。

(2) 条例の範囲と限界

条例制定権は広く認める必要があるが，一定の制約がある。

① 憲法29条2項，31条，84条など，憲法上，一定事項の規律に関しては法律で規定することを求めている（法律留保）事項について，しかし当該事項が法律で定められていない場合，条例をもって直接に規律できるか，が問われる。

憲法29条2項について，条例による財産権の内容の規制が許されるか，に関して，条例は住民の代表機関である議会議決により成立する民主的立法であり，実質的には法律に準ずるものであるという点に，条例による内容の規制も許される根拠があると解される[11]。

② 法律によらない科刑を禁止する憲法31条，法律の委任なくして政令に罰則を設けることを禁止する73条6号の関連で，条例において違反に対する制裁として罰則を定めることができるか，が問題となる。同様の理由で，積極に解するのが妥当とされよう。

③ 租税法律主義の原則（84条）の関連で，条例による地方税の賦課徴収が許されるか，も問題となる。地方公共団体は，自治権の一つとして課税

権を有し，法律（84条）の中に条例も含まれる，と解されている[12]。

　最高裁判例も，「地方公共団体は憲法上，課税権の主体となることが予定されており，法律の範囲内で条例により課税することができる」とする（最判平成25・3・21)[13]。

　また，「条例によって刑罰を定める場合は，法律の授権が相当な程度に具体的であり，限定されておれば足りると解するのが正当である」と判示している（最大判昭和37・5・30)[14]。

④　条例制定権は，法律に反してはならないという限界がある。憲法94条の規定，ならびに条例の効力は法律に劣る（地方自治法14条1項，「法令に違反しない限りにおいて」）ためである。しかし，法令に明示もしくは黙示の禁止規定がない限り，法律による規制が定められている場合も，法律からの特別の委任がなくても，条例を制定できる。

　公害規制における上乗せ条例（法律の定める基準よりも厳しい基準を定める）の適法性について，法律に反してはならないという条件は緩く解し，法律の趣旨から，より厳しい規制基準を条例で定めることを排除しているのでなければ，地方の実情に応じ，別段の規制を定める上乗せ条例は適法と考えられている（多数説)[15]。

　前述の徳島市公安条例事件に関する裁判例について，事案は，昭和43年12月10日Ｙは，徳島市内で集団示威行進に参加した。その際，車道上において，自らだ行進をし，また，笛を吹き，両手を上げ前後に振る等，集団行進者にだ行進をさせるよう刺激を与えた。

　道路交通法77条1項4号の委任に基づき，徳島県公安委員会は「集団行進」を管轄警察署長の「許可」の対象として指定していた（県道路交通法施行細則11条3号（当時））。同条3項は，警察署長が「許可」に「条件」を付すことを認めており，この「条件」に違反した者には「3月以下の懲役又は3万円以下の罰金」が科される（同法119条1項13号）。本件集団示威行進の許可には，「だ行進をするなど交通秩序を乱すおそれがある行為をしないこと」が条件として付されていた。他方，徳島市の「集団行進及び集団示威運動に関する条例」は，集団示威行進等について市公安

委員会への届出制を定め (1条),「公共の安寧を保持するため」集団示威行進を行う者が遵守すべき事項として「交通秩序を維持すること」を掲げ (3条3号), それを遵守しない集団示威行進の「主催者, 指導者又は扇動者」に対して,「1年以下の懲役若しくは禁錮又は5万円以下の罰金」を科していた (5条)。Y は, 自らだ行進をした点が道交法77条3項に違反し, 集団にだ行進をさせるよう刺激を与え扇動をした点が本件条例3条3号・5条に違反するとして, 起訴されたものである[16]。

最高裁判決 (最大判昭和50・9・10)[17] は, 集団行進の道交法による規制, 公安条例による規制が競合する際, 両者の関係について判示した。

> 条例が国の法令に違反するかどうかは, 両者の対象事項と規定文言を対比するのみでなく, それぞれの趣旨, 目的, 内容及び効果を比較し, 両者の間に矛盾抵触があるかどうかによってこれを決しなければならない。例えば, ある事項について国の法令中にこれを規律する明文の規定がない場合でも, 当該法令全体からみて, 右規定の欠如が特に当該事項についていかなる規制をも施すことなく放置すべきものとする趣旨であると解されるときは, これについて規律を設ける条例の規定は国の法令に違反することとなりうるし, 逆に, 特定事項を規律する国の法令と条例が併存する場合でも, 後者が前者と別の目的に基づく規律を意図するものであり, その適用によって前者の規定の意図する目的と効果をなんら阻害することがないときや, 両者が同一の目的に出たものであっても, 国の法令が必ずしもその規定によって全国的に一律に同一内容の規制を施す趣旨ではなく, それぞれの普通地方公共団体において, その地方の実情に応じて, 別段の規制を施すことを容認する趣旨であると解されるときは, 国の法令と条例との間にはなんら矛盾抵触はなく, 条例が国の法令に違反する問題は生じえない。

4. 地方自治特別法

憲法95条の地方自治特別法は, 国が特定の地方公共団体に対し, 不利益を課すような法律を安易に制定することを防止するために規定される。広島平和記念都市建設法 (1949年) は, 同条文が初めて適用・施行された法

律例であり，この他，旧軍港市転換法（1950年）も，旧軍港にあった横須賀，呉，佐世保，舞鶴の4市に適用されるもので，この特別法に該当するとして，対象4市において各々個別に地方自治法第261条に基づく住民投票が実施（同年6月4日）され，いずれも過半数の賛成を得て成立した。もっとも，その後の6度にわたる一部改正は，技術的改正（軽微な語句修正）であり国会から内閣に対して「この一部改正法は特別法である」旨の通知が行われなかったため，住民投票の対象にはなっていない。

他方，秋田県八郎潟干拓により，新設がなされた大潟村に，村長・村議会を暫定的に置かない旨を定めた「大規模な公有水面の埋立てに伴う村の設置に係る地方自治特別法の特例に関する法律」（1964年）は，未だ国法上の地方公共団体が存在していない時点での特殊な地域であり，95条の地方自治特別法には該当しない。

[注]
1）「租税を除く外，国が国権に基いて収納する課徴金及び法律上又は事実上国の独占に属する事業における専売価格若しくは事業料金については，すべて法律又は国会の議決に基いて定めなければならない」と規定する財政法3条は，憲法83条または84条から生ずる結論を確認し表明したものとなる。しかし，83条との関係で「国会の議決」を要するとしても，右手数料等をすべて84条に言う「租税」に含めて解するのは，妥当ではない。前掲・芦部信喜，高橋和之補訂『憲法 第六版』361頁。
2）最大判昭和30・3・23民集9巻3号336頁。
3）最判昭和33・3・28民集12巻4号624頁。
4）前掲・宮沢俊義・芦部信喜補訂『コンメンタール全訂日本国憲法』724頁，前掲・清宮四郎『憲法Ⅰ［第3版］』270頁，前掲・樋口陽一・佐藤幸治・中村睦男・浦部法穂『注釈日本国憲法（上）』197頁［浦部法穂］，前掲・芦部信喜，高橋和之補訂『憲法 第六版』362-363頁。
5）杉原康雄『憲法Ⅱ』有斐閣（1989年）444頁ほか。
6）前掲・清宮四郎『憲法Ⅰ［第3版］』275頁。
7）前掲・宮沢俊義・芦部信喜補訂『コンメンタール全訂日本国憲法』742頁，前掲・清宮四郎『憲法Ⅰ［第3版］』266頁。
8）前掲・橋本公亘『日本国憲法［改訂版］』547頁，小林直樹『憲法講義（下）［新版］』東京大学出版会（1981年）401頁。
9）最大判昭和38・3・27刑集17巻2号121頁。
10）前掲・芦部信喜，高橋和之補訂『憲法 第六版』368-369頁。
11）前掲・芦部信喜，高橋和之補訂『憲法 第六版』370-373頁参照。
12）地方税法3条が，条例により税目，課税客体，課税標準，税率その他賦課徴収について定をする旨を規定している。憲法の趣旨を確認したものということができる。
13）最判平成25・3・21民集67巻3号438頁。
14）最大判昭和37・5・30刑集16巻5号577頁。

15) 前掲・小林直樹『憲法講義（下）[新版]』478頁，前掲・伊藤正己『憲法[第3版]』682頁など。
16) 「公安条例の明確性―徳島市公安条例事件」別冊ジュリスト「憲法判例百選Ⅱ[第四版]」木村草太364-365頁。
17) 最大判昭和50・9・10刑集29巻8号489頁。この判決は，①国の法令の規制の趣旨が全国一律の均一な規制をめざしていると解される場合には，条例によって，(i)法令が規律の対象としていない事項を法令と同一の目的で規制したり，(ii)法令が規律の対象としている事項をより厳しく規制したりすることは，許されないが，②法令が全国的な規制を最低基準として定めていると解される場合には，(i)(ii)ともに許される旨を判示したもので，一般論としては妥当であろう，と述べられる。前掲・芦部信喜，高橋和之補訂『憲法 第六版』373頁。
18) 地方自治特別法とされて住民投票に付された法案は，広島平和記念都市建設法，長崎国際文化都市建設法，首都建設法，旧軍港都市転換法等15法，18都市を対象とするものである。首都圏整備法，明日香村における歴史的風土の保存及び生活環境の整備に関する特別措置法は当たらないとされている。甲斐素直『地方自治特別法とホームルール憲章』http://www5a.biglobe.ne.jp/~kaisunao/ls-toti/25homerule.htm

第15章

憲法保障

第81条〔最高裁判所の法令審査権〕
　最高裁判所は，一切の法律，命令，規則又は処分が憲法に適合するかしないかを決定する権限を有する終審裁判所である。

第9章　改正
第96条〔憲法改正の発議，国民投票及び公布〕
　この憲法の改正は，各議院の総議員の三分の二以上の賛成で，国会が，これを発議し，国民に提案してその承認を経なければならない。この承認には，特別の国民投票又は国会の定める選挙の際行はれる投票において，その過半数の賛成を必要とする。
　2　憲法改正について前項の承認を経たときは，天皇は，国民の名で，この憲法と一体を成すものとして，直ちにこれを公布する。

第10章　最高法規
第97条〔基本的人権の由来特質〕
　この憲法が日本国民に保障する基本的人権は，人類の多年にわたる自由獲得の努力の成果であつて，これらの権利は，過去幾多の試練に堪へ，現在及び将来の国民に対し，侵すことのできない永久の権利として信託されたものである。

第98条〔憲法の最高性と条約及び国際法規の遵守〕
　この憲法は，国の最高法規であつて，その条規に反する法律，命令，詔勅及び国務に関するその他の行為の全部又は一部は，その効力を有しない。
　2　日本国が締結した条約及び確立された国際法規は，これを誠実に遵守することを必要とする。

> 第99条〔憲法尊重擁護の義務〕
>   天皇又は摂政及び国務大臣，国会議員，裁判官その他の公務員は，この憲法を尊重し擁護する義務を負ふ。

Ⅰ．憲法保障類型

　憲法の最高法規性を維持し，憲法をゆがめるような事態を事前に防止，事後に是正する装置を憲法秩序の中に設けておく必要がある。この憲法保障制度は，①憲法自身に定められる保障制度，②超憲法的な根拠により認められるものと考えられる制度の2つがある。
　①は，憲法の最高法規性（98条），公務員の憲法尊重・擁護の義務（99条），権力分立制（41条，65条，76条），硬性憲法（96条），事後的救済として違憲立法審査制（81条）がある。②は，代表的なものとして，抵抗権，国家緊急権があげられる。

1．抵抗権
　抵抗権は，国家権力が人間の尊厳を侵す重大な不法を行った場合，国民が自らの権利・自由を守り，人間の尊厳を確保するため，他に合法的な救済手段が不可能となったとき，実定法上の義務を拒否する抵抗行為である。近代市民革命の時代に，自然権の思想と結び付いた。近代立憲主義の進展，憲法保障制度整備と共に，抵抗権は人権宣言から消えてしまう。抵抗権が個人の権利・自由として実定化されにくい性格のためである。
　日本国憲法において，直ちにこの抵抗権を実定法上の規定として導き出すことは困難であるが，圧政に対する抵抗の権利の理念を読みとることは可能である。

2．国家緊急権
　国家緊急権は，戦争・内乱・恐慌・大規模な自然災害など，平時の統治機

構では対処できない非常事態において、国家存立を維持するため、国家権力が立憲的憲法秩序を一時停止し、非常措置をとる権限をいう。

　立憲主義を破壊する大きな危険性をもっており、実定法上の規定がなくても、国家緊急権は国家の自然権として是認されるとする説は、緊急権の発動を事実上国家権力の恣意に委ねることを容認するもので、過去における緊急権の濫用の経験に徴しても、これをとることはできない[1]。

Ⅱ．違憲立法審査権

1．違憲立法審査権の意味
　違憲立法審査権は、西欧型の立憲主義憲法において憲法保障制度として重要な役割を果たしている。日本国憲法は、最高裁判所は一切の法律、命令、規則または処分が憲法に適合するかしないかを決定する権限を有する終審裁判所である（81条）と規定する。通常裁判所に、この違憲審査権を認めている。違憲審査権の根拠は、憲法の最高法規性の観念、ならびに憲法下で三権が平等に併存すると考えるアメリカ的な権力分立の考え方である。

2．違憲立法審査権の性格
　裁判所による違憲審査制について、①特別に設けられた憲法裁判所が具体的争訟と関係なく、抽象的に違憲審査を行う抽象的違憲審査制、②通常裁判所が、具体的な訴訟事件を裁判する際に、前提として事件の解決に必要な限度で適用法条の違憲審査を行う付随的違憲審査制がある。①は、立法権を主に権力分立を考えたヨーロッパ大陸諸国（ドイツ、イタリア、オーストリア）で採用され、ドイツの憲法裁判所などが例となる。②はアメリカが典型例となる。

　我が国憲法81条は付随的違憲審査制を定めたものであると解されている（通説・判例）[2]。81条は、必ずしも憲法裁判所としての権能を認めていないが、法律で憲法裁判権を最高裁判所に与えることを禁じていない、と解する学説（法律事項説、法律委任説）も有力である[3]。

最高裁判例について，警察予備隊違憲訴訟事件において，日本社会党を代表してX（原告）が，自衛隊の前身たる警察予備隊の設置・維持に関し，昭和26年4月1日以降Y（国，被告）が行った行政行為，事実行為，関係する法令規則等，一切の行為の無効確認を求めて，直接，最高裁に出訴した事件である。Xは，実体論では，警察予備隊が憲法9条に違反する，手続論では，①憲法81条は，最高裁に司法裁判所としての性格のほかに憲法裁判所としての性格も与えた，②最高裁は憲法裁判に関して第一審にして終審の管轄権を有し，それは直接憲法81条から導き出される，③Xは少数野党の代表的立場にある者として訴権を有する等と主張した[4]。

最高裁（最大判昭和27・10・8）[5]は，以下の通り判示し，請求却下している。

> わが裁判所が現行の制度上与えられているのは司法権を行う権限であり，そして司法権が発動するためには具体的な争訟事件が提起されることを必要とする。我が裁判所は具体的な争訟事件が提起されないのに将来を予想して憲法及びその他の法律命令等の解釈に対し存在する疑義論争に関し抽象的な判断を下すごとき権限を行い得るものではない。

付随的違憲審査制の特質として，伝統的な私権保障型の付随的審査制を基本としつつ，憲法保障の機能を持つべきことに配慮しなければならない。

(1) 憲法判断回避準則

アメリカ型の審査制の下で，裁判所が審査権を行使する場合の準則の一つとして，憲法判断回避の準則がある。議会の法律の効力が問題になり，合憲性について重大な疑いが提起されても，裁判所が憲法問題を避けることができる法律の解釈が可能か，を最初に確かめることは基本的原則であるとする（アシュバンダー・ルール，ブランダイス・ルール）。法律の違憲判断を回避する手法を合憲解釈，あるいは合憲限定解釈といい，アメリカではこの憲法判断回避の準則に含められる。

もっとも，これを絶対的ルールとして主張すれば，違憲審査制の憲法保障機能に反する場合が生じることから，事件の重大性，違憲状態の程度，及ぼ

す影響の範囲，問題にされている権利の性質など，総合的に考慮して十分理由があると判断した場合，回避のルールによらず，憲法判断に踏みきることができると解することが妥当と述べられる[6]。

憲法判断を回避した判決として，恵庭事件判決（札幌地判昭和42・3・29)[7]がある。北海道恵庭町にある自衛隊演習場付近において演習騒音に悩まされた被告人が，基地内の演習用電信線を切断し，自衛隊法121条の防衛用器物損壊罪違反で起訴された事件である。札幌地裁判決では，以下の通り判示して被告人を無罪とした。自衛隊の合憲性については，無罪の結論が出た以上は憲法判断に立ち入るべきではないとして憲法判断を回避している。法律を厳格解釈し，法律の合憲性に対する疑いを回避した判決とされる。

> 121条にいう「その他の防衛の用に供する物」は，「武器，弾薬，航空機」という例示物件と同列に評価しうる程度の密接かつ高度な類似性のみとめられる物件を指称するが，被告人の切断した電信線はそれに該当しない。

(2) 立法事実，文面上無効

付随的審査制は具体的事件を前提にしており，当該事件に関する事実を調べることが必要である（司法事実，判決事実）。更に憲法事件では，これに加えて，違憲，合憲が争われる法律の立法目的，立法目的を達成する手段（規制手段）の合理性を裏づけ，法律の背後にあって支えている社会・経済・文化的な一般事実の存在，妥当性が認められなければならない（立法事実）。立法事実の検証が必要となる。

他方，立法事実の検出，論証は行わず，法律の文面を審査・検討するのみで結論を導き出すことができる場合，その法律について，「文面上無効」という違憲判決になる。この判決の効力は，当該事件に及ぶのみならず，一般効力説的な意味合いとして，立法府，行政府を事実上拘束することになる。

3．違憲審査の内容
(1) 主体

違憲審査権は，憲法81条の規定をみると，最高裁判所のみならず，下級裁判所も事件を解決するのに必要不可欠である限りにおいて，司法権の行使に付随して，当然に違憲審査権を行使できる（最大判昭和25・2・1）[8]。

(2) 対象

① 違憲審査の対象は，一切の法律，命令，規則又は処分（81条）であり，条約が除かれている。通説・判例は，憲法が条約に優越する立場をとる（憲法優位説）[9]。ここから，条約の違憲審査が可能か，問題となる。

条約は国際法であるが，国内では国内法として通用するものとなり，「法律」（81条）に準ずるものとして違憲審査の対象となると解するのが妥当である。最高裁判例は，既述の砂川事件（最大判昭和34・12・16）[10]において，条約に対する違憲審査の可能性を認めている。

② 立法の不作為が，違憲審査対象となるかが問題となる。憲法により明文，あるいは解釈上一定の立法をすべきことが義務づけられているが，正当な理由なく，相当の期間を経過しても国会が立法を怠っている場合，不作為は違憲といわざるを得ないが，直ちに裁判所による違憲審査が認められるわけでもない。

(イ) 台湾住民元日本兵戦死傷者の損失補償請求事件において，平等原則の14条違反にかかる事案であるが，Xら（原告・控訴人・上告人）は，第二次世界大戦中に旧日本軍の軍人軍属として戦死傷した台湾住民およびその遺族である。日本国籍を有する旧軍人軍属に対しては，1952年に施行された戦傷病者戦没者遺族等援護法による年金等の支給，および1953年に復活した恩給法による恩給の支給がなされている。しかし恩給法9条1項3号が日本国籍を離脱した者の恩給受給権を消滅させ，また援護法附則2項が戸籍法の適用を受けない者につき当分の間同法を適用しない旨を定めているため，Xら外国人たる台湾住民はそれぞれの支給対象から除外されている。Xらは，日本国籍を有する旧軍人軍属の戦死傷者およびその遺族には援護法および恩給法によって補償がなされているにもかかわらず，台湾住民たるXらには何らの補償もなされていないことにつき，憲法14条1項の平等原則に違反する援護法および恩

給法を改正しないことの立法不作為の違法確認と，憲法29条3項に基づく損失補償などを求め，国（被告・被控訴人・被上告人）に対し訴えを提起したものである。

最高裁判旨（最判平成 4・4・28）[11] は，以下の通り[12]。

---

① 憲法14条1項は法の下の平等を定めているが，右規定は合理的理由のない差別を禁止する趣旨のものであって，各人に存する経済的，社会的その他種々の事実関係上の差異を理由としてその法的取扱いに区別を設けることは，その区別が合理性を有する限り，何ら右規定に違反するものでない。

② 台湾住民である軍人軍属が援護法及び恩給法の適用から除外されたのは，台湾住民の請求権の処理は日本国との平和条約および日華平和条約により日本国政府と中華民国政府との特別取極の主題とされたことから，台湾住民である軍人軍属に対する補償問題もまた両国政府の外交交渉によって解決されることが予定されたことに基づくものと解されるのであり，そのことには十分な合理的根拠があるものというべきである。したがって，本件国籍条項により，日本の国籍を有する軍人軍属と台湾住民である軍人軍属との間に差別が生じているとしても，それは右のような根拠に基づくものである以上，本件国籍条項は，憲法14条に関する前記大法廷判例（最大判昭和39・11・18刑集18巻9号579頁，最大判昭和39・5・27民集18巻4号676頁等）の趣旨に徴して同条に違反するものとはいえない。

③ 日華平和条約に基づく特別取極についての協議が行われることは事実上不可能な状態にあるが，そのことのゆえに本件国籍条項が違憲となるべき理由はなく，右のような現実を考慮して，我が国が台湾住民である軍人軍属に対していかなる措置を講ずべきかは，立法政策に属する問題というべきである。

立法不作為については，二審の東京高裁判決（東京高判昭和60・8・26）[13] で，立法不作為の違憲確認訴訟を無名抗告訴訟（行政事件訴訟法3条1項）の一種として認め，認められる条件として，① 立法をなすべき内容が明白であること，② 事前救済の必要性が顕著であること，

③他に救済手段が存在しないことを掲げている。
(ロ) 既述の在宅投票制度廃止事件において，重度身障者の在宅投票制度を廃止し，復活を怠った不作為の違憲を理由とする国家賠償請求事件であるが，最高裁判旨（最判昭和60・11・21）¹⁴⁾は，以下の通り。

> 国会議員は，立法に関しては，原則として，国民全体に対する関係で政治的責任を負うにとどまり，個別の国民の権利に対応した関係での法的義務を負うものではないというべきであって，国会議員の立法行為（立法不作為を含む）は，立法の内容が憲法の一義的な文言に違反しているにもかかわらず国会があえて当該立法を行うというごとき，容易に想定し難いような例外的な場合でない限り，国家賠償法1条1項の適用上，違法の評価を受けない。

4．違憲判断の方法，判決
(1) 法令違憲と適用違憲

違憲判断の方法は，法令そのものを違憲とする①法令違憲判決，法令自体は合憲でもそれが当該事件の当事者に適用される限度において違憲であるとする②適用違憲判決がある。いずれも少数である¹⁵⁾。

(イ) 法令違憲

①の最高裁判決は，既述の尊属殺重罰規定，議員定数不均衡，薬局適正配置規制，森林法共有林分割制限，特別送達郵便物損害賠償責任免除，在外日本国民の選挙権制限，非嫡出子相続分規定のほか，生後認知児童国籍否認に関する違憲判決・決定がある。

生後認知児童国籍確認事件は，平等原則の14条違反にかかる事案であるが，法律上の婚姻関係にない日本国民である父とフィリピン共和国籍の母との間に日本で生まれたX（原告・被控訴人・上告人）は，平成15年出生後父から認知されたことを理由に法務大臣に国籍取得届を提出した。しかし，国籍法3条1項（平成20年法律88号改正前）は「父母の婚姻及びその認知により嫡出子たる身分を取得した子で20歳未満のもの（日本

国民であった者を除く）は、認知をした父又は母が子の出生の時に日本国民であった場合において、その父又は母が現に日本国民であるとき、又はその死亡の時に日本国民であったときは、法務大臣に届け出ることによって、日本の国籍を取得することができる」と規定していたために、Xは国籍取得の要件を備えているとは認められないとの通知を受けた。そこで、Xは、国籍法3条1項が違憲であると主張して、国（被告・控訴人・被上告人）を相手に日本国籍を有することの確認を求めて提訴したものである[16]。

最高裁判旨（最大判平成20・6・4）[17]は、以下の通り判示した。判決を受け国籍法3条は改正され、現行法では生後認知の届出により国籍を取得しうることとなっている。

> 　国籍という法的地位は人権等を享有するための重要な地位であること、嫡出子かどうかは子が自らの意思や努力により決めることのできないものであることを理由に慎重な審査を行い、その結果、父母の婚姻という要件は、制定当時には合理性があったが、その後の立法事実の変化により現在では合理性がなくなっており、その要件は違憲無効であるから、残りの要件を充たせば国籍は取得される。

(ロ)　適用違憲

適用違憲判決の3類型を掲げる。

(a) 法令の合憲限定解釈が不可能である場合、すなわち合憲的に適用できる部分と違憲的に適用される可能性のある部分とが不可分の関係にある場合に、違憲的適用の場合をも含むような広い解釈に基づいて法令を当該事件に適用するのは違憲である、とする。

既述の猿払事件一審判決（旭川地判昭和43・3・25）[18]では、以下の通り判示した。

> 　国公法110条1項19号は、制限解釈（合憲限定解釈）を加える余地は全く存しない、本件被告人の所為に、国公法110条1項19号が適用され

> る限度において，同号が憲法21条および31条に違反するもので，これを被告人に適用することができない。

(b) 法令の合憲限定解釈が可能であるにもかかわらず，法令の執行者が合憲的適用の場合に限定する解釈を行わず，違憲的に適用した，その適用行為は違憲である，とする。

公務員の政治的行為に対する懲戒処分が争われた本所郵便局事件一審判決（東京地判昭和46・11・1）[19]では，原告の本件行為（メーデーに，ベトナム侵略に加担する佐藤内閣打倒のプラカードを掲げ行進した行為）は，以下の通り判示した。

> 形式上文理上は国公法102条1項に違反するけれども，右各規定（人事院規則14-7第5項4号，6項12号）を合憲的に限定解釈すれば，本件行為は，右各規定に該当または違反するものではない。したがって，本件行為が右各規定に該当または違反するものとして，これに各規定を適用した被告の行為は，その適用上憲法21条1項に違反する。

(c) 法令そのものは合憲でも，その執行者が人権を侵害するような形で解釈適用した場合に，その解釈適用行為が違憲である，とする。

教科書裁判第二次訴訟一審判決（東京地判昭和45・7・17）[20]では，現行検定制度の合憲性を前提とし，家永教科書検定に適用した処分（不合格処分）を「検閲」に当たり違憲だとした。

ここで，最高裁判決が下した違憲判決のうち，適用違憲と解されるものは，第三者所有物を当該所有者に告知，弁解，防禦の機会を与えず没収することを違憲とした判例（既述）である[21]。

もっとも，最高裁は，(a)類型の例とした猿払事件の上告審判決において一審判決を，「法令が当然に適用を予定している場合の一部につきその適用を違憲と判断するものであって，ひっきょう法令の一部を違憲とするに等し」いと批判し，適用違憲の手法にかなり消極的な姿勢を示している。

(2) 違憲判決の効力

違憲と判断された判決の効力について，① 客観的に無効となる（議会による廃止の手続なく存在を失う）（一般的効力説）[22]，② 当該事件に限り，適用が排除される（個別的効力説）[23]，③ 法律の定めるところに任される（法律委任説）[24] がある。付随的審査制を前提とする限り，② 個別的効力説が妥当であろう。

(3) 判例の拘束力，変更

判例は，判決の結論を導くための意味のある法的理由づけである判決理由（レイシオ・デシデンダイ）のことを言う。判決文中，関係のない部分は傍論（オビタ・ディクタム）と称される。

判決理由の部分（判例）は，後に別の事件で同じ法律問題が争点となる場合，裁判の拠りどころとなる先例として扱われ，判例は法源として機能する。もっとも，先例は後の裁判を事実上拘束するに留まると解れている。また時の経過による事情の変更，先例に誤りがある場合など，十分の理由がある場合には，判例の変更は可能と解される。判例変更の場合，大法廷によらなければならない（裁判所法10条参照）。

Ⅲ．憲法改正

1．硬性憲法

憲法は，高度の安定性が求められ，反面，政治・経済・社会の動きに適応する可変性も必要となる。その調整から，憲法改正手続を定めつつ，改正要件を厳格にする硬性憲法の手法が日本国憲法では採られている。他国に比べ，硬性の度合が強い。

2．憲法改正手続

憲法の改正は，国会発議，国民承認，天皇公布という3つの手続を経て行われる（96条）。

国会の発議は，国民に提案される憲法改正案を国会が決定することをいう。

各議院において各々総議員の3分の2以上の賛成を必要とする総議員の意味について，法定議員数とする考え方もあるが，定数から欠員を差し引いた数と解する説が妥当であろう[25]。

　国民の承認についても，有効投票の過半数と解するのが妥当であろう。国民投票法（日本国憲法の改正手続に関する法律）が2007年制定され，2014年6月20日改正法が施行されている。

3. 憲法改正の限界

　憲法改正手続に従っても，改正には限界があるとする考えが通説である[26]。憲法改正権は，憲法制定権力をも拘束する根本規範を前提としており，基本的人権，国民主権，民主主義などの根本規範を変更することはできない。

Ⅳ. 最高法規

　憲法97条は，基本的人権の由来特質を述べ，憲法が最高法規であることの実質的根拠を示した規定である。98条は，憲法が国法秩序において最も強い形式的効力を有する最高法規であることを示している。99条は，憲法の最高法規性の確保のため，公権力を行使する公務員に対して憲法尊重擁護義務を課したものであり，名宛人として国民は明示されていない。

　上記をまとめて，憲法保障と憲法の構造については，①この最高法規性（宣言的），硬性憲法ならびに改正（手続面），一般的機構・制度としての三権分立・議院内閣制など，事前の保障制度，②事後的な保障制度として違憲立法審査権，③憲法典以前の自然権，抵抗権，国民の制憲権などによって，担保されているといえる。

[注]

1) 前掲・芦部信喜，高橋和之補訂『憲法 第六版』376頁。①緊急権発動の条件・手続・効果などについて詳細に定めておく方式，②その大綱を定めるにとどめ，特定の国家機関（例，大統領）に包括的な権限を授権する方式の2つがある。しかし，危険を最小限度に抑えるような法制化はきわめて困難であり，2つの方式のいずれも，多くの問題点と危険性をはらんでいる。

2）前掲・宮沢俊義・芦部信喜補訂『コンメンタール全訂日本国憲法』687頁，前掲・清宮四郎『憲法I［第3版］』371頁，前掲・伊藤正己『憲法［第3版］』624頁，前掲・小林直樹『憲法講義（下）［新版］』350頁。
3）入江俊郎『憲法成立の経緯と憲法上の諸問題：入江俊郎論集』第一法規出版（1976年）634頁ほか。
4）「違憲立法審査権の性格—警察予備隊違憲訴訟」別冊ジュリスト「憲法判例百選II［第四版］」佐々木雅寿412-413頁。
5）最大判昭和27・10・8民集6巻9号783頁。
6）前掲・芦部信喜，高橋和之補訂『憲法 第六版』380-382頁。
7）札幌地判昭和42・3・29下刑集9巻3号359頁。
8）最大判昭和25・2・1刑集4巻2号73頁。
9）前掲・芦部信喜，高橋和之補訂『憲法 第六版』384-387頁。
10）最大判昭和34・12・16刑集13巻13号3225頁。
11）最判平成4・4・28訟月38巻12号2579頁。
12）「国籍条項の合憲性—台湾住民元日本兵戦死傷者の損失補償請求事件」別冊ジュリスト「憲法判例百選I［第四版］」館田晶子16-17頁。
13）東京高判昭和60・8・26判時1163号41頁。
14）最判昭和60・11・21民集39巻7号1512頁。
15）前掲・芦部信喜，高橋和之補訂『憲法 第六版』387-392頁参照。
16）「届出による国籍の取得と法の下の平等—国籍法違憲判決」別冊ジュリスト「憲法判例百選I［第四版］」井上典之16-17頁。
17）最大判平成20・6・4民集62巻6号1367頁。
18）旭川地判昭和43・3・25下刑集10巻3号293頁。
19）東京地判昭和46・11・1判時646号26頁。
20）東京地判昭和45・7・17行集21巻7号別冊。
21）合憲限定解釈の余地のない法規（旧関税法118条1項）に基づいて行われた没収処分を違憲とするもので，(a)類型といえるが，第三者に告知・聴聞の機会を与えることなく没収した処分は違憲判示し，(c)類型とも解される。前掲・芦部信喜，高橋和之補訂『憲法 第六版』389頁。
22）前掲・佐々木惣一『日本国憲法論』362頁，365頁ほか。
23）前掲・清宮四郎『憲法I［第3版］』376頁，前掲・小林直樹『憲法講義（下）［新版］』356頁，前掲・橋本公亘『日本国憲法［改訂版］』646頁。
24）芦部信喜・田口精一・小嶋和司『憲法の基礎知識』有斐閣双書（1966年）188頁［小嶋和司］。
25）前掲・芦部信喜，高橋和之補訂『憲法 第六版』394頁。
26）自然法論的限界説。改正権の生みの親は制憲権であり，改正権が自己の存立の基盤とも言うべき制憲権の所在（国民主権）を変更することは，いわば自殺行為であって理論的には許されない。前掲・芦部信喜，高橋和之補訂『憲法 第六版』396-400頁。

主な参考文献

芦部信喜，高橋和之補訂『憲法 第六版』有斐閣（2015年）
芦部信喜『憲法学Ⅱ』有斐閣（1994年）
芦部信喜・田口精一・小嶋和司『憲法の基礎知識』有斐閣双書（1966年）
阿部照哉『憲法［改訂版］』青林書院（1991年）
池田実『憲法（第2版）』嵯峨野書院（2016年）
伊藤真，試験対策講座『憲法［第3版］』弘文堂（2007年）
伊藤正己『憲法［第3版］』弘文堂（1995年）
入江俊郎『憲法成立の経緯と憲法上の諸問題：入江俊郎論集』第一法規出版（1976年）
浦部法穂『憲法学教室［全訂第2版］』日本評論社（2006年）
甲斐素直『憲法ゼミナール』信山社出版（2003年）
清宮四郎『憲法Ⅰ［第3版］』有斐閣（1979年）
小嶋和司『憲法概説』良書普及会（1987年）
小嶋和司『憲法と政治機構』木鐸社（1988年）
小林直樹『憲法講義（上）［新版］』東京大学出版会（1980年）
小林直樹『憲法講義（下）［新版］』東京大学出版会（1981年）
齋藤康輝・高畑英一郎編，Next教科書シリーズ『憲法』弘文堂（2013年）
佐々木惣一『日本国憲法論』有斐閣（1952年）
佐藤功『日本国憲法概説［全訂第5版］』学陽書房（1996年）
佐藤幸治『憲法［第3版］』青林書院（1995年）
佐藤幸治編，渡辺良二・平松毅・浦部法穂・百地章著，大学講義双書『憲法Ⅰ 総論・統治機構』成文堂（1986年）
杉原康雄『憲法Ⅱ』有斐閣（1989年）
田中二郎『新版行政法（上）［全訂第2版］』弘文堂（1974年）
野中寿彦・中村睦男・高橋和之・高見勝利『憲法Ⅰ［第4版］』有斐閣（2006年）
橋本公亘『日本国憲法［改訂版］』有斐閣（1988年）123頁
樋口陽一・佐藤幸治・中村睦男・浦部法穂『注解法律学全集(2)憲法Ⅱ』青林書院（1997年）
樋口陽一・佐藤幸治・中村睦男・浦部法穂『注釈日本国憲法（上）』青林書院（1984年）
法学協会編『註解日本国憲法（上）』有斐閣（1953年）
宮沢俊義『憲法の原理』岩波書店（1967年）
宮沢俊義『憲法［改訂版］』有斐閣（1962年）

宮沢俊義『憲法Ⅱ［新版］』有斐閣・法律学全集（1971年）
宮沢俊義・芦部信喜補訂『コンメンタール全訂日本国憲法』日本評論社（1978年）
百地章『憲法と日本の再生』成文堂（2009年）
別冊ジュリスト「憲法判例百選Ⅰ［第四版］」
別冊ジュリスト「憲法判例百選Ⅱ［第四版］」
別冊ジュリスト「憲法判例百選Ⅰ［第六版］」
別冊ジュリスト「憲法判例百選Ⅱ［第六版］」

事項索引

【アルファベット】

LRA の基準（より制限的でない他の選びうる手段の基準）　83
TBS ビデオテープ差押事件　76

【ア行】

アクセス権　73
「悪徳の栄え」事件　78
旭川学力テスト事件　69, 132
朝日訴訟事件　131
アシュバンダー・ルール　189
アメリカ型議会　144
安保条約　17
委員会制度　150
違憲判決の効力　195
「石に泳ぐ魚」事件　80
泉佐野市民会館事件　93
板まんだら事件　166
一元的外在制約説　32
一元的内在制約説　33
一見してきわめて明白に違憲無効　17
委任立法　146
インターネットによる対抗言論　77
浦和事件　174
上乗せ条例　182
営利的言論の自由　81
恵庭事件判決　190
エホバの証人事件　48
「宴のあと」事件　45
大津事件　174
屋外広告物条例事件　91

【カ行】

海外渡航の自由　106
会議の原則　150

外国人　24
外務省秘密漏洩事件（西山記者事件）　77
下級裁判所裁判官　171
学習権　132
学問の自由　69
川崎民商事件　116
環境権　132
間接適用説　38
間接民主制　11
完全補償説　110
緩和説　180
議院規則制定権　151
議員懲罰権　151
議員定数不均衡　54
議員の資格争訟裁判権　151
議院の自律権　152
機関訴訟　166
岐阜県青少年保護育成条例事件　84
基本的人権の尊重　9
「君が代」ピアノ伴奏拒否事件　59
義務教育無償　133
客観訴訟　166
教育権の所在　132
教育を受ける権利　132
教科書検定　87
教科書裁判第二次訴訟一審判決　195
教授の自由　69
行政権　156
行政手続　116
京都府学連事件　45
許可制　101
居住・移転の自由　106
起立斉唱拒否事件　59
緊急集会　150
欽定憲法　3
具体的権利説　131

警察法改正無効事件　167
形式的平等　50
刑事補償請求権　123
月刊ペン事件判決　80
決算審査　179
結社の自由　95
検閲　83
厳格説　180
厳格な基準　51
厳格な合理性の基準　51, 82
厳格な審査基準　82
研究発表の自由　69
厳正拘束名簿式　148
剣道実技拒否事件　63
憲法改正　186, 196
　──手続　196
　──の限界　197
　──発議権　151
憲法判断回避準則　189
憲法保障　186
　──類型　187
権利章典　20
権利請願　20
権力性と正当性　11
権力性の契機　10
権力分立制の変容　144
権力分立の原理　143
公安条例　94
公共の福祉　107
公金支出禁止　179
合憲限定解釈　198
皇室経費　14
麹町中学内申書事件　58
公衆浴場距離制限事件　103
硬性憲法　3, 196
交戦権　16
拘束名簿式　148
江沢民講演会参加者名簿提出事件　46
幸福追求権　44
公務員の人権　35
公務員の政治活動の自由　136
公務員の労働基本権　134
公務就任権　24
小売市場距離制限事件　102

合理的関連性の基準　51, 82
国際人権規約　21
国政調査権　151
　──の限界　153
国籍離脱の自由　106
告知と聴聞　115
国民主権原理　9
国民の代表機関　145
国務請求権　21, 122
国会　140
　──活動　149
　──議員の地位　149
国家緊急権　187
国家同視説　42
国家独占　101
国家賠償・刑事補償請求権　122
国権の最高機関　145, 146
コモンロー　3
婚姻適齢年の区別　52

【サ行】

在外日本国民の選挙権事件　126
在監者の人権　35
罪刑法定主義　89
最高裁判所裁判官の国民審査　171
最高裁判所長官　171
最高法規　197
財産権の制限と補償　109
財産権の保障　107
財政　176
　──監督権　151
　──民主主義　177
在宅投票制度廃止事件　193
在宅投票制に関する判決　127
裁判所の組織　170
裁判の公開　172
裁判を受ける権利　21, 122
サラリーマン税金訴訟事件　51
猿払事件　136
　──一審判決　194
残虐刑の禁止　121
サンケイ新聞事件　74
三審制　170
参政権　21, 124

――の意義　125
資格制　101
指揮監督権　158
自己決定権　48
自己情報コントロール権　46
自己負罪拒否　119
事後法，二重の危険の禁止　120
事実行為による侵害　42
私人間における人権保障　38
自然権　20
事前抑制　82
　　――禁止の理論　83
思想・良心の自由　57
自治事務　181
実質的証拠法則　170
実質的平等　50
自白　120
司法権の概念　164
司法権の独立　173
司法権の範囲　164
社会学的代表　146
社会契約説　20
社会権　21, 130
　　――規約（A規約）　21
社会国家　4
社会的身分・門地　53
謝罪広告の強制　57
自由委任　11
集会の自由　92
衆議院解散　13, 162
衆議院に再議決　147
衆議院の優越　147
宗教法人オウム真理教解散命令事件　65
住居等の不可侵　117
自由権規約（B規約）　21
自由国家　4
自由裁量行為　167
自由選挙　125
集団行動の自由　94
集団的自衛権　16
受益権　21
取材の自由　76
酒類販売免許制事件　105
準司法的作用　157

準司法手続き　170
常会　149
消極目的規制　82
少数代表制　148
小選挙区　148
　　――制　148
象徴としての天皇　12
常任委員会　150
証人審問権および喚問権　118
小法廷　171
条約の承認　147
昭和女子大事件　40
職業選択の自由　100
知る権利　73
信教の自由　60
　　――の限界　61
人権と公共の福祉　31
人種　52
信条　52
人身の自由　115
迅速な裁判の保障　118
森林法共有林事件　108
吹田黙禱事件　174
請願権　21, 122
税関検査　86
　　――合憲判決事件　86
生後認知児童国籍確認事件　193
政治的代表　145
生存権　131
政党　144
正当性の契機　11
正当な補償　110
成文法　3
性別　52
生命・自由・幸福追求権　44
世界人権宣言　21
積極目的規制　82
絶対的平等　51
選挙運動規制事件　91
選挙権の性格　125
選挙権の要件　125
選挙制度　148
戦争の放棄　15
全逓東京中郵事件　135

全逓東京中郵判決　35
全農林警職法事件　135
前文　9
増額修正　179
総辞職　161
相対的平等　51
相当補償説　110
租税法律主義　178
尊属殺重罰規定　54

【タ行】
第 1 次家永教科書事件上告審　87
大臣助言制　6
大選挙区　148
　　――完全連記投票制　148
　　――制限連記投票制　148
大日本帝国憲法　6
大法廷　171
台湾住民元日本兵戦死傷者の損失補償請求事件　191
高田事件判決　118
多数代表制　148
弾劾裁判所設置権　151
単記投票制　148
団結権　133
単純拘束名簿式　148
団体交渉権　133
団体行動権（争議権）　133
団体内部事項に関する行為　168
知的財産高等裁判所　170
地方議会議員懲罰事件　169
地方自治　176, 180
　　――特別法　183
チャタレイ事件　78
抽象的権利説　131
直接選挙　125
直接適用説　38
直接民主制　11
通信の秘密　96
津地鎮祭事件　66
抵抗権　187
適正手続　115
適用違憲　194
天皇機関説　6

天皇主権　6
天皇の公的行為　14
天皇の国事行為　13
東京都公安条例事件　94
東大ポポロ事件　71
統治行為　168
　　――論　17
道路交通法規制　95
独占禁止法違反　170
特別委員会　150
特別会　149
特別犠牲説　109
特別権力関係　34
特別裁判所の禁止　170
独立行政委員会制度　157
特許制　101
届出制　101
富山大学事件　169
奴隷的拘束からの自由　115

【ナ行】
内閣　156
　　――総理大臣指名権　151
　　――総理大臣の指名　147
　　――の職権　160
　　――の責任　161
　　――不信任決議権　147
内在・外在二元的制約説　32
内心の自由　56
ナシオン主権　11
新潟県公安条例事件　94
二院制　147
二重の基準　81
　　――論　33
日曜日授業参観事件　61
日産自動車事件　41
日本テレビビデオテープ押収事件　76
入国の自由　27
任意的両院協議会　147

【ハ行】
陪審制　173
破壊活動防止法　94
博多駅テレビフィルム提出命令事件　74

漠然として不明確または過広に広汎な規制　82
八月革命説　7
判例の拘束力, 変更　196
比較衡量論　33
被疑者の権利　117
非拘束名簿式　148
被告人の権利　118
非嫡出子たる地位　53
必要的両院協議会　147
秘密選挙　125
表現内容規制　82
表現内容中立規制（表現の時・所・方法の規制）　82, 91
平等選挙　125
平賀書簡事件　174
付随的審査制　190
不逮捕特権　149
普通選挙　125
プープル主権　11
不文法　3
不法な逮捕・抑留・拘禁からの自由　117
プライバシーの権利　45
フランス型議会　144
ブランダイス・ルール　189
プログラム規定説　131
文民　158
平和主義　9
弁護人依頼権　119
包括的基本権　21
放送の自由　77
法治国家　4
法治主義　4
傍聴の自由　172
法定受託事務　181
報道の自由　74
法の支配　143
法の下の平等　21
法律案提出権　151
法律議決権　151
法律上の争訟　165
法律・予算の議決　147
法令違憲　193
牧会活動事件　61
ポツダム宣言　7

北方ジャーナル事件　83
堀木訴訟　52
本所郵便局事件一審判決　195

【マ行】

マグナ・カルタ　20
マクリーン事件　28
三菱樹脂事件　39
南九州税理士会政治献金事件　23
箕面忠魂碑事件　67
民衆訴訟　165
民定憲法　3
明確性の基準　83
明確性の理論　89
明治憲法　6
明白かつ現在の危険基準　83, 90
明白性の原則　82
命令委任　11
免責特権　149
目的・効果基準　65
森川キャサリーン事件　27

【ヤ・ユ・ヨ】

薬局距離制限事件　103
八幡製鉄事件　22
唯一の立法機関　145
夕刊和歌山時事事件　79
予算先議権　147
予算と法律　178
予算法規範説　178
予算法律説　178
「四畳半襖の下張」事件　79
「よど号」ハイ・ジャック新聞記事抹消事件判決　36
予防接種による健康被害　110
より制限的でない他の選びうる手段の基準　91

【ラ行】

リコール制（解職制）　171
立憲民主主義　4
立法事実　190
立法不作為　192
両院協議会　147
臨時会　149

レーモン・テスト　66
労働基本権　133
　　──の制限　134
労働三権　134

ロッキード事件　159
【ワ】
ワイマール憲法　20

判例索引

【最高裁判所】

最大判昭和 23・3・12 刑集 2 巻 3 号 191 頁……………………………… 121
最大判昭和 23・6・30 刑集 2 巻 7 号 777 頁……………………………… 121
最大判昭和 23・7・29 刑集 2 巻 9 号 1012 頁…………………………… 120
最大判昭和 24・5・6 刑集 3 巻 6 号 839 頁………………………………… 98
最大判昭和 25・2・1 刑集 4 巻 2 号 73 頁………………………………… 191
最大判昭和 27・2・20 民集 6 巻 2 号 122 頁……………………………… 171
最大判昭和 27・8・6 刑集 6 巻 8 号 974 頁………………………………… 77
最大判昭和 27・10・8 民集 6 巻 9 号 783 頁……………………………… 189
最大判昭和 28・12・23 民集 7 巻 13 号 1523 頁………………………… 111
最判昭和 29・7・16 刑集 8 巻 7 号 1151 頁……………………………… 119
最大判昭和 29・11・24 刑集 8 巻 11 号 1866 頁………………………… 94
最大判昭和 30・1・26 刑集 9 巻 1 号 89 頁……………………………… 104
最大判昭和 30・3・23 民集 9 巻 3 号 336 頁……………………………… 178
最大判昭和 30・4・27 刑集 9 巻 5 号 924 頁……………………………… 118
最判昭和 30・11・22 民集 9 巻 12 号 1793 頁……………………………… 52
最大判昭和 30・12・14 刑集 9 巻 13 号 2760 頁………………………… 117
最大判昭和 31・7・4 民集 10 巻 7 号 785 頁……………………………… 57
最大判昭和 32・3・13 刑集 11 巻 3 号 997 頁……………………………… 78
最大判昭和 32・6・19 刑集 11 巻 6 号 1663 頁…………………………… 27
最大判昭和 32・12・25 刑集 11 巻 14 号 3377 頁………………………… 27
最大決昭和 33・2・17 刑集 12 巻 2 号 253 頁…………………………… 173
最判昭和 33・3・28 民集 12 巻 4 号 624 頁……………………………… 178
最大判昭和 33・9・10 民集 12 巻 13 号 1369 頁………………………… 106
最大判昭和 34・12・16 刑集 13 巻 13 号 3225 頁………………………… 191
最大判昭和 34・12・16 判時 208 号 10 頁………………………………… 17
最大判昭和 35・6・8 民集 14 巻 7 号 1206 頁…………………………… 168
最大決昭和 35・7・6 民集 14 巻 9 号 1657 頁…………………………… 129

最大判昭和 35・7・20 刑集 14 巻 9 号 1243 頁……………………………………… 94
最大判昭和 35・10・19 民集 14 巻 12 号 2633 頁…………………………………… 169
最大判昭和 37・3・7 民集 16 巻 3 号 445 頁………………………………………… 167
最大判昭和 37・5・2 刑集 16 巻 5 号 495 頁………………………………………… 119
最大判昭和 37・5・30 刑集 16 巻 5 号 577 頁……………………………………… 182
最大判昭和 37・11・28 刑集 16 巻 11 号 1593 頁…………………………………… 115
最大判昭和 38・3・27 刑集 17 巻 2 号 121 頁……………………………………… 180
最大判昭和 38・5・22 刑集 17 巻 4 号 370 頁……………………………………… 71
最大判昭和 38・6・26 刑集 17 巻 5 号 521 頁……………………………………… 109
最大判昭和 39・2・26 民集 18 巻 2 号 343 頁……………………………………… 133
最大判昭和 39・5・27 民集 18 巻 4 号 676 頁……………………………………… 192
最大判昭和 39・11・18 刑集 18 巻 9 号 579 頁……………………………………… 192
最大決昭和 40・6・30 民集 19 巻 4 号 1089 頁，1114 頁 ………………………… 129
最判昭和 41・2・8 民集 20 巻 2 号 196 頁…………………………………………… 166
最大判昭和 41・10・26 刑集 20 巻 8 号 901 頁……………………………… 35, 135
最大判昭和 42・5・24 民集 21 巻 5 号 1043 頁……………………………………… 131
最大判昭和 43・11・27 刑集 22 巻 12 号 1402 頁…………………………………… 110
最大判昭和 43・12・4 刑集 22 巻 13 号 1425 頁 …………………………………… 96
最大判昭和 43・12・18 刑集 22 巻 13 号 1549 頁…………………………………… 91
最大判昭和 44・6・25 刑集 23 巻 7 号 975 頁 ……………………………………… 79
最大判昭和 44・10・15 刑集 23 巻 10 号 1239 頁…………………………………… 78
最大決昭和 44・11・26 刑集 23 巻 11 号 1490 頁…………………………………… 74
最大判昭和 44・12・24 刑集 23 巻 12 号 1625 頁…………………………………… 45
最大判昭和 45・6・24 民集 24 巻 6 号 625 頁 ……………………………………… 22
最大判昭和 45・9・16 民集 24 巻 10 号 1410 頁 …………………………………… 37
最大判昭和 47・11・22 刑集 26 巻 9 号 554 頁……………………………………… 116
最大判昭和 47・11・22 刑集 26 巻 9 号 586 頁……………………………………… 103
最判昭和 47・12・20 刑集 26 巻 10 号 631 頁……………………………………… 118
最大判昭和 48・4・4 刑集 27 巻 3 号 265 頁………………………………………… 54
最大判昭和 48・4・25 刑集 27 巻 4 号 547 頁………………………………… 135, 136
最判昭和 48・10・18 民集 27 巻 9 号 1210 頁……………………………………… 111
最大判昭和 48・12・12 民集 27 巻 11 号 1536 頁，判時 724 号 18 頁 …………… 39
最判昭和 49・7・19 民集 28 巻 5 号 790 頁，判時 749 号 3 頁 …………………… 40
最判昭和 49・11・6 刑集 28 巻 9 号 393 頁………………………………………… 136
最大判昭和 50・4・30 民集 29 巻 4 号 572 頁……………………………………… 103
最大判昭和 50・9・10 刑集 29 巻 8 号 489 頁………………………………… 90, 183

最大判昭和 51・4・14 民集 30 巻 3 号 223 頁 ……………………	54
最大判昭和 51・5・21 刑集 30 巻 5 号 615 頁 ……………………	69
最判昭和 52・3・15 民集 31 巻 2 号 234 頁 ………………………	169
最大判昭和 52・7・13 民集 31 巻 4 号 533 頁 ……………………	66
最決昭和 53・5・31 刑集 32 巻 3 号 457 頁 ………………………	77
最判昭和 53・9・7 刑集 32 巻 6 号 1672 頁 ………………………	118
最大判昭和 53・10・4 民集 32 巻 7 号 1223 頁 ……………………	28
最判昭和 55・11・28 民集 34 巻 4 号 433 頁 ………………………	79
最判昭和 56・3・24 民集 35 巻 2 号 300 頁 ………………………	41
最判昭和 56・4・7 民集 35 巻 3 号 443 頁 ………………………	167
最判昭和 56・4・14 民集 35 巻 3 号 620 頁 ………………………	45
最判昭和 56・4・16 刑集 35 巻 3 号 84 頁 ………………………	80
最判昭和 56・6・15 刑集 35 巻 4 号 205 頁 ………………………	92
最大判昭和 57・7・7 民集 36 巻 7 号 1235 頁 ……………………	52
最判昭和 57・9・9 民集 36 巻 9 号 1679 頁 ………………………	10
最判昭和 57・11・16 刑集 36 巻 11 号 908 頁 ……………………	95
最大判昭和 58・6・22 民集 37 巻 5 号 793 頁 ……………………	35
最大判昭和 59・12・12 民集 38 巻 12 号 1308 頁 …………………	86
最大判昭和 60・3・27 民集 39 巻 2 号 247 頁 ……………………	51
最大判昭和 60・7・17 民集 39 巻 5 号 1100 頁 ……………………	54
最判昭和 60・11・21 民集 39 巻 7 号 1512 頁 ……………………	127, 193
最大判昭和 61・6・11 民集 40 巻 4 号 872 頁 ……………………	83
最大判昭和 62・4・22 民集 41 巻 3 号 408 頁 ……………………	107, 108
最判昭和 62・4・24 民集 41 巻 3 号 490 頁 ………………………	74
最判昭和 63・7・15 判時 1287 号 65 頁 …………………………	58
最判平成元・1・20 刑集 43 巻 1 号 1 頁 …………………………	105
最決平成元・1・30 刑集 43 巻 1 号 19 頁 ………………………	76
最判平成元・3・7 判時 1308 号 111 頁 …………………………	105
最大判平成元・3・8 民集 43 巻 2 号 89 頁 ………………………	76
最判平成元・9・19 刑集 43 巻 8 号 785 頁 ………………………	84
最決平成 2・7・9 刑集 44 巻 5 号 421 頁 ………………………	76
最判平成 2・9・28 刑集 44 巻 6 号 463 頁 ………………………	98
最判平成 4・4・28 訟月 38 巻 12 号 2579 頁 ……………………	192
最大判平成 4・7・1 民集 46 巻 5 号 437 頁 ……………………	90, 117
最判平成 4・11・16 民集 166 号 575 頁 …………………………	27
最判平成 4・12・15 民集 46 巻 9 号 2829 頁 ……………………	105

最判平成 5・2・16 民集 47 巻 3 号 1687 頁 …………………………………………………… 67
最判平成 5・3・16 民集 47 巻 5 号 3483 頁 …………………………………………………… 88
最大判平成 7・2・22 刑集 49 巻 2 号 1 頁……………………………………………………… 159
最判平成 7・2・28 民集 49 巻 2 号 639 頁 ……………………………………………………… 24
最判平成 7・3・7 民集 49 巻 3 号 687 頁 ……………………………………………………… 93
最判平成 7・5・25 民集 49 巻 5 号 1279 頁 …………………………………………………… 146
最判平成 7・12・15 刑集 49 巻 10 号 842 頁…………………………………………………… 30
最決平成 8・1・30 民集 50 巻 1 号 199 頁……………………………………………………… 65
最判平成 8・3・8 民集 50 巻 3 号 469 頁 ……………………………………………………… 65
最判平成 8・3・19 民集 50 巻 3 号 615 頁, 判時 1571 号 16 頁……………………………… 23
最判平成 8・7・18 判時 1599 号 53 頁 ………………………………………………………… 48
最大判平成 9・4・2 民集 51 巻 4 号 1673 頁…………………………………………………… 66
最判平成 9・9・9 民集 51 巻 8 号 3850 頁 …………………………………………………… 149
最大決平成 10・12・1 民集 52 巻 9 号 1761 頁………………………………………………… 137
最判平成 12・2・29 民集 54 巻 2 号 582 頁 …………………………………………………… 48
最大判平成 14・2・13 民集 56 巻 2 号 331 頁 ………………………………………………… 108
最大判平成 14・9・11 民集 56 巻 7 号 1439 頁 ………………………………………………… 123
最判平成 14・9・24 民集 207 号 243 頁, 判時 1802 号 60 頁………………………………… 80
最判平成 15・9・12 民集 57 巻 8 号 973 頁, 判時 1837 号 3 頁, 判タ 1134 号 98 頁…… 46
最判平成 16・4・13 刑集 58 巻 4 号 247 頁 …………………………………………………… 120
最大判平成 17・1・26 民集 59 巻 1 号 128 頁 ………………………………………………… 26
最大判平成 17・9・14 民集 59 巻 7 号 2087 頁 ………………………………………………… 126
最判平成 19・2・27 民集 61 巻 1 号 291 頁 …………………………………………………… 59
最判平成 20・3・6 民集 62 巻 3 号 665 頁……………………………………………………… 47
最大判平成 20・6・4 民集 62 巻 6 号 1367 頁………………………………………………… 53, 194
最大判平成 23・5・30 民集 65 巻 4 号 1780 頁………………………………………………… 59
最大判平成 24・10・17 民集 66 巻 10 号 3357 頁……………………………………………… 54
最判平成 25・3・21 民集 67 巻 3 号 438 頁 …………………………………………………… 182
最大決平成 25・9・4 民集 67 巻 6 号 1320 頁 ………………………………………………… 53

【高等裁判所】

札幌高判昭和 30・8・23 高刑集 8 巻 6 号 845 頁……………………………………………… 154
札幌高判昭和 51・8・5 行集 27 巻 8 号 1175 頁, 判時 821 号 21 頁………………………… 10
東京高判昭和 60・8・26 判時 1163 号 41 頁…………………………………………………… 192
大阪高判昭和 62・7・16 行集 38 巻 6・7 号 561 頁…………………………………………… 67
福岡高判平成 4・2・28 判時 1426 号 85 頁 …………………………………………………… 69

東京高判平成 4・10・15 高刑集 45 巻 3 号 85 頁………………………………………… 96
東京高判平成 4・12・18 高民集 45 巻 3 号 212 頁………………………………………… 110
東京高判平成 9・11・26 判タ 960 号 79 頁………………………………………… 25

【地方裁判所】

東京地判昭和 31・7・23 判時 86 号 3 頁 ………………………………………… 154
東京地判昭和 39・9・28 下民集 15 巻 9 号 2317 頁………………………………………… 45
札幌地判昭和 42・3・29 下刑集 9 巻 3 号 359 頁………………………………………… 190
旭川地判昭和 43・3・25 下刑集 10 巻 3 号 293 頁………………………………………… 137, 194
東京地判昭和 45・7・17 行集 21 巻 7 号別冊 ………………………………………… 195
東京地判昭和 46・11・1 判時 646 号 26 頁 ………………………………………… 195
札幌地判昭和 48・9・7 判時 712 号 24 頁………………………………………… 10
東京地判昭和 61・3・20 行集 37 巻 3 号 347 頁………………………………………… 61

【簡易裁判所】

神戸簡判昭和 50・2・20 判時 768 号 3 頁………………………………………… 61

資料1：日本国憲法の条文

日本国憲法

目次

第1章　天皇（1条－8条）
第2章　戦争の放棄（9条）
第3章　国民の権利及び義務（10条－40条）
第4章　国会（41条－64条）
第5章　内閣（65条－75条）
第6章　司法（76条－82条）
第7章　財政（83条－91条）
第8章　地方自治（92条－95条）
第9章　改正（96条）
第10章　最高法規（97条－99条）
第11章　補則（100条－103条）

　朕は、日本国民の総意に基いて、新日本建設の礎が、定まるに至つたことを、深くよろこび、枢密顧問の諮詢及び帝国憲法第七十三条による帝国議会の議決を経た帝国憲法の改正を裁可し、ここにこれを公布せしめる。

　御名御璽
　　昭和二十一年十一月三日

　　　内閣総理大臣兼
　　　外務大臣　　吉田茂
　　　国務大臣　男爵　幣原喜重郎

司法大臣	木村篤太郎
内務大臣	大村清一
文部大臣	田中耕太郎
農林大臣	和田博雄
国務大臣	斎藤隆夫
逓信大臣	一松定吉
商工大臣	星島二郎
厚生大臣	河合良成
国務大臣	植原悦二郎
運輸大臣	平塚常次郎
大蔵大臣	石橋湛山
国務大臣	金森徳次郎
国務大臣	膳桂之助

日本国憲法

　日本国民は、正当に選挙された国会における代表者を通じて行動し、われらとわれらの子孫のために、諸国民との協和による成果と、わが国全土にわたつて自由のもたらす恵沢を確保し、政府の行為によつて再び戦争の惨禍が起ることのないやうにすることを決意し、ここに主権が国民に存することを宣言し、この憲法を確定する。そもそも国政は、国民の厳粛な信託によるものであつて、その権威は国民に由来し、その権力は国民の代表者がこれを行使し、その福利は国民がこれを享受する。これは人類普遍の原理であり、この憲法は、かかる原理に基くものである。われらは、これに反する一切の憲法、法令及び詔勅を排除する。

　日本国民は、恒久の平和を念願し、人間相互の関係を支配する崇高な理想を深く自覚するのであつて、平和を愛する諸国民の公正と信義に信頼して、われらの安全と生存を保持しようと決意した。われらは、平和を維持し、専制と隷従、圧迫と偏狭を地上から永遠に除去しようと努めてゐる国際社会において、名誉ある地位を占めたいと思ふ。われらは、全世界の国民が、ひとしく恐怖と欠乏から免かれ、平和のうちに生存する権利を有することを確認する。

　われらは、いづれの国家も、自国のことのみに専念して他国を無視してはならないのであつて、政治道徳の法則は、普遍的なものであり、この法則に従ふことは、自国の主権を維持し、他国と対等関係に立たうとする各国の責務であると信

ずる。
　日本国民は、国家の名誉にかけ、全力をあげてこの崇高な理想と目的を達成することを誓ふ。

第1章　天皇

〔天皇の地位と主権在民〕
　第1条　天皇は、日本国の象徴であり日本国民統合の象徴であつて、この地位は、主権の存する日本国民の総意に基く。

〔皇位の世襲〕
　第2条　皇位は、世襲のものであつて、国会の議決した皇室典範の定めるところにより、これを継承する。

〔内閣の助言と承認及び責任〕
　第3条　天皇の国事に関するすべての行為には、内閣の助言と承認を必要とし、内閣が、その責任を負ふ。

〔天皇の権能と権能行使の委任〕
　第4条　天皇は、この憲法の定める国事に関する行為のみを行ひ、国政に関する権能を有しない。
　2　天皇は、法律の定めるところにより、その国事に関する行為を委任することができる。

〔摂政〕
　第5条　皇室典範の定めるところにより摂政を置くときは、摂政は、天皇の名でその国事に関する行為を行ふ。この場合には、前条第一項の規定を準用する。

〔天皇の任命行為〕
　第6条　天皇は、国会の指名に基いて、内閣総理大臣を任命する。
　2　天皇は、内閣の指名に基いて、最高裁判所の長たる裁判官を任命する。

〔天皇の国事行為〕
　第7条　天皇は、内閣の助言と承認により、国民のために、左の国事に関する行為を行ふ。
　　一　憲法改正、法律、政令及び条約を公布すること。
　　二　国会を召集すること。
　　三　衆議院を解散すること。
　　四　国会議員の総選挙の施行を公示すること。
　　五　国務大臣及び法律の定めるその他の官吏の任免並びに全権委任状及び大使

及び公使の信任状を認証すること。
六　大赦、特赦、減刑、刑の執行の免除及び復権を認証すること。
七　栄典を授与すること。
八　批准書及び法律の定めるその他の外交文書を認証すること。
九　外国の大使及び公使を接受すること。
十　儀式を行ふこと。

〔財産授受の制限〕
第8条　皇室に財産を譲り渡し、又は皇室が、財産を譲り受け、若しくは賜与することは、国会の議決に基かなければならない。

第2章　戦争の放棄

〔戦争の放棄と戦力及び交戦権の否認〕
第9条　日本国民は、正義と秩序を基調とする国際平和を誠実に希求し、国権の発動たる戦争と、武力による威嚇又は武力の行使は、国際紛争を解決する手段としては、永久にこれを放棄する。
2　前項の目的を達するため、陸海空軍その他の戦力は、これを保持しない。国の交戦権は、これを認めない。

第3章　国民の権利及び義務

〔国民たる要件〕
第10条　日本国民たる要件は、法律でこれを定める。

〔基本的人権〕
第11条　国民は、すべての基本的人権の享有を妨げられない。この憲法が国民に保障する基本的人権は、侵すことのできない永久の権利として、現在及び将来の国民に与へられる。

〔自由及び権利の保持義務と公共福祉性〕
第12条　この憲法が国民に保障する自由及び権利は、国民の不断の努力によつて、これを保持しなければならない。又、国民は、これを濫用してはならないのであつて、常に公共の福祉のためにこれを利用する責任を負ふ。

〔個人の尊重と公共の福祉〕
第13条　すべて国民は、個人として尊重される。生命、自由及び幸福追求に対する国民の権利については、公共の福祉に反しない限り、立法その他の国政の上で、最大の尊重を必要とする。

〔平等原則、貴族制度の否認及び栄典の限界〕
　第14条　すべて国民は、法の下に平等であつて、人種、信条、性別、社会的身分又は門地により、政治的、経済的又は社会的関係において、差別されない。
　2　華族その他の貴族の制度は、これを認めない。
　3　栄誉、勲章その他の栄典の授与は、いかなる特権も伴はない。栄典の授与は、現にこれを有し、又は将来これを受ける者の一代に限り、その効力を有する。

〔公務員の選定罷免権、公務員の本質、普通選挙の保障及び投票秘密の保障〕
　第15条　公務員を選定し、及びこれを罷免することは、国民固有の権利である。
　2　すべて公務員は、全体の奉仕者であつて、一部の奉仕者ではない。
　3　公務員の選挙については、成年者による普通選挙を保障する。
　4　すべて選挙における投票の秘密は、これを侵してはならない。選挙人は、その選択に関し公的にも私的にも責任を問はれない。

〔請願権〕
　第16条　何人も、損害の救済、公務員の罷免、法律、命令又は規則の制定、廃止又は改正その他の事項に関し、平穏に請願する権利を有し、何人も、かかる請願をしたためにいかなる差別待遇も受けない。

〔公務員の不法行為による損害の賠償〕
　第17条　何人も、公務員の不法行為により、損害を受けたときは、法律の定めるところにより、国又は公共団体に、その賠償を求めることができる。

〔奴隷的拘束及び苦役の禁止〕
　第18条　何人も、いかなる奴隷的拘束も受けない。又、犯罪に因る処罰の場合を除いては、その意に反する苦役に服させられない。

〔思想及び良心の自由〕
　第19条　思想及び良心の自由は、これを侵してはならない。

〔信教の自由〕
　第20条　信教の自由は、何人に対してもこれを保障する。いかなる宗教団体も、国から特権を受け、又は政治上の権力を行使してはならない。
　2　何人も、宗教上の行為、祝典、儀式又は行事に参加することを強制されない。
　3　国及びその機関は、宗教教育その他いかなる宗教的活動もしてはならない。

〔集会、結社及び表現の自由と通信秘密の保護〕
　第21条　集会、結社及び言論、出版その他一切の表現の自由は、これを保障する。

2　検閲は、これをしてはならない。通信の秘密は、これを侵してはならない。

〔居住、移転、職業選択、外国移住及び国籍離脱の自由〕

第22条　何人も、公共の福祉に反しない限り、居住、移転及び職業選択の自由を有する。

2　何人も、外国に移住し、又は国籍を離脱する自由を侵されない。

〔学問の自由〕

第23条　学問の自由は、これを保障する。

〔家族関係における個人の尊厳と両性の平等〕

第24条　婚姻は、両性の合意のみに基いて成立し、夫婦が同等の権利を有することを基本として、相互の協力により、維持されなければならない。

2　配偶者の選択、財産権、相続、住居の選定、離婚並びに婚姻及び家族に関するその他の事項に関しては、法律は、個人の尊厳と両性の本質的平等に立脚して、制定されなければならない。

〔生存権及び国民生活の社会的進歩向上に努める国の義務〕

第25条　すべて国民は、健康で文化的な最低限度の生活を営む権利を有する。

2　国は、すべての生活部面について、社会福祉、社会保障及び公衆衛生の向上及び増進に努めなければならない。

〔教育を受ける権利と受けさせる義務〕

第26条　すべて国民は、法律の定めるところにより、その能力に応じて、ひとしく教育を受ける権利を有する。

2　すべて国民は、法律の定めるところにより、その保護する子女に普通教育を受けさせる義務を負ふ。義務教育は、これを無償とする。

〔勤労の権利と義務、勤労条件の基準及び児童酷使の禁止〕

第27条　すべて国民は、勤労の権利を有し、義務を負ふ。

2　賃金、就業時間、休息その他の勤労条件に関する基準は、法律でこれを定める。

3　児童は、これを酷使してはならない。

〔勤労者の団結権及び団体行動権〕

第28条　勤労者の団結する権利及び団体交渉その他の団体行動をする権利は、これを保障する。

〔財産権〕

第29条　財産権は、これを侵してはならない。

2　財産権の内容は、公共の福祉に適合するやうに、法律でこれを定める。

3　私有財産は、正当な補償の下に、これを公共のために用ひることができる。
〔納税の義務〕
　第30条　国民は、法律の定めるところにより、納税の義務を負ふ。
〔生命及び自由の保障と科刑の制約〕
　第31条　何人も、法律の定める手続によらなければ、その生命若しくは自由を奪はれ、又はその他の刑罰を科せられない。
〔裁判を受ける権利〕
　第32条　何人も、裁判所において裁判を受ける権利を奪はれない。
〔逮捕の制約〕
　第33条　何人も、現行犯として逮捕される場合を除いては、権限を有する司法官憲が発し、且つ理由となつてゐる犯罪を明示する令状によらなければ、逮捕されない。
〔抑留及び拘禁の制約〕
　第34条　何人も、理由を直ちに告げられ、且つ、直ちに弁護人に依頼する権利を与へられなければ、抑留又は拘禁されない。又、何人も、正当な理由がなければ、拘禁されず、要求があれば、その理由は、直ちに本人及びその弁護人の出席する公開の法廷で示されなければならない。
〔侵入、捜索及び押収の制約〕
　第35条　何人も、その住居、書類及び所持品について、侵入、捜索及び押収を受けることのない権利は、第三十三条の場合を除いては、正当な理由に基いて発せられ、且つ捜索する場所及び押収する物を明示する令状がなければ、侵されない。
　2　捜索又は押収は、権限を有する司法官憲が発する各別の令状により、これを行ふ。
〔拷問及び残虐な刑罰の禁止〕
　第36条　公務員による拷問及び残虐な刑罰は、絶対にこれを禁ずる。
〔刑事被告人の権利〕
　第37条　すべて刑事事件においては、被告人は、公平な裁判所の迅速な公開裁判を受ける権利を有する。
　2　刑事被告人は、すべての証人に対して審問する機会を充分に与へられ、又、公費で自己のために強制的手続により証人を求める権利を有する。
　3　刑事被告人は、いかなる場合にも、資格を有する弁護人を依頼することができる。被告人が自らこれを依頼することができないときは、国でこれを附する。

〔自白強要の禁止と自白の証拠能力の限界〕
　第38条　何人も、自己に不利益な供述を強要されない。
　２　強制、拷問若しくは脅迫による自白又は不当に長く抑留若しくは拘禁された後の自白は、これを証拠とすることができない。
　３　何人も、自己に不利益な唯一の証拠が本人の自白である場合には、有罪とされ、又は刑罰を科せられない。
〔遡及処罰、二重処罰等の禁止〕
　第39条　何人も、実行の時に適法であつた行為又は既に無罪とされた行為については、刑事上の責任を問はれない。又、同一の犯罪について、重ねて刑事上の責任を問はれない。
〔刑事補償〕
　第40条　何人も、抑留又は拘禁された後、無罪の裁判を受けたときは、法律の定めるところにより、国にその補償を求めることができる。

第4章　国会

〔国会の地位〕
　第41条　国会は、国権の最高機関であつて、国の唯一の立法機関である。
〔二院制〕
　第42条　国会は、衆議院及び参議院の両議院でこれを構成する。
〔両議院の組織〕
　第43条　両議院は、全国民を代表する選挙された議員でこれを組織する。
　２　両議院の議員の定数は、法律でこれを定める。
〔議員及び選挙人の資格〕
　第44条　両議院の議員及びその選挙人の資格は、法律でこれを定める。但し、人種、信条、性別、社会的身分、門地、教育、財産又は収入によつて差別してはならない。
〔衆議院議員の任期〕
　第45条　衆議院議員の任期は、四年とする。但し、衆議院解散の場合には、その期間満了前に終了する。
〔参議院議員の任期〕
　第46条　参議院議員の任期は、六年とし、三年ごとに議員の半数を改選する。
〔議員の選挙〕
　第47条　選挙区、投票の方法その他両議院の議員の選挙に関する事項は、法律

でこれを定める。
〔両議院議員相互兼職の禁止〕
　第 48 条　何人も、同時に両議院の議員たることはできない。
〔議員の歳費〕
　第 49 条　両議院の議員は、法律の定めるところにより、国庫から相当額の歳費を受ける。
〔議員の不逮捕特権〕
　第 50 条　両議院の議員は、法律の定める場合を除いては、国会の会期中逮捕されず、会期前に逮捕された議員は、その議院の要求があれば、会期中これを釈放しなければならない。
〔議員の発言表決の無答責〕
　第 51 条　両議院の議員は、議院で行つた演説、討論又は表決について、院外で責任を問はれない。
〔常会〕
　第 52 条　国会の常会は、毎年一回これを召集する。
〔臨時会〕
　第 53 条　内閣は、国会の臨時会の召集を決定することができる。いづれかの議院の総議員の四分の一以上の要求があれば、内閣は、その召集を決定しなければならない。
〔総選挙、特別会及び緊急集会〕
　第 54 条　衆議院が解散されたときは、解散の日から四十日以内に、衆議院議員の総選挙を行ひ、その選挙の日から三十日以内に、国会を召集しなければならない。
　2　衆議院が解散されたときは、参議院は、同時に閉会となる。但し、内閣は、国に緊急の必要があるときは、参議院の緊急集会を求めることができる。
　3　前項但書の緊急集会において採られた措置は、臨時のものであつて、次の国会開会の後十日以内に、衆議院の同意がない場合には、その効力を失ふ。
〔資格争訟〕
　第 55 条　両議院は、各々その議員の資格に関する争訟を裁判する。但し、議員の議席を失はせるには、出席議員の三分の二以上の多数による議決を必要とする。
〔議事の定足数と過半数議決〕
　第 56 条　両議院は、各々その総議員の三分の一以上の出席がなければ、議事を

開き議決することができない。
2 両議院の議事は、この憲法に特別の定のある場合を除いては、出席議員の過半数でこれを決し、可否同数のときは、議長の決するところによる。

〔会議の公開と会議録〕
第57条 両議院の会議は、公開とする。但し、出席議員の三分の二以上の多数で議決したときは、秘密会を開くことができる。
2 両議院は、各々その会議の記録を保存し、秘密会の記録の中で特に秘密を要すると認められるもの以外は、これを公表し、且つ一般に頒布しなければならない。
3 出席議員の五分の一以上の要求があれば、各議員の表決は、これを会議録に記載しなければならない。

〔役員の選任及び議院の自律権〕
第58条 両議院は、各々その議長その他の役員を選任する。
2 両議院は、各々その会議その他の手続及び内部の規律に関する規則を定め、又、院内の秩序をみだした議員を懲罰することができる。但し、議員を除名するには、出席議員の三分の二以上の多数による議決を必要とする。

〔法律の成立〕
第59条 法律案は、この憲法に特別の定のある場合を除いては、両議院で可決したとき法律となる。
2 衆議院で可決し、参議院でこれと異なつた議決をした法律案は、衆議院で出席議員の三分の二以上の多数で再び可決したときは、法律となる。
3 前項の規定は、法律の定めるところにより、衆議院が、両議院の協議会を開くことを求めることを妨げない。
4 参議院が、衆議院の可決した法律案を受け取つた後、国会休会中の期間を除いて六十日以内に、議決しないときは、衆議院は、参議院がその法律案を否決したものとみなすことができる。

〔衆議院の予算先議権及び予算の議決〕
第60条 予算は、さきに衆議院に提出しなければならない。
2 予算について、参議院で衆議院と異なつた議決をした場合に、法律の定めるところにより、両議院の協議会を開いても意見が一致しないとき、又は参議院が、衆議院の可決した予算を受け取つた後、国会休会中の期間を除いて三十日以内に、議決しないときは、衆議院の議決を国会の議決とする。

〔条約締結の承認〕

第61条　条約の締結に必要な国会の承認については、前条第二項の規定を準用する。

〔議院の国政調査権〕
第62条　両議院は、各々国政に関する調査を行ひ、これに関して、証人の出頭及び証言並びに記録の提出を要求することができる。

〔国務大臣の出席〕
第63条　内閣総理大臣その他の国務大臣は、両議院の一に議席を有すると有しないとにかかはらず、何時でも議案について発言するため議院に出席することができる。又、答弁又は説明のため出席を求められたときは、出席しなければならない。

〔弾劾裁判所〕
第64条　国会は、罷免の訴追を受けた裁判官を裁判するため、両議院の議員で組織する弾劾裁判所を設ける。
2　弾劾に関する事項は、法律でこれを定める。

第5章　内閣

〔行政権の帰属〕
第65条　行政権は、内閣に属する。

〔内閣の組織と責任〕
第66条　内閣は、法律の定めるところにより、その首長たる内閣総理大臣及びその他の国務大臣でこれを組織する。
2　内閣総理大臣その他の国務大臣は、文民でなければならない。
3　内閣は、行政権の行使について、国会に対し連帯して責任を負ふ。

〔内閣総理大臣の指名〕
第67条　内閣総理大臣は、国会議員の中から国会の議決で、これを指名する。この指名は、他のすべての案件に先だつて、これを行ふ。
2　衆議院と参議院とが異なつた指名の議決をした場合に、法律の定めるところにより、両議院の協議会を開いても意見が一致しないとき、又は衆議院が指名の議決をした後、国会休会中の期間を除いて十日以内に、参議院が、指名の議決をしないときは、衆議院の議決を国会の議決とする。

〔国務大臣の任免〕
第68条　内閣総理大臣は、国務大臣を任命する。但し、その過半数は、国会議員の中から選ばれなければならない。

2　内閣総理大臣は、任意に国務大臣を罷免することができる。
〔不信任決議と解散又は総辞職〕
第69条　内閣は、衆議院で不信任の決議案を可決し、又は信任の決議案を否決したときは、十日以内に衆議院が解散されない限り、総辞職をしなければならない。
〔内閣総理大臣の欠缺又は総選挙施行による総辞職〕
第70条　内閣総理大臣が欠けたとき、又は衆議院議員総選挙の後に初めて国会の召集があつたときは、内閣は、総辞職をしなければならない。
〔総辞職後の職務続行〕
第71条　前二条の場合には、内閣は、あらたに内閣総理大臣が任命されるまで引き続きその職務を行ふ。
〔内閣総理大臣の職務権限〕
第72条　内閣総理大臣は、内閣を代表して議案を国会に提出し、一般国務及び外交関係について国会に報告し、並びに行政各部を指揮監督する。
〔内閣の職務権限〕
第73条　内閣は、他の一般行政事務の外、左の事務を行ふ。
　一　法律を誠実に執行し、国務を総理すること。
　二　外交関係を処理すること。
　三　条約を締結すること。但し、事前に、時宜によつては事後に、国会の承認を経ることを必要とする。
　四　法律の定める基準に従ひ、官吏に関する事務を掌理すること。
　五　予算を作成して国会に提出すること。
　六　この憲法及び法律の規定を実施するために、政令を制定すること。但し、政令には、特にその法律の委任がある場合を除いては、罰則を設けることができない。
　七　大赦、特赦、減刑、刑の執行の免除及び復権を決定すること。
〔法律及び政令への署名と連署〕
第74条　法律及び政令には、すべて主任の国務大臣が署名し、内閣総理大臣が連署することを必要とする。
〔国務大臣訴追の制約〕
第75条　国務大臣は、その在任中、内閣総理大臣の同意がなければ、訴追されない。但し、これがため、訴追の権利は、害されない。

第6章　司法

〔司法権の機関と裁判官の職務上の独立〕
　第76条　すべて司法権は、最高裁判所及び法律の定めるところにより設置する下級裁判所に属する。
　2　特別裁判所は、これを設置することができない。行政機関は、終審として裁判を行ふことができない。
　3　すべて裁判官は、その良心に従ひ独立してその職権を行ひ、この憲法及び法律にのみ拘束される。

〔最高裁判所の規則制定権〕
　第77条　最高裁判所は、訴訟に関する手続、弁護士、裁判所の内部規律及び司法事務処理に関する事項について、規則を定める権限を有する。
　2　検察官は、最高裁判所の定める規則に従はなければならない。
　3　最高裁判所は、下級裁判所に関する規則を定める権限を、下級裁判所に委任することができる。

〔裁判官の身分の保障〕
　第78条　裁判官は、裁判により、心身の故障のために職務を執ることができないと決定された場合を除いては、公の弾劾によらなければ罷免されない。裁判官の懲戒処分は、行政機関がこれを行ふことはできない。

〔最高裁判所の構成及び裁判官任命の国民審査〕
　第79条　最高裁判所は、その長たる裁判官及び法律の定める員数のその他の裁判官でこれを構成し、その長たる裁判官以外の裁判官は、内閣でこれを任命する。
　2　最高裁判所の裁判官の任命は、その任命後初めて行はれる衆議院議員総選挙の際国民の審査に付し、その後十年を経過した後初めて行はれる衆議院議員総選挙の際更に審査に付し、その後も同様とする。
　3　前項の場合において、投票者の多数が裁判官の罷免を可とするときは、その裁判官は、罷免される。
　4　審査に関する事項は、法律でこれを定める。
　5　最高裁判所の裁判官は、法律の定める年齢に達した時に退官する。
　6　最高裁判所の裁判官は、すべて定期に相当額の報酬を受ける。この報酬は、在任中、これを減額することができない。

〔下級裁判所の裁判官〕

第80条　下級裁判所の裁判官は、最高裁判所の指名した者の名簿によつて、内閣でこれを任命する。その裁判官は、任期を十年とし、再任されることができる。但し、法律の定める年齢に達した時には退官する。
2　下級裁判所の裁判官は、すべて定期に相当額の報酬を受ける。この報酬は、在任中、これを減額することができない。
〔最高裁判所の法令審査権〕
第81条　最高裁判所は、一切の法律、命令、規則又は処分が憲法に適合するかしないかを決定する権限を有する終審裁判所である。
〔対審及び判決の公開〕
第82条　裁判の対審及び判決は、公開法廷でこれを行ふ。
2　裁判所が、裁判官の全員一致で、公の秩序又は善良の風俗を害する虞があると決した場合には、対審は、公開しないでこれを行ふことができる。但し、政治犯罪、出版に関する犯罪又はこの憲法第三章で保障する国民の権利が問題となつてゐる事件の対審は、常にこれを公開しなければならない。

第7章　財政

〔財政処理の要件〕
第83条　国の財政を処理する権限は、国会の議決に基いて、これを行使しなければならない。
〔課税の要件〕
第84条　あらたに租税を課し、又は現行の租税を変更するには、法律又は法律の定める条件によることを必要とする。
〔国費支出及び債務負担の要件〕
第85条　国費を支出し、又は国が債務を負担するには、国会の議決に基くことを必要とする。
〔予算の作成〕
第86条　内閣は、毎会計年度の予算を作成し、国会に提出して、その審議を受け議決を経なければならない。
〔予備費〕
第87条　予見し難い予算の不足に充てるため、国会の議決に基いて予備費を設け、内閣の責任でこれを支出することができる。
2　すべて予備費の支出については、内閣は、事後に国会の承諾を得なければならない。

〔皇室財産及び皇室費用〕
　第88条　すべて皇室財産は、国に属する。すべて皇室の費用は、予算に計上して国会の議決を経なければならない。
〔公の財産の用途制限〕
　第89条　公金その他の公の財産は、宗教上の組織若しくは団体の使用、便益若しくは維持のため、又は公の支配に属しない慈善、教育若しくは博愛の事業に対し、これを支出し、又はその利用に供してはならない。
〔会計検査〕
　第90条　国の収入支出の決算は、すべて毎年会計検査院がこれを検査し、内閣は、次の年度に、その検査報告とともに、これを国会に提出しなければならない。
　2　会計検査院の組織及び権限は、法律でこれを定める。
〔財政状況の報告〕
　第91条　内閣は、国会及び国民に対し、定期に、少くとも毎年一回、国の財政状況について報告しなければならない。

第8章　地方自治

〔地方自治の本旨の確保〕
　第92条　地方公共団体の組織及び運営に関する事項は、地方自治の本旨に基いて、法律でこれを定める。
〔地方公共団体の機関〕
　第93条　地方公共団体には、法律の定めるところにより、その議事機関として議会を設置する。
　2　地方公共団体の長、その議会の議員及び法律の定めるその他の吏員は、その地方公共団体の住民が、直接これを選挙する。
〔地方公共団体の権能〕
　第94条　地方公共団体は、その財産を管理し、事務を処理し、及び行政を執行する権能を有し、法律の範囲内で条例を制定することができる。
〔一の地方公共団体のみに適用される特別法〕
　第95条　一の地方公共団体のみに適用される特別法は、法律の定めるところにより、その地方公共団体の住民の投票においてその過半数の同意を得なければ、国会は、これを制定することができない。

第9章　改正

〔憲法改正の発議、国民投票及び公布〕
第96条　この憲法の改正は、各議院の総議員の三分の二以上の賛成で、国会が、これを発議し、国民に提案してその承認を経なければならない。この承認には、特別の国民投票又は国会の定める選挙の際行はれる投票において、その過半数の賛成を必要とする。
2　憲法改正について前項の承認を経たときは、天皇は、国民の名で、この憲法と一体を成すものとして、直ちにこれを公布する。

第10章　最高法規

〔基本的人権の由来特質〕
第97条　この憲法が日本国民に保障する基本的人権は、人類の多年にわたる自由獲得の努力の成果であつて、これらの権利は、過去幾多の試錬に堪へ、現在及び将来の国民に対し、侵すことのできない永久の権利として信託されたものである。

〔憲法の最高性と条約及び国際法規の遵守〕
第98条　この憲法は、国の最高法規であつて、その条規に反する法律、命令、詔勅及び国務に関するその他の行為の全部又は一部は、その効力を有しない。
2　日本国が締結した条約及び確立された国際法規は、これを誠実に遵守することを必要とする。

〔憲法尊重擁護の義務〕
第99条　天皇又は摂政及び国務大臣、国会議員、裁判官その他の公務員は、この憲法を尊重し擁護する義務を負ふ。

第11章　補則

〔施行期日と施行前の準備行為〕
第100条　この憲法は、公布の日から起算して六箇月を経過した日〔昭二二・五・三〕から、これを施行する。
2　この憲法を施行するために必要な法律の制定、参議院議員の選挙及び国会召集の手続並びにこの憲法を施行するために必要な準備手続は、前項の期日よりも前に、これを行ふことができる。

〔参議院成立前の国会〕

第101条　この憲法施行の際、参議院がまだ成立してゐないときは、その成立するまでの間、衆議院は、国会としての権限を行ふ。

〔参議院議員の任期の経過的特例〕
第102条　この憲法による第一期の参議院議員のうち、その半数の者の任期は、これを三年とする。その議員は、法律の定めるところにより、これを定める。

〔公務員の地位に関する経過規定〕
第103条　この憲法施行の際現に在職する国務大臣、衆議院議員及び裁判官並びにその他の公務員で、その地位に相応する地位がこの憲法で認められてゐる者は、法律で特別の定をした場合を除いては、この憲法施行のため、当然にはその地位を失ふことはない。但し、この憲法によつて、後任者が選挙又は任命されたときは、当然その地位を失ふ。

資料2：大日本帝国憲法の条文

大日本帝国憲法

目次

第1章　天皇（第1条－第17条）
第2章　臣民権利義務（第18条－第32条）
第3章　帝国議会（第33条－第54条）
第4章　国務大臣及枢密顧問（第55条－第56条）
第5章　司法（第57条－第61条）
第6章　会計（第62条－第72条）
第7章　補則（第73条－第76条）

告文
皇朕レ謹ミ畏ミ
皇祖
皇宗ノ神霊ニ誥ケ白サク皇朕レ天壌無窮ノ宏謨ニ循ヒ惟神ノ宝祚ヲ承継シ旧図ヲ保持シテ敢テ失墜スルコト無シ顧ミルニ世局ノ進運ニ膺リ人文ノ発達ニ随ヒ宜ク
皇祖
皇宗ノ遺訓ヲ明徴ニシ典憲ヲ成立シ条章ヲ昭示シ内ハ以テ子孫ノ率由スル所ト為シ外ハ以テ臣民翼賛ノ道ヲ広メ永遠ニ遵行セシメ益々国家ノ丕基ヲ鞏固ニシ八洲民生ノ慶福ヲ増進スヘシ茲ニ皇室典範及憲法ヲ制定ス惟フニ此レ皆
皇祖
皇宗ノ後裔ニ貽シタマヘル統治ノ洪範ヲ紹述スルニ外ナラス而シテ朕カ躬ニ逮テ時ト倶ニ挙行スルコトヲ得ルハ洵ニ
皇祖
皇宗及我カ

皇考ノ威霊ニ倚藉スルニ由ラサルハ無シ皇朕レ仰テ
皇祖
皇宗及
皇考ノ神祐ヲ祷リ併セテ朕カ現在及将来ニ臣民ニ率先シ此ノ憲章ヲ履行シテ愆ラサラムコトヲ誓フ庶幾クハ
神霊此レヲ鑒ミタマヘ

憲法発布勅語
朕国家ノ隆昌ト臣民ノ慶福トヲ以テ中心ノ欣栄トシ朕カ祖宗ニ承クルノ大権ニ依リ現在及将来ノ臣民ニ対シ此ノ不磨ノ大典ヲ宣布ス
惟フニ我カ祖我カ宗ハ我カ臣民祖先ノ協力輔翼ニ倚リ我カ帝国ヲ肇造シ以テ無窮ニ垂レタリ此レ我カ神聖ナル祖宗ノ威徳ト並ニ臣民ノ忠実勇武ニシテ国ヲ愛シ公ニ殉ヒ以テ此ノ光輝アル国史ノ成跡ヲ貽シタルナリ朕カ臣民ハ即チ祖宗ノ忠良ナル臣民ノ子孫ナルヲ回想シ其ノ朕カ意ヲ奉体シ朕カ事ヲ奨順シ相与ニ和衷協同シ益々我カ帝国ノ光栄ヲ中外ニ宣揚シ祖宗ノ遺業ヲ永久ニ鞏固ナラシムルノ希望ヲ同クシ此ノ負担ヲ分ツニ堪フルコトヲ疑ハサルナリ

大日本帝国憲法

朕祖宗ノ遺烈ヲ承ケ万世一系ノ帝位ヲ践ミ朕カ親愛スル所ノ臣民ハ即チ朕カ祖宗ノ恵撫慈養シタマヒシ所ノ臣民ナルヲ念ヒ其ノ康福ヲ増進シ其ノ懿徳良能ヲ発達セシメムコトヲ願ヒ又其ノ翼賛ニ依リ与ニ倶ニ国家ノ進運ヲ扶持セムコトヲ望ミ乃チ明治十四年十月十二日ノ詔命ヲ履践シ茲ニ大憲ヲ制定シ朕カ率由スル所ヲ示シ朕カ後嗣及臣民及臣民ノ子孫タル者ヲシテ永遠ニ循行スル所ヲ知ラシム
国家統治ノ大権ハ朕カ之ヲ祖宗ニ承ケテ之ヲ子孫ニ伝フル所ナリ朕及朕カ子孫ハ将来此ノ憲法ノ条章ニ循ヒ之ヲ行フコトヲ愆ラサルヘシ
朕ハ我カ臣民ノ権利及財産ノ安全ヲ貴重シ及之ヲ保護シ此ノ憲法及法律ノ範囲内ニ於テ其ノ享有ヲ完全ナラシムヘキコトヲ宣言ス
帝国議会ハ明治二十三年ヲ以テ之ヲ召集シ議会開会ノ時〔明二三・一一・二九〕ヲ以テ此ノ憲法ヲシテ有効ナラシムルノ期トスヘシ
将来若此ノ憲法ノ或ル条章ヲ改定スルノ必要ナル時宜ヲ見ルニ至ラハ朕及朕カ継統ノ子孫ハ発議ノ権ヲ執リ之ヲ議会ニ付シ議会ハ此ノ憲法ニ定メタル要件ニ依リ之ヲ議決スルノ外朕カ子孫及臣民ハ敢テ之カ紛更ヲ試ミルコトヲ得サルヘシ

朕カ在廷ノ大臣ハ朕カ為ニ此ノ憲法ヲ施行スルノ責ニ任スヘク朕カ現在及将来ノ臣民ハ此ノ憲法ニ対シ永遠ニ従順ノ義務ヲ負フヘシ

御名御璽
　明治二十二年二月十一日

　　　内閣総理大臣　伯爵　黒田清隆
　　　枢密院議長　伯爵　伊藤博文
　　　外務大臣　伯爵　大隈重信
　　　海軍大臣　伯爵　西郷従道
　　　農商務大臣　伯爵　井上　馨
　　　司法大臣　伯爵　山田顕義
　　　大蔵大臣兼内務大臣　伯爵　松方正義
　　　陸軍大臣　伯爵　大山　巌
　　　文部大臣　子爵　森　有礼
　　　逓信大臣　子爵　榎本武揚

大日本帝国憲法

第1章　天皇

第1条　大日本帝国ハ万世一系ノ天皇之ヲ統治ス
第2条　皇位ハ皇室典範ノ定ムル所ニ依リ皇男子孫之ヲ継承ス
第3条　天皇ハ神聖ニシテ侵スヘカラス
第4条　天皇ハ国ノ元首ニシテ統治権ヲ総攬シ此ノ憲法ノ条規ニ依リ之ヲ行フ
第5条　天皇ハ帝国議会ノ協賛ヲ以テ立法権ヲ行フ
第6条　天皇ハ法律ヲ裁可シ其ノ公布及執行ヲ命ス
第7条　天皇ハ帝国議会ヲ召集シ其ノ開会閉会停会及衆議院ノ解散ヲ命ス
第8条　天皇ハ公共ノ安全ヲ保持シ又ハ其ノ災厄ヲ避クル為緊急ノ必要ニ由リ帝国議会閉会ノ場合ニ於テ法律ニ代ルヘキ勅令ヲ発ス
　2　此ノ勅令ハ次ノ会期ニ於テ帝国議会ニ提出スヘシ若議会ニ於テ承諾セサルトキハ政府ハ将来ニ向テ其ノ効力ヲ失フコトヲ公布スヘシ
第9条　天皇ハ法律ヲ執行スル為ニ又ハ公共ノ安寧秩序ヲ保持シ及臣民ノ幸福ヲ

増進スル為ニ必要ナル命令ヲ発シ又ハ発セシム但シ命令ヲ以テ法律ヲ変更スルコトヲ得ス

第10条　天皇ハ行政各部ノ官制及文武官ノ俸給ヲ定メ及文武官ヲ任免ス但シ此ノ憲法又ハ他ノ法律ニ特例ヲ掲ケタルモノハ各々其ノ条項ニ依ル

第11条　天皇ハ陸海軍ヲ統帥ス

第12条　天皇ハ陸海軍ノ編制及常備兵額ヲ定ム

第13条　天皇ハ戦ヲ宣シ和ヲ講シ及諸般ノ条約ヲ締結ス

第14条　天皇ハ戒厳ヲ宣告ス

2　戒厳ノ要件及効力ハ法律ヲ以テ之ヲ定ム

第15条　天皇ハ爵位勲章及其ノ他ノ栄典ヲ授与ス

第16条　天皇ハ大赦特赦減刑及復権ヲ命ス

第17条　摂政ヲ置クハ皇室典範ノ定ムル所ニ依ル

2　摂政ハ天皇ノ名ニ於テ大権ヲ行フ

第2章　臣民権利義務

第18条　日本臣民タル要件ハ法律ノ定ムル所ニ依ル

第19条　日本臣民ハ法律命令ノ定ムル所ノ資格ニ応シ均ク文武官ニ任セラレ及其ノ他ノ公務ニ就クコトヲ得

第20条　日本臣民ハ法律ノ定ムル所ニ従ヒ兵役ノ義務ヲ有ス

第21条　日本臣民ハ法律ノ定ムル所ニ従ヒ納税ノ義務ヲ有ス

第22条　日本臣民ハ法律ノ範囲内ニ於テ居住及移転ノ自由ヲ有ス

第23条　日本臣民ハ法律ニ依ルニ非スシテ逮捕監禁審問処罰ヲ受クルコトナシ

第24条　日本臣民ハ法律ニ定メタル裁判官ノ裁判ヲ受クルノ権ヲ奪ハル、コトナシ

第25条　日本臣民ハ法律ニ定メタル場合ヲ除ク外其ノ許諾ナクシテ住所ニ侵入セラレ及捜索セラル、コトナシ

第26条　日本臣民ハ法律ニ定メタル場合ヲ除ク外信書ノ秘密ヲ侵サル、コトナシ

第27条　日本臣民ハ其ノ所有権ヲ侵サル、コトナシ

2　公益ノ為必要ナル処分ハ法律ノ定ムル所ニ依ル

第28条　日本臣民ハ安寧秩序ヲ妨ケス及臣民タルノ義務ニ背カサル限ニ於テ信教ノ自由ヲ有ス

第29条　日本臣民ハ法律ノ範囲内ニ於テ言論著作印行集会及結社ノ自由ヲ有ス

第30条　日本臣民ハ相当ノ敬礼ヲ守リ別ニ定ムル所ノ規程ニ従ヒ請願ヲ為スコト

ヲ得
第31条　本章ニ掲ケタル条規ハ戦時又ハ国家事変ノ場合ニ於テ天皇大権ノ施行ヲ妨クルコトナシ
第32条　本章ニ掲ケタル条規ハ陸海軍ノ法令又ハ紀律ニ牴触セサルモノニ限リ軍人ニ準行ス

第3章　帝国議会

第33条　帝国議会ハ貴族院衆議院ノ両院ヲ以テ成立ス
第34条　貴族院ハ貴族院令ノ定ムル所ニ依リ皇族華族及勅任セラレタル議員ヲ以テ組織ス
第35条　衆議院ハ選挙法ノ定ムル所ニ依リ公選セラレタル議員ヲ以テ組織ス
第36条　何人モ同時ニ両議院ノ議員タルコトヲ得ス
第37条　凡テ法律ハ帝国議会ノ協賛ヲ経ルヲ要ス
第38条　両議院ハ政府ノ提出スル法律案ヲ議決シ及各々法律案ヲ提出スルコトヲ得
第39条　両議院ノ一ニ於テ否決シタル法律案ハ同会期中ニ於テ再ヒ提出スルコトヲ得ス
第40条　両議院ハ法律又ハ其ノ他ノ事件ニ付キ各々其ノ意見ヲ政府ニ建議スルコトヲ得但シ其ノ採納ヲ得サルモノハ同会期中ニ於テ再ヒ建議スルコトヲ得ス
第41条　帝国議会ハ毎年之ヲ召集ス
第42条　帝国議会ハ三箇月ヲ以テ会期トス必要アル場合ニ於テハ勅命ヲ以テ之ヲ延長スルコトアルヘシ
第43条　臨時緊急ノ必要アル場合ニ於テ常会ノ外臨時会ヲ召集スヘシ
2　臨時会ノ会期ヲ定ムルハ勅命ニ依ル
第44条　帝国議会ノ開会閉会会期ノ延長及停会ハ両院同時ニ之ヲ行フヘシ
2　衆議院解散ヲ命セラレタルトキハ貴族院ハ同時ニ停会セラルヘシ
第45条　衆議院解散ヲ命セラレタルトキハ勅命ヲ以テ新ニ議員ヲ選挙セシメ解散ノ日ヨリ五箇月以内ニ之ヲ召集スヘシ
第46条　両議院ハ各々其ノ総議員三分ノ一以上出席スルニ非サレハ議事ヲ開キ議決ヲ為スコトヲ得ス
第47条　両議院ノ議事ハ過半数ヲ以テ決ス可否同数ナルトキハ議長ノ決スル所ニ依ル
第48条　両議院ノ会議ハ公開ス但シ政府ノ要求又ハ其ノ院ノ決議ニ依リ秘密会ト

為スコトヲ得
第49条　両議院ハ各々天皇ニ上奏スルコトヲ得
第50条　両議院ハ臣民ヨリ呈出スル請願書ヲ受クルコトヲ得
第51条　両議院ハ此ノ憲法及議院法ニ掲クルモノ、外内部ノ整理ニ必要ナル諸規則ヲ定ムルコトヲ得
第52条　両議院ノ議員ハ議院ニ於テ発言シタル意見及表決ニ付院外ニ於テ責ヲ負フコトナシ但シ議員自ラ其ノ言論ヲ演説刊行筆記又ハ其ノ他ノ方法ヲ以テ公布シタルトキハ一般ノ法律ニ依リ処分セラルヘシ
第53条　両議院ノ議員ハ現行犯罪又ハ内乱外患ニ関ル罪ヲ除ク外会期中其ノ院ノ許諾ナクシテ逮捕セラル、コトナシ
第54条　国務大臣及政府委員ハ何時タリトモ各議院ニ出席シ及発言スルコトヲ得

第4章　国務大臣及枢密顧問

第55条　国務各大臣ハ天皇ヲ輔弼シ其ノ責ニ任ス
2　凡テ法律勅令其ノ他国務ニ関ル詔勅ハ国務大臣ノ副署ヲ要ス
第56条　枢密顧問ハ枢密院官制ノ定ムル所ニ依リ天皇ノ諮詢ニ応ヘ重要ノ国務ヲ審議ス

第5章　司法

第57条　司法権ハ天皇ノ名ニ於テ法律ニ依リ裁判所之ヲ行フ
2　裁判所ノ構成ハ法律ヲ以テ之ヲ定ム
第58条　裁判官ハ法律ニ定メタル資格ヲ具フル者ヲ以テ之ニ任ス
2　裁判官ハ刑法ノ宣告又ハ懲戒ノ処分ニ由ルノ外其ノ職ヲ免セラル、コトナシ
3　懲戒ノ条規ハ法律ヲ以テ之ヲ定ム
第59条　裁判ノ対審判決ハ之ヲ公開ス但シ安寧秩序又ハ風俗ヲ害スルノ虞アルトキハ法律ニ依リ又ハ裁判所ノ決議ヲ以テ対審ノ公開ヲ停ムルコトヲ得
第60条　特別裁判所ノ管轄ニ属スヘキモノハ別ニ法律ヲ以テ之ヲ定ム
第61条　行政官庁ノ違法処分ニ由リ権利ヲ傷害セラレタリトスルノ訴訟ニシテ別ニ法律ヲ以テ定メタル行政裁判所ノ裁判ニ属スヘキモノハ司法裁判所ニ於テ受理スルノ限ニ在ラス

第6章　会計

第62条　新ニ租税ヲ課シ及税率ヲ変更スルハ法律ヲ以テ之ヲ定ムヘシ

2　但シ報償ニ属スル行政上ノ手数料及其ノ他ノ収納金ハ前項ノ限ニ在ラス
3　国債ヲ起シ及予算ニ定メタルモノヲ除ク外国庫ノ負担トナルヘキ契約ヲ為スハ帝国議会ノ協賛ヲ経ヘシ
第63条　現行ノ租税ハ更ニ法律ヲ以テ之ヲ改メサル限ハ旧ニ依リ之ヲ徴収ス
第64条　国家ノ歳出歳入ハ毎年予算ヲ以テ帝国議会ノ協賛ヲ経ヘシ
2　予算ノ款項ニ超過シ又ハ予算ノ外ニ生シタル支出アルトキハ後日帝国議会ノ承諾ヲ求ムルヲ要ス
第65条　予算ハ前ニ衆議院ニ提出スヘシ
第66条　皇室経費ハ現在ノ定額ニ依リ毎年国庫ヨリ之ヲ支出シ将来増額ヲ要スル場合ヲ除ク外帝国議会ノ協賛ヲ要セス
第67条　憲法上ノ大権ニ基ツケル既定ノ歳出及法律ノ結果ニ由リ又ハ法律上政府ノ義務ニ属スル歳出ハ政府ノ同意ナクシテ帝国議会之ヲ廃除シ又ハ削減スルコトヲ得ス
第68条　特別ノ須要ニ因リ政府ハ予メ年限ヲ定メ継続費トシテ帝国議会ノ協賛ヲ求ムルコトヲ得
第69条　避クヘカラサル予算ノ不足ヲ補フ為ニ又ハ予算ノ外ニ生シタル必要ノ費用ニ充ツル為ニ予備費ヲ設クヘシ
第70条　公共ノ安全ヲ保持スル為緊急ノ需用アル場合ニ於テ内外ノ情形ニ因リ政府ハ帝国議会ヲ召集スルコト能ハサルトキハ勅令ニ依リ財政上必要ノ処分ヲ為スコトヲ得
2　前項ノ場合ニ於テハ次ノ会期ニ於テ帝国議会ニ提出シ其ノ承諾ヲ求ムルヲ要ス
第71条　帝国議会ニ於テ予算ヲ議定セス又ハ予算成立ニ至ラサルトキハ政府ハ前年度ノ予算ヲ施行スヘシ
第72条　国家ノ歳出歳入ノ決算ハ会計検査院之ヲ検査確定シ政府ハ其ノ検査報告ト俱ニ之ヲ帝国議会ニ提出スヘシ
2　会計検査院ノ組織及職権ハ法律ヲ以テ之ヲ定ム

第7章　補則

第73条　将来此ノ憲法ノ条項ヲ改正スルノ必要アルトキハ勅命ヲ以テ議案ヲ帝国議会ノ議ニ付スヘシ
2　此ノ場合ニ於テ両議院ハ各々其ノ総員三分ノ二以上出席スルニ非サレハ議事ヲ開クコトヲ得ス出席議員三分ノ二以上ノ多数ヲ得ルニ非サレハ改正ノ議決ヲ

為スコトヲ得ス
第74条　皇室典範ノ改正ハ帝国議会ノ議ヲ経ルヲ要セス
2　皇室典範ヲ以テ此ノ憲法ノ条規ヲ変更スルコトヲ得ス
第75条　憲法及皇室典範ハ摂政ヲ置クノ間之ヲ変更スルコトヲ得ス
第76条　法律規則命令又ハ何等ノ名称ヲ用ヰタルニ拘ラス此ノ憲法ニ矛盾セサル現行ノ法令ハ総テ遵由ノ効力ヲ有ス
2　歳出上政府ノ義務ニ係ル現在ノ契約又ハ命令ハ総テ第六十七条ノ例ニ依ル

著者略歴

藤川信夫（ふじかわ・のぶお）

1976年3月　京都大学法学部卒業
1976年4月－2004年9月　日本開発銀行（現在，日本政策投資銀行）入行，主として融資・審査業務，財務・資金，調査・研究等に従事
2004年9月　日本政策投資銀行退職
2004年10月　日本大学法学部教授
2018年4月　同　特任教授，現在にいたる

（専門）

国際取引法，金融法，国際経営法学，コーポレート・ガバナンス論，会社法，ビジネス法務

（単書）

『コーポレート・ガバナンスとフィンテックの制度設計の新展開―スチュワードシップ・コード、コーポレートガバナンス・コード、会社法改正ならびに買収防衛策の現代的変容などに伴う新たなガバナンスとプラクティスの課題と展望―』文眞堂（2020年）

『英国 Senior Management Regime (SMR)，上級管理者（SMFs）とコーポレート・ガバナンス・コード』文眞堂（2016年）（2016年10月日本リスクマネジメント学会学会賞受賞）

『国際経営法の新展開―会社法改正ならびに金融法とコーポレート・ガバナンス，スチュワードシップ・コードの接点―』文眞堂（2014年）（2015年9月日本リスクマネジメント学会優秀著作賞受賞）

『国際取引法―理論と実務―』尚学社（2013年）

『国際経営法学―コーポレート・ガバナンス，米国企業改革法，内部統制，企業防衛策ならびに金融コングロマリット・金融商品取引法など国際的企業経営をめぐる法制度の現代的課題と実践―』信山社（2007年）

『事業創出・再生とファイナンスの実務―M&A, MBO, 会社法制の抜本的改正―』ビジネス教育出版社（2005年）

『個人情報保護法と金融機関の対応―金融庁のガイドライン，全銀協・全信連の自主ルールを読んで個人情報保護法への具体的対応とコンプライアンス体制を構築する―』金融ブックス（2005年）

『コーポレート・ガバナンスの理論と実務―商法改正とその対応―』信山社（2004年）

はじめて学ぶ人のための憲法

2017年3月10日	第1版第1刷発行	検印省略
2021年3月31日	第1版第2刷発行	

著 者 藤 川 信 夫

発行者 前 野　隆

発行所 株式会社 文 眞 堂
東京都新宿区早稲田鶴巻町533
電話 03(3202)8480
FAX 03(3203)2638
http://www.bunshin-do.co.jp/
〒162-0041 振替00120-2-96437

製作・真興社
© 2017
定価はカバー裏に表示してあります
ISBN978-4-8309-4925-8　C3032